FERDINAND MOINE

UNE PLAIE SOCIALE

LA MENDICITÉ

LE MAL — LE REMÈDE

PARIS
LIBRAIRES ASSOCIÉS, Édit.
13, rue de Buci, 13

BORDEAUX
FÉRET & FILS, Éditeurs,
15, cours de l'Intendance, 15

1901

DU MÊME AUTEUR

PAR-CI PAR-LA, nouvelles morales et instructives. — Ouvrage couronné par la Société nationale d'Encouragement au bien, l'Académie de Bordeaux et l'Athénée des Troubadours de Toulouse, (Féret et fils, éditeurs, Bordeaux), 1 vol. in 12........................ F. **3** »

LES MYSTÈRES DU PALAIS DE L'OMBRIÈRE, roman historique, épisodes de l'époque révolutionnaire (Vve Riffaud, née Crugy. édit. Bordeaux), 1 vol. in-12 **2. 50**

LES ŒUVRES SOCIALES, avec une Lettre-Préface de l'abbé Naudet, professeur au collège libre des Sciences sociales, ouvrage couronné par la Société nationale d'Encouragement au bien (Librairie Blériot, H. Gautier, successeur, Paris) 1 vol. in-12....... F. **2. 50**

MERCÉDÉS, roman de mœurs, troisième édition, (Vve Riffaud, née Crugy, éd. Bordeaux). 1 v. in-12 F. **2. 50**

THÉATRE

LES MYSTÈRES DU PALAIS DE L'OMBRIÈRE, drame historique en 3 actes et 5 tableaux par. Ferdinand et André Moine, joué pour la 1re fois au Théâtre-Français de Bordeaux le jeudi 28 juin 1900.

UNE PLAIE SOCIALE

LA MENDICITÉ

FERDINAND MOINE

UNE PLAIE SOCIALE

LA MENDICITÉ

LE MAL — LE REMÈDE

PARIS
LIBRAIRES ASSOCIÉS, Édit.
13, rue de Buci, 13

BORDEAUX
FÉRET & FILS, Éditeurs,
15, cours de l'Intendance, 15

1901

A MES CHERS FILS

ANDRÉ ET EMMANUEL

dont l'aîné, André, a écrit trois chapitres de cet ouvrage,

ET A MES AMIS

LES PAUVRES

Je dédie ce livre que je publie pour leur rappeler cette pensée de Victor Hugo :

Heureux ceux que mon zèle enflamme !
Qui donne aux pauvres prête à Dieu :
Le bien qu'on fait parfume l'âme,
On s'en souvient toujours un peu !

et cette autre pensée de saint Vincent de Paul cueillie dans ses *Relations :*

« Encore que ce soit une vérité très constante dans « les saintes Ecritures, dont toutes les paroles sont « adorables et dont la moindre ne périra jamais, qu'il « faut cacher et comme anéantir son aumône dans le « sein du pauvre et que la main gauche ne doit même « pas savoir ce que fait la droite, elle n'est pas moins « contraire à cette autre vérité qui veut que notre « lumière éclate de telle sorte aux yeux des hommes « qu'ils puissent voir quelles sont nos actions... »

PRÉFACE

Ce volume est le fruit de l'expérience.

Déja, maintes fois, à l'apparition de mon livre, Les Œuvres sociales, *les journaux ont publié quelques articles sur ma façon peut-être un peu originale d'étudier une plaie dont souffre la société. Ainsi, le 15 janvier 1899, le* Tout-Bordeaux *écrivait: « L'auteur n'a pas, en effet, étudié son sujet seulement à la surface, il est descendu dans les bas-fonds de la misère, il a coudoyé le mendiant professionnel qui fait de la mendicité un métier et celui que des revers successifs ont jeté dans cet enfer, il a vécu leur vie, s'est fait en quelque sorte semblable à eux. C'est de lui qu'un écrivain apprécié a dit: Sociologue, M. Ferdinand Moine nous a donné* Les Œuvres sociales, *ouvrage de penseur et de philanthrope, non conçu de chic, derrière une porte capitonnée, les pieds plongés dans des pantoufles rembourrées, devant un feu rutilant, mais composé dans l'ambiance adéquate, parmi les loqueteux, les miseloques, les parias et les outlaws de la cité moderne.*

« *On a traité la question du reportage dans le roman et dans l'œuvre du théâtre, mais on a jamais écrit le chapitre du reportage dans l'œuvre sociologique. Ce reportage, M. Moine l'a fait. Voulant être un philosophe averti, il s'est mêlé à la tourbe dépenaillée qui ignore la douceur du* home, *il est allé cueillir des impressions, instituer des expériences morales dans les asiles de nuit et il y a couché ; oui, chère madame qui me faites l'honneur de me lire, notre confrère a visité les asiles de nuit, les roulottes, les cours des miracles, et s'il en est sorti avec quelque amertume au cœur, il a emporté du moins, comme rançon de ses répugnances, une documentation fidèle, une pâte non frelatée pour la confection d'une œuvre véridique et forte.* »

Les lectures les plus abondantes, les plus minutieuses, ne valent pas une observation pratique, une expérience personnelle. Convaincus de cette vérité, M. Louis Paulian, il y a une douzaine d'années, et plus récemment M. Georges Berry, se sont rendu compte par eux-mêmes de l'organisation de la Mendicité à Paris.

M. Louis Paulian a été tour à tour « cul-de-jatte, aveugle, chanteur ambulant, ouvreur de portières, ouvrier sans travail, professeur sans emploi, paralytique, sourd-muet, » et, dans un livre intéres-

sant et utile, Paris qui mendie, *il a donné le résultat de ses observations et indiqué les réformes qui à son avis sont nécessaires. L'ouvrage de M. Georges Berry*, La Mendicité, *renferme aussi des détails fort curieux et des réflexions très justes.*

La lecture de leurs ouvrages, leurs observations, leurs détails et leurs réflexions m'ont été très utiles, je le dis et je les remercie sincèrement. Ils ont été pour moi des guides très sérieux en cette matière délicate et des ciceroni très appréciés. Mais ils ont étudié seulement la capitale, j'ai voulu étudier aussi la province, car les campagnes souffrent beaucoup, on ne peut le nier, des exploits du chemineau.

Et puis, le public a, je crois, un puissant intérêt à connaître plus à fond cette question de la Mendicité. C'est pourquoi j'ai pensé devoir introduire certains chapitres soit historiques, soit techniques. Ces chapitres très fouillés et très instructifs, grâce à la grande érudition de leur auteur, m'ont été donnés par mon fils aîné, André Moine ; ils portent les titres : La Mendicité à l'étranger, Historique du problème de la Mendicité *et* La Législation en vigueur. *Cette collaboration n'est pas un des moindres attraits du volume, car elle permet aux hommes d'œuvres de pénétrer plus profondément dans l'étude de cette plaie sociale, en même temps qu'elle fournit aux législateurs une précieuse et savante documentation.*

Si les riches lisent ce livre, ils cueilleront ça et là quelques gerbes de réflexions sur le plus sacré de leurs devoirs sociaux, la Charité. L'Assistance publique voudra bien méditer, je l'espère, les indications qu'il renferme ; quant à l'Assistance d'initiative privée, elle tirera, j'ose le croire, de cette lecture un réel profit pour le bien des vrais pauvres. Que ceux-ci, de leur côté, ne dédaignent pas cette étude ; ce sont leurs intérêts que je défends, c'est leur patrimoine que je désire sauvegarder et qu'il faut sauver contre la rapacité des exploiteurs.

Peut-être ai-je heurté dans ces pages certaines opinions préconçues ? Mais, j'en ai la confiance, on me pardonnera la franchise de mes paroles à cause de la loyauté de mon intention. J'ai voulu, je le dis simplement, non pas écrire une œuvre d'une banale phraséologie, mais une œuvre sincère, honnêtement populaire, faire en un mot mieux qu'un livre, une bonne action. Ai-je réussi ? Le public le dira. En tout cas, mes pages, je l'affirme hautement, et quiconque me connaît ne me démentira pas, sont toutes inspirées par un ar-

dent amour de la vérité, de la justice et de la charité.

Bossuet a écrit : « Ne combattez pas les doutes par des raisons, ni par des disputes, mais par des œuvres. » Or, jamais les œuvres n'ont été si multipliées qu'en ce commencement du siècle XXe où tant de secousses ébranlent l'édifice social; toutes ont droit à l'appui le plus nécessaire le plus ferme et le plus constant Rarement le sort de ceux qui souffrent a été l'objet d'une sollicitude plus ardente, rarement les œuvres destinées à les secourir ont été plus nombreuses, rarement aussi la misère croissante a fait plus vivement sentir la nécessité d'une intervention immédiate, éclairée et dévouée.

Puissent les pages que j'ai écrites verser quelques gouttes de baume consolateur sur les plaies éternellement saignantes de la misère.

FERD. MOINE.

PREMIÈRE PARTIE

LE MAL

CHAPITRE I

LES FAUX PAUVRES

Dans les carrefours des campagnes et à l'entrée des cités, les voyageurs remarquent un écriteau dont la couleur uniformément grise attire les regards. Sur cette planche officielle un peintre a tracé ces mots :

« La mendicité est interdite dans le département de X..... par arrêté du préfet, en date du... »

L'étranger qui parcourt, en touriste, les villes, les bourgs et les villages, s'estime heureux, à la lecture de ce placard, de se croire débarrassé des mendiants professionnels.

Malheureusement, l'illusion est de courte durée. Nos villes et nos campagnes, en effet, sont infestées de nomades sans aveu, de loqueteux opiniâtres, de va-nu-pieds sans patrie, de vagabonds déguenillés, pour qui les arrêtés des préfets sont lettres mortes, pour qui les lois n'existent pas... Parfois ces mendiants se paient le luxe d'une « roulotte » malpropre dans laquelle vivent pêle-mêle, sans ordre et sans morale, hommes, femmes, enfants, jeunes gens, jeunes filles, vieillards, chiens, chats, perroquets, moutons, etc. etc., le tout traîné péniblement par une maigre haridelle qui n'a jamais connu le goût de l'avoine, mais qui par contre a les flancs labourés de coups. Ces êtres misérables en apparence sont les mendiants professionnels.

Oh ! ne vous apitoyez pas trop sur leur sort, car c'est d'eux qu'Alphonse Karr, le spirituel auteur des *Guêpes*, a pu dire : « Le mendiant tue le pauvre. » Approchez, si vous le pouvez, au moment où la troupe prépare son campement dans une bourgade, ou bien le matin, quand les membres de la caravane reçoivent les ordres du chef et vont exploiter la contrée. Chacun part avec des instructions précises et une connaissance parfaite des lieux et des habitants. Il existe, en effet, certaines cartes topographiques, certains manuels à l'usage des professionnels, qui décrivent, avec détails, les routes,les villages, les châteaux et les maisons bourgeoises. Ces cartes et ces manuels à l'usage des mendiants de cette catégorie sont vendus couramment dans les « hôtels des miracles », les asiles de nuit ou chez les professeurs de mendicité.

Pourquoi les vagabonds insistent-ils avec tant d'audace à telle porte ? Parce qu'ils lisent sur leurs manuels que la maison n'est habitée que par une femme seule. Pourquoi passent-ils ici sans s'arrêter ? Parce qu'ils ont appris, toujours dans les manuels, que derrière l'huis fermé, un chien peu endurant monte la garde. Pourquoi encore dans telle maison demandent-ils du pain ? Parce qu'ils savent qu'il est inutile d'insister pour avoir de l'argent. Pourquoi enfin murmurent-ils des patenôtres devant les fenêtres de cette demeure ? Parce qu'ils n'ignorent pas que la famille à laquelle ils s'adressent est profondément religieuse.

Un bureau de renseignements, situé, à Paris, au 2e étage d'une maison très voisine de l'Ecole de médecine (et ce n'est pas le seul), *édite* à cet effet deux Bottins où sont indiquées les adresses utiles. Editer est une manière de dire, car l'un et l'autre livre ne sont que des carnets manuscrits et crasseux. Le plus gros, dit le *grand jeu*, coûte 15 francs et contient environ 950 adresses ; l'autre, le *petit jeu*, ne coûte que 5 francs, mais ne donne que 200 adresses. Il y en a aussi à 3 et à 6 francs. Outre le nom et l'adresse, les Bottins renseignent sur les habitudes de la personne, sur ses cordes sensibles, sur ses opinions religieuses et politiques, sur la manière de s'y prendre, sur les époques de l'année où elle réside à Paris, sur le taux de ses libéralités habituelles, etc., etc.

Naturellement les adresses du *grand jeu* sont préférables à celles du *petit*, presque toutes connues de la généralité des professionnels. En remettant le *grand jeu* à un député de Paris qui s'était pour la circonstance déguisé en ouvrier, la maîtresse du bureau lui disait : « Avec ceci vous pouvez vivre très largement pendant un an sans jamais recourir à la même bourse ».

Mais, sans acheter le *grand jeu* ou le *petit jeu*, on peut se contenter de feuilleter le Bottin des départements et d'y chercher les châtelains de telle ou telle commune qui viennent pendant l'hiver résider à Paris. La qualité de compatriote est une recommandation puissante ; au besoin, on fait le *coup du rapatriement*, Et si le châtelain, désireux de renvoyer un campagnard à la campagne, offre, au lieu d'argent, un billet de chemin de fer, pour ne pas se faire rouler, le profit est moindre, mais il n'est pas nul. Ces billets de chemin de fer sont d'une vente courante, tout comme les bons de pain.

Ceci posé, nous ne voudrions à aucun prix être accusé de travailler à la diminution de la charité, à l'endurcissement des cœurs, à l'arrêt de mort des pauvres. Ces derniers tendent la main pour obtenir un morceau de pain ; ce sont des vaincus de la vie ouvrière, des victimes de la misère, ils ont droit à toute notre sympathie, à tout notre respect. Cette étude a simplement pour but d'ouvrir les yeux aux chrétiens charitables qui donnent sans compter et ouvrent largement leurs bourses, sans enquête préalable, aux exploiteurs et aux parasites qui vivent aux dépens des vrais malheureux.

La question sociale se présente sous des faces diverses. Celle que nous voulons étudier aujourd'hui est cette situation particulièrement triste que la misère engendre.

Il est extrêmement difficile à un homme qui roule, une fois, dans les abimes de la pauvreté, de se relever et de marcher, le front haut, le visage fier, comme il convient à un chrétien sans peur et sans reproche, comme il convient à un homme qui, vaincu un jour, a lutté le lendemain avec courage et a remporté la victoire décisive.

Une chute toujours entraîne une autre chute.

dit un poète qui connaissait notre société mal équilibrée.

Voulez-vous une anecdote ?

Absolument authentique, elle peint admirablement la situation créée à celui que la lutte pour la vie a blessé sans espoir de guérison.

Jules Guérin visitait naguère les halles centrales de Paris, à une heure fort avancée de la nuit.

Il crut apercevoir, dans les recoins obscurs, des formes humaines qui se baissaient, ramassaient quelques objets, les portaient à la bouche et se nourrissaient ainsi de détritus malpropres.

Poussé par une pitié soudaine, peut-être aussi par la curiosité, Jules Guérin s'approcha d'un de ces affamés nocturnes et l'interpella avec douceur.

Le pauvre hère, dont la maigreur perçait à travers les trous d'une redingote rapée, releva la tête. Que lui voulait cette voix inconnue? Qui donc adresse la parole à celui que la société repousse ?

— Que faites-vous ? dit M. Guérin.

— Vous le voyez.

— Vous mangez ?

— Oui.

— Quoi ?

— Quelques pelures de pommes de terre, quelques restes de légumes, quelques feuilles d'une salade abandonnée.

— Vous ne travaillez pas ?

— Non, Monsieur. Je file la comète.

— Expliquez-vous.

— Pendant le jour, je dors un peu sur les bancs des places publiques ; la nuit, je marche pour ne pas être arrêté par la police comme un vagabond. Voilà ce que mes camarades appellent : filer la comète.

— Etes-vous nombreux à venir ainsi manger dans les halles ?

— Plusieurs milliers.

— Mais vous, dites-moi, mon ami, pourquoi ne travaillez-vous pas?

— Parce que j'ai un chapeau haut de forme.

— Comment ?

— C'est comme j'ai l'honneur de vous le dire. Si, dans les halles, ou au coin des rues, je demande à porter un fardeau, on rit, on se moque, en regardant mon chapeau ; si, au contraire, je me présente dans une maison de commerce ou une administration pour solliciter une place dans un bureau, on ne me reçoit pas lorsqu'on voit l'état piteux de mes habits. C'est tourner dans un cercle vicieux.

— Vous pourriez, dites-vous, occuper un emploi dans un bureau ou dans une administration ?

— Assurément. Je suis bachelier ès-lettres et bachelier ès-sciences. A la suite de malheurs qu'il serait trop long de vous narrer, je suis tombé dans la misère. Vous connaissez maintenant mon existence ».

Trêve de commentaires, n'est-ce-pas ?

Jules Guérin se hâta d'inviter ce pauvre inconnu à souper dans un restaurant voisin ; puis il lui offrit une casquette et quelques habits.

Voilà le récit dans toute sa simplicité.

Une société ainsi constituée a besoin d'une réforme, on en conviendra. Si un homme instruit est obligé de disputer sa nourriture aux chiens errants, parce que sa misère le retranche du reste des humains et sert de repoussoir, une réforme sérieuse s'impose.

Notre civilisation raffinée s'écarte trop des principes chrétiens ; aussi les miséreux prennent-ils la route du socialisme qui excite leurs appétits. Ils aperçoivent dans le lointain, à travers les brouillards d'une révolution sociale, un bien-être enviable, une jouissance terrestre, une richesse qui les rendrait les égaux ou les maîtres de ceux qui paraissent les mépriser aujourd'hui.

Il y a quelques mois, M. Clémenceau écrivait dans la *Justice* :

« Supposez les chrétiens de nom, chrétiens de fait, il n'y a plus de question sociale ». La crise actuelle est avant tout d'ordre moral, voilà l'aveu.

C'était la paraphrase d'une des dernières Encycliques de Léon XIII.

La charité sauvera le monde, mais cette charité, tous doivent la pratiquer. Les doctrines dangereuses qui se répandent, doctrines révolutionnaires, ici extrêmes, là mitigées, sont des châtiments suspendus sur une société qui cesse d'être chrétienne. Il faut écouter, à l'exemple du Christ, la plainte des pauvres et des déshérités. Les droits de la propriété doivent être respectés, mais ils ne doivent pas être outrepassés. Absolus ou à peu près devant la loi civile, ils sont limités et doivent l'être devant Dieu.

La grandeur de la charité, c'est qu'elle est la vertu libre par excellence, devant la société humaine.

Oui ! « si les chrétiens de nom l'étaient de fait c'est-à-dire étaient réellement charitables », il n'y aurait plus de question sociale », car elle serait absorbée dans l'effusion de la charité. L'Evangile, voilà le salut ; la charité largement étendue, voilà le grand moyen.

Combien sont belles ces âmes généreuses qui, sans bruit, sans ostentation, loin des regards, pratiquent cette grande vertu ! Toutes les villes possèdent au moins un de ces hommes connus de leurs concitoyens, estimés pour leurs actes, répandant le bien autour d'eux, toujours prêts à rendre service, pleins de sollicitude pour les pauvres, surtout dignes de respect parce que leur modestie n'a d'égale que leur charité.

Les faits se pressent sous notre plume, les exemples sont nombreux. Cueillons en passant un trait touchant dans la vie d'un homme naguère couronné par la Société nationale d'encouragement au bien.

Connaissez-vous M. Madrac ?

Non.

Eh bien, allez à Bordeaux, interrogez un ouvrier quelconque, il vous indiquera le quartier Saint-

Pierre. Là vous rencontrerez un homme du peuple, presque un vieillard, humble, simple. Tout le monde l'apprécie, tout le monde le salue. C'est le père Madrac.

Membre de cette association puissante qui, sous le patronage de Saint Vincent de Paul, le grand organisateur de la charité moderne, répand avec son assistance les cordiales consolations de la foi, c'est dans la grande cité bordelaise que cet ouvrier, levé avant le jour, exerce son activité charitable.

Citons un trait entre mille de la vie de ce modeste qui se plait à laisser ignorer à sa main gauche ce que donne si libéralement sa main droite.

Un jour, c'est un dimanche, le père Madrac est au cimetière. Il a dérobé quelques instants à ses occupations, à ses œuvres sociales, à ses pauvres, pour venir rendre visite à ses morts. Tête nue devant un caveau de famille, il converse mentalement avec les défunts, il met en ordre les fleurs dont la tombe est jonchée et, en signe d'adieu, laisse tomber de ses lèvres une prière.

Son pèlerinage terminé, M. Madrac va partir, tout heureux du devoir accompli. Soudain, à quelques pas, une voix enfantine frappe son oreille ; des pleurs et des sanglots brisent son cœur. Il se retourne, s'avance et aperçoit agenouillée sur une tombe fraichement fermée, une petite fille dont les larmes voilent les yeux.

— Pourquoi pleures-tu, mon enfant ?

— Ma mère est là !

— Prie pour elle et retourne auprès de ton père.

Les pleurs redoublent. La jeune enfant remarque cependant le visage bon et attendri du père Madrac. Alors les confidences commencent. Sa mère est morte depuis peu, mais la famille est pauvre, très pauvre. Et la petite fille pleure, sanglote, parce qu'elle n'a pas l'argent nécessaire à l'achat d'une croix de bois et aux soins à donner au gazon qui couvre le tombeau.

— Allons, petite, essuye-tes yeux et quitte le cimetière.

— Oui, Monsieur.

Ils partent tous deux, la main dans la main. Dans la rue ils se séparent, chacun prenant le chemin de son logis.

Le dimanche suivant, ô surprise, ô miracle ! Une croix de bois se dresse toute neuve, tandis que la tombe est bien entretenue. Depuis ce moment les fleurs sont toujours fraîches, le gazon est toujours soigné. M. Madrac passe par là.

A ce métier le père Madrac ne fera certainement pas fortune ici-bas ; mais il sait que celui qui donne aux pauvres prête à Dieu, et il donne.

Mais il ne faut pas que la charité s'égare, il ne faut pas qu'au fur et à mesure que les recettes destinées à soulager la misère augmentent, la misère elle-même paraisse se développer ; il ne faut pas enfin que les mendiants volent les pauvres.

Il y a donc, direz-vous, des faux pauvres ?

— Assurément.

On nomme ainsi ces gens qui vivent de ce qu'un écrivain a appelé d'un mot charmant la *paupériculture,* ces gens qu'un magistrat belge, M. Gallet, juge de paix à Anvers, a surnommés *les aristocrates de la mendicité,* ces gens enfin que nous appellerons de leur véritable nom : *les voleurs des pauvres.*

* * *

L'homme qui veut étudier la mendicité doit distinguer le *professionnel* qui, quotidiennement, régulièrement, cyniquement, exploite la charité, et le vrai pauvre qui, parfois, mais accidentellement, tend la main pour obtenir un morceau de pain.

Tour à tour culs-de-jatte, aveugles, chanteurs ambulants, ouvreurs de portières, ouvriers sans travail, professeurs sans emploi, paralytiques, sourds-muets, « *les professionnels* » ont toutes les infirmités et débitent tous les mensonges. Jamais leur nombre n'a été si considérable.

Les autres, les vrais pauvres, ceux pour lesquels nous supplions la charité privée de ne pas se tarir, ceux pour lesquels nous implorons les riches et les heureux de ce monde, sont dignes de toutes les sympathies. Lorsque nous avons secouru le vrai pauvre, le vaincu de la misère vaillamment supportée, le souvenir de cet acte est bien l'âme de notre vie ! Ici, notre main s'est tendue et notre cœur s'est ouvert. Là, nous avons rempli ce grand devoir de la charité, notre âme en a recueilli les senteurs comme en un vase d'or, et en est restée embaumée du parfum le plus doux, le plus suave et le plus délicat.

Mais où trouver ces vrais pauvres au milieu de la foule ?

Comment les distinguer ?

Comment agir avec le discernement nécessaire ?

Le plus souvent la douleur, comme le mérite, se cache et fuit la publicité ; la misère véritable s'étale rarement et n'a point recours à la mise en scène. La douleur et la misère sont parfois difficiles à découvrir.

Cela est vrai, mais il faut pour frapper juste et secourir les malheureux se donner quelque peine et se livrer soi-même à une petite enquête.

D'ailleurs, rappelons-nous que l'assistance par l'argent ne va pas toujours à des gens qui en ont besoin... Elle va même parfois, nous en avons de nombreux et récents exemples, à de riches mendiants, à de vrais *capitalistes* ?

Tel « ce malheureux vieillard » dont parle M. Maurice Vanlair dans la *Réforme Sociale*, qui, purgeant à la maison de Nanterre les suites d'un délit de mendicité, réclamait au directeur de cette maison les valeurs qu'on avait saisies sur lui au moment de son arrestation, ci : quatre titres au porteur sur l'Etat, de 200 francs chacun, un autre titre de 8.000 francs, un livret de caisse d'épargne de 2.000 francs (le maximum !), 800 francs en billets de banque, or et argent.

On sait du reste que ce n'est pas là un cas isolé. Ces cas seraient plus nombreux si tous les mendiants étaient imprégnés de l'esprit d'épargne, s'ils ne méprisaient pas souverainement, pour la plupart,

Les brouets des fourneaux, festins nauséabonds,
Par la philanthropie offerts aux vagabonds ; (*)

si, au livret de la caisse nationale, ils ne préféraient la bouteille de cacheté, la bonne chère, tous les agréments culinaires de la civilisation.

Ces mendiants difficiles et dépensiers, ce sont précisément ceux qui pourraient vivre des fruits de leur travail, mais qui préfèrent « manger au râtelier de la charité ».

Et cependant les situations sont parfois délicates.

Malgré la fécondité imaginative des professionnels, ce sont toujours les mêmes boniments qu'ils servent, les variantes sont rares ; à peine si l'on

(*) Ces vers sont l'œuvre d'un mendiant-poète.

trouve parfois un intelligent exploiteur avec lequel les décors sont changés dans les drames qu'ils exposent. L'occasion s'est présentée au public, au cours de cette année, de converser avec un spirituel et ingénieux mendiant.

C'est un homme jeune encore, bien que sa physionomie et tout son être portent comme les stigmates de la misère ! Jadis dans un département, il a occupé, dit-il, une très haute, une très importante situation. Conseiller municipal, président de nombreuses Sociétés d'agriculture, d'horticulture, d'apiculture, etc., etc., il s'est malheureusement marié ! Avec la fin du célibat, la fin du bonheur ! Un divorce ou quelque chose d'analogue a mis fin à cette intolérable existence à deux. Alors sans souci de ses électeurs et de ses co-sociétaires, notre homme est parti pour le Nouveau-Monde. La fortune lui prodigua là-bas ses plus enivrantes douceurs, et sous la forme d'une troublante jeune fille, elle vint, sans marchander, frapper un matin à sa porte.

Le divorcé atteignit d'un coup le faîte des honneurs en épousant la fille et l'unique héritière d'un général qui joignait à ce titre, déjà respectable, celui de Président d'une république de l'Amérique centrale. Une jolie femme à son bras, toute une république à ses pieds et les caisses de l'Etat à portée de sa main, il y avait, certes, de quoi rendre heureux même un ancien conseiller municipal !

Qu'arriva-t-il ? Sans doute l'histoire nous l'apprendra.... à nous ou à nos arrière-neveux.

Un jour une révolution éclata dans la république ! Un compétiteur voulut s'emparer du pouvoir ! Notre exilé, naturellement conservateur, prit le fusil. On se battit ferme. Au milieu de ce chambardement populaire, le chef des insurgés fut poignardé de la main même de notre héros. Mais, malgré cet acte d'inutile bravoure, malgré son stoïque dévouement à la cause sainte de son beau-père, il fut honteusement obligé de fuir devant l'ennemi, de s'embarquer précipitamment sur un voilier en partance, oubliant tout, laissant tout là-bas, dans le pays des rêves, son peuple, sa fortune et même sa femme dont il n'a d'ailleurs plus jamais entendu parler.

Il est, depuis cette cruelle aventure, en France, sans ressources, sans travail, pleurant les félicités d'antan, et absolument veuf pour la seconde fois.

Or, beaucoup auraient dû penser, renseignements pris, — qui eût osé les blâmer ? — qu'ils ne pouvaient décemment offrir une aumône à cet estimable personnage, leurs ressources ne leur permettant pas de faire à cette apparence de gendre du président d'une république, un don qu'il put accepter sans forfaire à l'honneur et sans troubler la conscience de son chef de protocole.

Le 23 Février 1900, les journaux de Paris ont

publié sous ce titre : *250 000 francs volés à un mendiant*, la note suivante :

« La 9e Chambre correctionnelle vient de condamner à 3 ans de prison une jeune blanchisseuse, Antoinette Mathieu. Chargée par un commissaire de police, moyennant 5 francs, de procéder à l'ensevelissement d'un vieux mendiant, mort dans un galetas de la rue Trézel, elle avait, en fouillant dans un meuble, trouvé des titres qu'elle s'était appropriés et qui représentaient une somme de 250 000 francs. Elle fut arrêtée au moment où elle procédait à la négociation de ces titres ».

Toute œuvre qui se crée voit bientôt, ou ne voit pas, se former une association de malfaiteurs qui a pour but de l'exploiter. Il y avait à Paris une association de jeunes filles qui avaient eu l'idée charmante de suppléer à l'absence des fleurs sur les cercueils des jeunes filles pauvres ; cette œuvre portait le nom « d'œuvre des fleurs ». Ces âmes candides ont été obligées de renoncer à leur entreprise louable, lorsqu'elles ont appris à quel usage on employait les fleurs envoyées : on les vendait sur le boulevard sous forme de petits bouquets.

A Fourvière, des mendiants tendent la main le long de la montée. M. F. du Bourg a fait de ces mendiants une étude très curieuse. Ils habitent, dit-il, à la Guillotière, sur le cours Gambetta, un hôtel, l'Hôtel des Deux-Chèvres, tenu par un cul-de-jatte retiré des affaires c'est-à-dire de la mendicité. Les mendiants de la montée de Fourvière sont ses meilleurs clients ; chez lui ils font bonne chère, et, détail typique, là se vendent les premières asperges.

Certes, il a eu raison, l'évêque anglais qui a dit : « Je ne crois pas pouvoir me reprocher d'avoir jamais donné un penny à un mendiant dans la rue, mais avec les sommes que j'ai ainsi économisées, j'ai créé des œuvres qui prospèrent et qui ont dépaupérisé des familles entières ».

Naguère, dans le *Monde*, Oscar Havard racontait « cette histoire d'un pauvre » :

« Je suivais la corniche de Saint-Paix à Granville, et je me dirigeais vers le beau domaine de la Horie, où les châtelains font revivre les nobles traditions de l'ancienne hospitalité française. Pour la première fois peut-être, depuis quinze jours, un radieux soleil illuminait la route, la mer et la falaise. Le long du chemin, défilaient des breaks, des tapissières, des vieilles berlines, où d'allègres touristes jetaient au vent de joyeuses mélodies. Tout respirait la joie de vivre. Les baigneurs, en culotte courte et en justaucorps, sillonnaient la plage, buvant l'air suroxygéné du matin...

Tout à coup, au moment où je venais d'atteindre l'anse de la Crête, je distingue au sommet de la côte je ne sais quoi d'informe qui tache d'un point noir le ruban blanc de la route. Peu à peu, cette masse, d'abord inerte, se remue, s'allonge et rampe. Comme en passant près du Fourneau, j'avais frôlé une roulotte de bohémiens, je me demande, non sans anxiété, si de la ménagerie des Romanitchefs, ne s'est pas sournoisement échappé quelque fauve. Cependant la masse s'avance et se rapproche ; inquiet, je double les verres de mon pince-nez et qu'aperçois-je ? Un pauvre homme aux pieds mutilés, qui se traîne péniblement sur les genoux. La figure courbée vers la terre se dérobe à mes regards. Je m'arrête et je salue le misérable.

L'homme, interpellé, relève la tête. Horreur ! Une face ruisselante de pus et de sang fixe sur moi ses yeux à moitié dévorés par l'ulcère. Du nez, des lèvres, des joues, comme tailladés de coups de sabre, tombent des squarmes sanguinolentes. Je frissonne, je voudrais fuir, mais sous ces plaies hideuses, le visage raviné s'éclaire d'un si doux et d'un si tranquille sourire que je reste cloué au sol. J'interroge l'infirme :

— D'où venez-vous ?

— De dix lieues d'ici, de la paroisse de Saint-Norbert.

— Vous avez sans doute traversé Granville ?

— Oh ! non ! Cela m'est défendu.

— Pourquoi ?

— La police ne veut pas qu'on me voie.

— Ainsi, vous ne pouvez pas pénétrer dans les villes ?

— Jamais ! Si j'avais le malheur de franchir la limite de l'octroi, on me jetterait en prison.

— Que faites-vous alors ?

— Je circule le long des routes et je parcours les villages.

— Vous allez à Saint-Paix ?

— Je compte m'y rendre.

— Vous pourriez, là, vous dédommager de Granville ! Il vous suffira de faire un tour sur la plage...

— Cela m'est défendu.

— Comment ! Il vous est interdit d'aller voir la mer et de respirer l'air de la plage ?

— Il y a deux ans je l'essayai ; mais un monsieur galonné me fit partir en disant qu'il ne fallait point que les baigneurs vissent du vilain monde..

Hélas ! l'heure me pressait, j'étais attendu, je fus obligé d'interrompre là le dialogue. Mais l'accent candide et la simplicité du pauvre gueux m'avaient tellement subjugué que l'après-midi quand je fus de retour à Saint-Paix, je m'empressai de me mettre à la recherche de mon interlocuteur du matin.

Vers quatre heures je le trouve non loin de l'église, adossé à une borne près du bureau de tabac tenu par le père Richard. Silencieux, réservé, le pauvre ne hélait point les passants.

Touristes et baigneurs s'agitaient autour de lui sans qu'il sollicitât leur charité. Son attitude n'avait rien de farouche ni de morne. Chrétien paisible, on voyait qu'il s'en remettait à la Providence du soin de garnir sa besace.

Je l'abordai de nouveau.

— Puisque l'Administration, lui dis-je, ne permet pas de demander partout l'aumône, elle devrait bien se montrer conséquente avec elle-même et se charger de votre nourriture. Pourquoi ne vous fournirait-elle pas un abri dans un de ses nombreux hôpitaux ?

— Monsieur, je le vois, ne sait pas ce que c'est que l'Administration. Un abri dans un hôpital ! Je l'ai vainement demandé partout.

— A qui vous êtes-vous donc adressé ?

— A mon maire, à mon conseiller général, à mon député, à mon sénateur. Pouvais-je mieux faire ?

— Et que vous ont répondu tous ces gens-là ?

— Depuis mon Maire jusqu'à M. Rioteau, tous m'ont envoyé à la préfecture.

— Et vous êtes allé à Saint-Lô ?

— Bien des fois.

— Et que vous a-t-on dit ?

— Ceci : rien de plus facile que d'entrer dans un hôpital et de vous y faire soigner jusqu'à la fin de vos jours.

— C'est ce que je pensais ; vous voyez bien, mon brave.

— Que Monsieur me permette de finir. Seulement, m'ont ajouté ces bons messieurs, seulement, il faut que vous ayez la complaisance de constituer une rente de deux cents francs au bénéfice de l'asile.

— Une rente de deux cents francs ?

— Dame oui, Monsieur. Pour aller dans un hôpital, il me faudrait, par conséquent, fournir un capital d'environ 6.000 francs.

— Et alors ?

— Alors, sur le conseil de la préfecture, j'ai prié le Maire de ma commune de convoquer le conseil municipal, et de faire voter la somme de 6.000 francs pour m'envoyer à l'hôpital.

— Qu'a fait le maire ?

— Le maire est un brave homme. Mais la commune n'a point de ressources. Me voilà donc obligé de camper jusqu'à la fin de ma vie le long des chemins ».

J'essayai de prononcer quelques banales paroles de consolation.

« Oh ! ce ne sera pas long. Je sens que je m'en vais. On me trouvera un jour ou l'autre péri dans un fossé. Que voulez-vous ! Je ne suis pas assez riche pour aller mourir sur un grabat d'hôpital... »

Là finirent les confidences du pauvre lépreux. Que pourrais-je y ajouter ?

La bienfaisance administrative ne se révèle-t-elle pas sous son vrai jour dans cette lamentable histoire? Mais le trait le plus cruel c'est peut-être cet odieux ostracisme déclaré par les villes aux infirmes.

Tel est le récit de notre ami Havard. Il met à nu une des plaies de la philanthropie administrative, celle qui fait sentir sa rude main aux infortunés qu'elle secourt et qui répond si brutalement quand les crédits sont épuisés : « Fiche le camp, rossard ! Il n'y a plus rien pour toi. Tu arrives trop tard, ce sera pour l'an prochain, après moi, s'il en reste ».

O noble charité chrétienne ! Voilà donc ce qu'on a fait de ta beauté rayonnante ! Comme l'a écrit Victor Cousin : « La charité ne connait ni règle, ni limite ; elle surpasse toute obligation ; sa beauté est précisément dans sa liberté ».

Mais toutes les histoires ne se ressemblent pas. Ecoutons celle-ci :

Il y a, tout le long des Champs-Elysées, trois ou quatre aveugles qui soufflent, dans des clarinettes enrhumées, le même air depuis trente ou quarante ans. L'un d'eux, le plus ancien, ne restait pas une journée, été ou hiver, sans venir, en compagnie d'une charmante enfant de quinze ans qu'il avait adoptée et d'un chien blanc toujours peigné avec art, jouer ou plutôt écorcher un de nos airs nationaux, qu'il répétait à satiété des heures entières. Durant cet exercice, la petite fille quêtait, et le chien lui-même, parfaitement dressé, poussait des hurlements agaçants qui attiraient inévitablement l'attention des passants.

Cet aveugle se nommait Crique-Touche. Il avait un camarade, un ami d'enfance, aveugle comme lui, jouant de la clarinette comme lui, mais qui, au lieu des Champs-Elysées, avait choisi pour son théâtre le pont des Tournelles. Pendant quarante-trois ans, sans discontinuité, Galimard (c'est ainsi qu'il se nommait) s'était attaché au pont des Tournelles. Il avait sur son front un grand abat-jour vert et devant lui une serinette qui lui servait en même temps de caisse. Galimard avait vu passer quatre révolutions sans que jamais on eût songé à le déplacer. Il se faisait accompagner par un enfant d'une dizaine d'années, qu'il mettait à la retraite aussitôt que venait à cette frêle créature l'âge de la raison. Galimard rentrait tous les soirs dans son petit réduit, qui n'était autre chose qu'une échoppe en bois, installée au rez-de-chaussée d'une obscure maison de la rue Saint Jacques.

Mais la mort qui n'épargne personne, était venue frapper à sa porte. Se sentant au pied de la tombe, il voulut consulter un notaire. Galimard fit son testament, et deux jours après, il partit pour l'éternel séjour.

Le soir, un homme tout de noir vêtu s'arrêta aux Champs-Elysées, devant Crique-Touche, l'autre aveugle, et, l'interrompant au milieu de sa chanson, il lui tint ce langage :

« Monsieur, vous vous nommez Crique-Touche ?

— Oui, Monsieur.

— Vous êtes mendiant ?

— Oui, Monsieur.

— Et aveugle ?

— Oui, Monsieur.

— Vous avez une fille adoptive ?

— Oui, Monsieur.

— Et un chien blanc ?

— Oui Monsieur.

— Vous aviez un ami sur le pont des Tournelles ?

— Il se nomme Galimard.

— Il se nommait, répondit l'homme noir. Voilà trois jours que son corps est au cimetière ».

L'aveugle poussa un cri perçant, puis éclata en sanglots.

« C'est cela, vous êtes Crique-Touche : Galimard vous a institué son légataire universel par le testament que voici. Il vous donne une cassette qu'il a cachée à quelques pieds dans la terre, sa serinette, et en un mot, tout ce qu'il possédait. Or, la cassette en question renferme quatre-vingt mille francs ».

Crique-Touche eut un tel saisissement que ses paupières collées se disjoignirent. Crique-Touche apparut au notaire ébahi avec des yeux du plus beau noir. L'aveugle embrassa son chien et sa fille, monta avec eux dans un fiacre et s'en alla au domicile du défunt.

C'était bien comme le notaire l'avait dit. Les quatre-vingt mille francs, en toute sorte de monnaies, furent trouvés à l'endroit que Galimard avait indiqué dans son testament, et sur la caisse il y avait cette inscription : « Mon vieux Crique-Touche, si Dieu ferme mes yeux avant les tiens, je te laisse cet argent ; tu pourras doter Marianne. Je ne veux emporter que ma clarinette. Tu l'enterreras avec moi. Si tu meurs avant moi, c'est à Marianne ton enfant adoptive, que je donne tout ce que j'ai. Pense quelquefois à l'aveugle du pont des Tournelles ».

C'est gentil n'est-ce pas ?

Néanmoins, nous ne laisserons nos lecteurs sous la fâcheuse impression produite par cette anecdote. Nous allons en raconter une autre qui prouvera mieux que les longs discours que, s'il y a de faux pauvres, il y a aussi des vrais malheureux dignes d'attirer la pitié publique.

Deux aveugles stationnaient habituellement sur le pont de la Concorde. Un dimanche, dans l'après-midi, l'un d'eux, entendant tomber une pièce de monnaie dans sa sébile, y porta la main et reconnut promptement au toucher que ce n'était point un sou qu'on venait de lui donner, mais bien un franc. Pensant aussitôt que le donateur avait pu se tromper, ce brave homme appela : « Monsieur !

Monsieur ! » L'aumône ne venait pas d'un Monsieur, mais d'une dame qui s'était déjà éloignée et qui, du reste, ne songea pas à prendre pour elle l'interpellation de l'aveugle.

Alors un individu à mine équivoque, témoin du fait, se mit aux lieu et place de la dame, et n'eut pas honte de prendre des mains de l'aveugle les vingt sous, en donnant cinq centimes en retour. Il s'éloignait, quand il se sentit arrêter par le bras, et, se retournant, se trouva en face d'un ouvrier en blouse qui lui dit : « Cela ne peut pas se passer ainsi ; si ce brave homme est aveugle, tout le monde ne l'est pas, et moi surtout. Vous allez lui rendre tout de suite la pièce de vingt sous, ou bien je vous fais arrêter ».

L'ouvrier parlait d'un ton déterminé, et montrait du doigt un sergent de ville arrêté au bout du pont. Notre voleur revint piteusement remettre dans la sébile ce qu'il avait pris, et se dépêcha de s'éloigner pendant que l'ouvrier expliquait à l'aveugle ce qui s'était passé. Celui-ci après avoir remercié, demanda à l'ouvrier de lui changer sa pièce de vingt sous en deux de dix, après quoi il ajouta : « Tenez, faites-moi le plaisir d'en donner une de ma part à mon camarade dont vous entendez la clarinette, et qui est aveugle comme moi. Il est père de famille, je serai content qu'il partage ma bonne aubaine ».

La commission fut faite, et, un moment après,

on voyait l'aveugle à la clarinette se diriger en tatonnant avec son bâton vers son camarade et lui serrer cordialement la main.

Voulez-vous savoir, jusqu'à quel degré de cynisme s'élève, à l'heure présente, l'impudence des chemineaux ? C'est à ne pas le croire, et pourtant c'est vrai ! Ces effrontés quémandeurs ont formé un syndicat qui, sous le titre de *Journal des Mendiants*, publie une feuille à un sou que l'on trouve dans les kiosques des boulevards. Cet appel à la mendicité, non encore illustré, mais qui certainement le sera bientôt, donne la liste complète des mariages, baptêmes, enterrements du Tout-Paris, avec la mention « très recommandé » pour les cérémonies du Faubourg-Saint-Germain et de la Chaussée-d'Antin !

Il est temps d'en finir avec ces tristes agissements.

Ils déshonorent un siècle qui n'aura le droit de se vanter d'avoir photographié l'invisible que le jour où il aura eu raison de tous les malandrins qui, en exploitant sans pudeur aucune les constantes libéralités, sont les pires ennemis de l'indigence honnête. Arrière aussi les demi-mesures dont nous constatons tous les jours les funestes effets ; à nos concitoyens malheureux, infirmes, malades, toutes les compassions de la confraternité chrétienne ; aux pirates de la charité, toutes les rigueurs de la loi !

CHAPITRE II

QUELQUES TYPES

Nul parmi les gens hantés par le vagabondage ne veut rester sur le sol natal ; il a une fièvre de s'exiler, et quiconque étudie cette question estime que la plaie sociale de la misère n'est point aux ateliers, si pénibles qu'ils soient, où l'on se met en grève, mais bien sur le pavé des grandes villes.

Sur le pavé de Paris, si l'on en croit la police, plus de cent mille chevaliers sont errants. Ils ont dévoré leurs maigres magots, ils ont accompli le stage de quelques jours aux asiles de nuit, toujours combles, et, sous le ciel inclément, ils se préparent à l'hôpital.

D'autres, aidés de petits subsides du pays, retardent l'heure fatale où ils laisseront leur malle en gage à l'hôtel garni et prendront, à leur tour, le haut du pavé.

Cependant, chaque courrier apporte les lettres de malheureux expropriés, tabellions révoqués, employés sans emploi, écrivains à la recherche d'un journal, victimes de l'injustice ou de la fortune, sans compter la sombre procession des veuves. Ils annoncent le grand dessein de faire leur exode vers les grandes villes pour y travailler à « n'importe quoi », et on sent que leurs amis vrais ou supposés vont se débarrasser d'eux en payant le ticket de chemin de fer qui conduit aux villes de la gloire, de la fortune et du plaisir.

Ces infortunés, parfois intéressants, arrivent avec « la fameuse lettre de recommandation ». Cette lettre qu'ils avaient escomptée comme une lettre de change solide pour une place, et qu'ils ne pourront même pas porter au Mont-de-Piété.

Saint Vincent de Paul n'a jamais eu à résoudre un problème de misère aussi gros ; la population de quelques cent mille âmes, au sein de laquelle il y avait de nobles fortunes charitables signalées par leur situation à l'apôtre de la charité, ne ressemblait pas au public de nos vastes caravansérails. Alors, on ne mourait de faim qu'au temps de disette. Aujourd'hui le pauvre hère émacié, vrai fils prodigue, passe tout râpé, le ventre creux, devant les attraits de la gourmandise aux devantures des luxueux restaurants. La foule entre, ne regarde pas l'affamé, et il est trop heureux si l'on jette un bout de cigare usé — le mégot, — qu'il ramasse pour en échanger plusieurs contre une bouchée de pain.

Nous ne disons rien de la démoralisation de ce monde errant, de la promiscuité dans laquelle il vit, des tentations des jeunes devant des offres brillantes, des entrainements au vice et au vol dans des villes où il y a tant de professeurs du mal.

Pour les miséreux, il y a les œuvres excellentes et moralisantes : mais elles n'atteignent (partiellement) que ceux qui sont arrivés au fond de l'abime et non pas ceux qui surnagent encore, espérant trouver, comme planche de salut, une petite situation dont, probablement, ils ne se seraient pas contentés chez eux.

Quoi d'étonnant que les mendiants « professionnels » se sentant menacés dans leur existence par cette foule miséreuse grossissant sans cesse, aient songé à défendre ce qu'ils appellent leur droit et leurs intérêts ? Pour cela ils ont organisé un syndicat en France et un congrès à l'étranger.

Un congrès de vagabonds...

Ce meeting original a été tenu le 15 juin 1899, à Danville (Illinois).

Il fut provoqué par un nommé Charles Noë, de

Sycamore, qui a de la fortune, mais qui aime à se donner le titre de « vagabond de la bonne société ».

Plus de dix mille affiches à la main ont été placardées dans des endroits en vue, sur les grandes routes que suivent d'ordinaire les vagabonds, et elles n'ont pas manqué d'attirer leur attention, et beaucoup de vagabonds de Chicago avaient élaboré une sorte de programme des questions qui ont été traitées dans cette réunion d'un nouveau genre. —

Le faux pauvre n'est point une nouveauté ; ce qui est nouveau c'est son chiffre de plus en plus considérable, c'est la proportion toujours croissante qu'il prend dans le monde des miséreux. Est-il nécessaire de rappeler les expériences qui ont été faites à ce sujet sur une grande échelle à Paris, l'une par M. Mamoz, l'autre par M. Robin ?

A 727 individus on offre une occupation qui rapporte quatre francs par jour : 553 refusent net, 37 travaillent une demi-journée, 58 ont le courage de demeurer jusqu'au soir, 51 poussent l'héroïsme jusqu'à travailler deux jours. Bref, il n'en restait que 18 le troisième jour. Voilà les chiffres qu'obtient M. Mamoz. Des résultats aussi concluants suivent la tentative de M. Robin : sur 700 mendiants, il n'en trouve que 11 qui consentent à rentrer dans les cadres des travailleurs.

Conclusion, il faut se défier des pauvres *ouvriers sans travail*.

La recette quotidienne du mendiant est très variable, suivant les lieux et suivant le genre de mendicité. Une des places les plus lucratives est le seuil des églises. C'était déjà ainsi autrefois. Martial y fait allusion dans une de ses épigrammes :

> Hunc quem sæpe vides inter penetralia nostræ
> Pallados, et templi limina senem (1)...

et Saint Jean Chrysostome rapporte que « les anciens avaient coutume de placer les pauvres à l'entrée du temple afin d'attirer par cette vue, les plus indifférents et les plus inhumains à la pensée de l'aumône (2). » C'est la même chose aujourd'hui avec la différence qu'on ne fait pas venir les mendiants, qu'ils y viennent tout seuls. Ils prennent la place, ils s'y accrochent ; et malheur à l'intrus qui prétend s'y glisser auprès d'eux.

Aussi on rencontre le mendiant propriétaire, c'est encore un type de la collection variée.

Il y a quelques années, un honorable industriel faisait bâtir une cité ; il avait réservé un des lots d'encoignure, de ceux qui par conséquent avaient le plus de valeur, pour y élever une belle maison ; il lui fut acheté par un mendiant, qui y construisit une baraque dans laquelle il s'installa.

(1) Ce vieillard que tu vois souvent dans l'intérieur et sur le seuil du temple de Pallas... (Martial, IV, 53).

(2) Cf. Vallon, *Histoire de l'esclavage dans l'antiquité*, T. III.

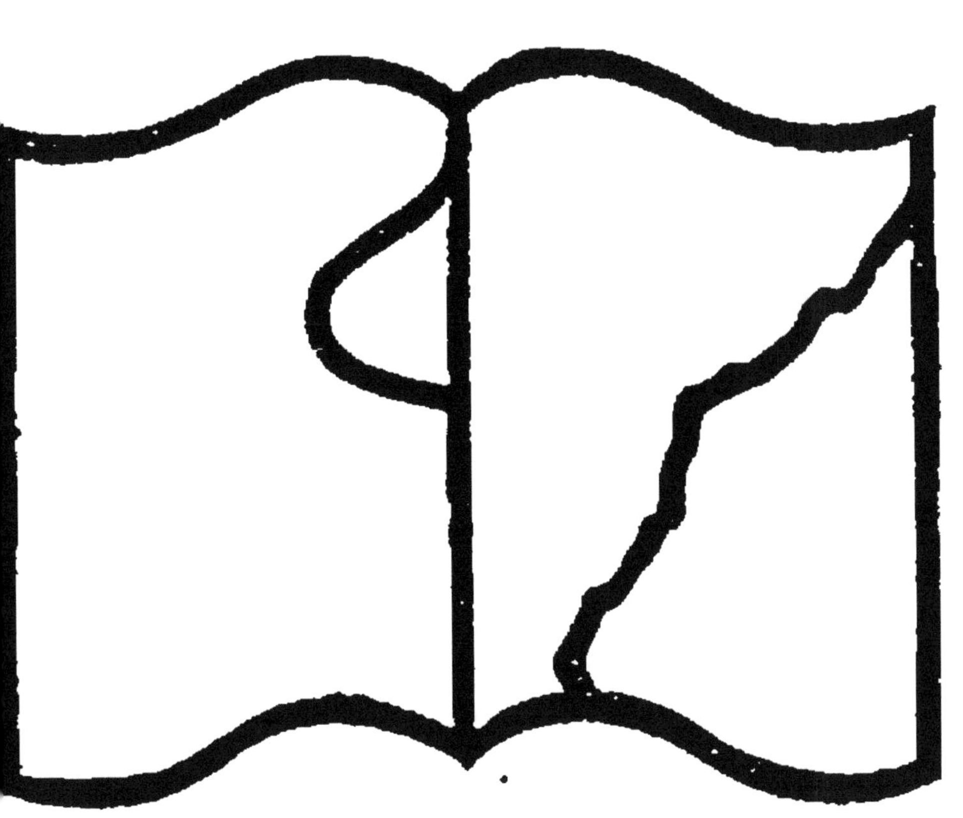

Sycamore, qui a de la fortune, mais qui aime à se donner le titre de « vagabond de la bonne société ».

Plus de dix mille affiches à la main ont été placardées dans des endroits en vue, sur les grandes routes que suivent d'ordinaire les vagabonds, et elles n'ont pas manqué d'attirer leur attention, et beaucoup de vagabonds de Chicago avaient élaboré une sorte de programme des questions qui ont été traitées dans cette réunion d'un nouveau genre. —

Le faux pauvre n'est point une nouveauté ; ce qui est nouveau c'est son chiffre de plus en plus considérable, c'est la proportion toujours croissante qu'il prend dans le monde des miséreux. Est-il nécessaire de rappeler les expériences qui ont été faites à ce sujet sur une grande échelle à Paris, l'une par M. Mamoz, l'autre par M. Robin ?

A 727 individus on offre une occupation qui rapporte quatre francs par jour : 553 refusent net, 37 travaillent une demi-journée, 58 ont le courage de demeurer jusqu'au soir, 51 poussent l'héroïsme jusqu'à travailler deux jours. Bref, il n'en restait que 18 le troisième jour. Voilà les chiffres qu'obtient M. Mamoz. Des résultats aussi concluants suivent la tentative de M. Robin : sur 700 mendiants, il n'en trouve que 11 qui consentent à rentrer dans les cadres des travailleurs.

Conclusion, il faut se défier des pauvres *ouvriers sans travail*.

La recette quotidienne du mendiant est très variable, suivant les lieux et suivant le genre de mendicité. Une des places les plus lucratives est le seuil des églises. C'était déjà ainsi autrefois. Martial y fait allusion dans une de ses épigrammes :

> Hunc quem sæpe vides inter penetralia nostræ
> Pallados, et templi limina senem (1)...

et Saint Jean Chrysostome rapporte que « les anciens avaient coutume de placer les pauvres à l'entrée du temple afin d'attirer par cette vue, les plus indifférents et les plus inhumains à la pensée de l'aumône (2). » C'est la même chose aujourd'hui avec la différence qu'on ne fait pas venir les mendiants, qu'ils y viennent tout seuls. Ils prennent la place, ils s'y accrochent ; et malheur à l'intrus qui prétend s'y glisser auprès d'eux.

Aussi on rencontre le mendiant propriétaire, c'est encore un type de la collection variée.

Il y a quelques années, un honorable industriel faisait bâtir une cité ; il avait réservé un des lots d'encoignure, de ceux qui par conséquent avaient le plus de valeur, pour y élever une belle maison ; il lui fut acheté par un mendiant, qui y construisit une baraque dans laquelle il s'installa.

(1) Ce vieillard que tu vois souvent dans l'intérieur et sur le seuil du temple de Pallas... (Martial, IV, 53).

(2) Cf. Vallon, *Histoire de l'esclavage dans l'antiquité*, T. III.

Quelques jours après, le vendeur fut assez désagréablement surpris de voir utiliser le terrain de cette façon et ne put s'empêcher de manifester son mécontentement à l'acquéreur : « Soyez tranquille, Monsieur, répondit celui-ci, dans deux ou trois ans vous verrez autre chose ». Effectivement une belle maison à deux étages fut bâtie bientôt ; le propriétaire avait fait seul tous les travaux, se servant pour monter les matériaux d'une vieille porte qu'il plaçait en équilibre sur sa tête. Il loua les deux étages, tandis qu'il occupait toujours la baraque qui lui servait de logement.

Le mendiant a construit ensuite de la même façon sur l'angle du terrain qu'il avait réservé. Dernièrement comme un voisin regardait sa nouvelle construction à laquelle les fenêtres manquaient encore, et qu'il lui offrait de lui prêter de quoi parachever son œuvre : « Oh ! Monsieur, répondit-il, je vous remercie, je n'emprunte jamais ! »

Se contenter de tendre la main dans la rue, sans motifs et sans explication, rapporte plus qu'on ne le croirait. C'est un métier fort lucratif.

M. Georges Berry, député de Paris, a vu, au coin de la rue de la Victoire, une mendiante recevoir vingt-cinq fois en une heure. Quand même elle n'aurait reçu qu'un sou chaque fois, elle aurait reçu vingt-cinq sous, quatre fois plus qu'une ménagère travaillant pendant une heure à faire un ménage. Quel encouragement pour la vertu laborieuse !

Mais, le plus souvent, l'argent touché au moyen de la mendicité ne dure guère. Il sert à payer la dette qui court chez Fifine, le *mastro*, le *rogomiste*, le *chandd'vin*. C'est là qu'après avoir mangé quelques légumes du marchand de vin, le mendiant va boire ce qui lui reste. La plupart n'ont rien autre à faire et constamment, devant les « cours de miracles » par exemple, pleines à l'entrée, d'enfants sales, de femmes qui bavardent, de jeunes gens qui jouent au bouchon, se battent ou dorment, on voit des groupes se détacher et entrer chez le *mannezingue*, dans l'assommoir peint en rouge d'où ils ressortent en s'essuyant la bouche du revers de la main, la gorge brûlée par le vitriol et la cannelle du *fil en quatre*. « Une telle ? Oh ! elle vient de mourir avec sa fille, à huit jours de distance. C'était brûlé par la boisson ! — Une telle ? Oh ! elle est au bal ce soir, vous savez, au bal public, chez le marchand de vin de l'autre rue, mais elle est soûle, elle a bu cinq verres d'absinthe que des gars se sont amusés à lui faire boire ! — Une telle ? Oh ! elle vit très bien, mais enfin ça ne craint pas de boire une ou deux absinthes tous les soirs avec son homme ! » C'est l'histoire des femmes, que dire des hommes !

Les hommes, ils courent, ils vagabondent plusieurs jours par semaine, puis rentrent dans la famille pour repartir ensuite. Ce sont les chemineaux, les trimards, les crève-la-misère, les sans-logis.

Un original, M. Alfred Douane, a voulu durant quelques jours vivre de la vie des chemineaux, il a donné au *Figaro* ses impressions. Or, voici ce qu'il a vu : « J'ai fait la veille, dit-il, la connaissance de trois compagnons qui vont dans la direction du Havre.

« Ils sont partis de Paris depuis une quinzaine de jours et ont écumé gaiement, paraît-il, les bords de la Seine. A Pont-de-l'Arche, ils étaient une dizaine de joyeux trimards ; mais une querelle est survenue à propos d'une paire de chaussures, et il y a eu scission. Ils ne restent plus que trois, qui me paraissent de fameux compagnons, si j'en juge par leurs exploits, qu'ils racontent fièrement.

« Il y en a un dont le métier consiste à manger des morceaux de verre pilé devant la terrasse des cafés ; mais c'est morte saison en ce moment à Paris ; il va donc exercer son art sur les plages à la mode. Un autre chemine depuis six ans sur les routes de France. C'est une sorte de gitano, au visage farouche ; il a pour compagnon inséparable le sujet le plus intéressant, non seulement de la bande, mais encore de tous ceux que j'ai rencontrés et observés durant mon voyage. C'est un malheureux enfant de treize ans, malingre, difforme, la figure souffreteuse, mais d'une intelligence vraiment extraordinaire. Depuis l'âge de neuf ans, il erre ainsi, de province en province, tantôt dans une roulotte de fabricant de paniers ou dans celle d'un cirque ambulant, et tantôt à pied, en compagnie d'un trimard pour lequel il travaille avec une adresse, un courage, un dévouement presque touchant. Il est depuis six mois le compagnon du gitano qui le surveille et le dirige avec un soin jaloux, et pour lequel il semble avoir une véritable affection.

« L'enfant, seul, a une autorisation pour vendre des chansons et des brochures, excellent prétexte à mendicité. Les autres sont sans papiers et sans ressources. J'ai l'honneur d'être admis à faire partie de cette peu banale société; je serai le *poteau* du mangeur de verre.

« Après avoir flané sur les quais de Rouen, comme il convient à des trimards qui se respectent, nous sortons de la ville, nous dirigeant sur Yvetot. Tandis que nous traversons les faubourgs de Rouen, où l'on nous regarde un peu comme des bêtes curieuses, ce qui exaspère mes compagnons au point qu'ils finissent par dire d'abominables injures aux gens (ça commence bien), le gamin resté en arrière, travaille pour nous.

« Les dernières maisons passées, nous faisons halte sur la route pour l'attendre. Il ne tarde pas à nous rejoindre; le plus naturellement du monde, il sort de ses poches et de dessous sa veste beaucoup trop longue pour lui, une paire de pantoufles, un cigare, du pain, des rognures de boucherie et de charcuterie, trois sous et un vieux journal. Comme je manifeste mon étonnement de cette récolte aussi abondante que variée, le gosse, avec dédain, hausse les épaules, et le gitano dit fièrement : « Ce môme là, à Paris, fait ses quatre francs par jour ! »

« Mais nous nous remettons vivement en route, car trois Italiens qui ont couché à l'Asile de nuit viennent de nous dépasser : il s'agit de reprendre les devants, si nous ne voulons pas qu'ils écument la route avant nous. C'est, durant quelques kilomètres, une vraie lutte de vitesse ; enfin, juste comme nous arrivons dans un petit village, nous passons les premiers.

« Un beau château se montre sur la gauche ; je l'ai à peine aperçu que le méchant gamin y est déjà ; il revient bientôt, son béret plein de pommes de terre et de petits pois qu'il a pris dans le potager. Nous aurons une bonne soupe pour le déjeuner.

« Comme nous venons de quitter ce village, nous entendons des cris et un bruit de discussion ; c'est notre jeune compagnon qui a demandé dans une maison un verre de cidre ; comme on le lui a refusé, il a dit des sottises aux gens qui le poursuivent maintenant sur la route. Mais en nous apercevant en nombre, les paysans ne jugent pas utile de mener plus loin les poursuites. Je demande à l'auteur de tout ce bruit ce qui s'est passé : « Mais rien, me répondit-il, ils m'ont refusé à boire, je les ai traités de sales croquants ». Et rageur il fait des gestes de menace. Quel mélange déconcertant chez ce malheureux petit être. Tout à l'heure, sur la route, il donnera gentiment à des fillettes qui reviennent de l'école, une balle qu'il a trouvée, la veille, dans la cour de l'Asile de nuit.

« Mais l'heure de faire la soupe est venue ; nous ramassons du bois mort sur la route, pour le feu, et nous cherchons un endroit à l'écart, bien à l'ombre, et non loin d'une habitation pour avoir de l'eau. Enfin, nous trouvons le coin rêvé dans un petit chemin boisé qui longe une superbe propriété. Comme notre provision de bois mort est maigre, nous arrachons tout un treillage qui sert de clôture à un jardinet, et nous commençons nos préparatifs de festin. Le mangeur de verre est chargé de la corvée de l'eau, moi j'épluche les légumes, tandis que le gitano et le petit s'occupent d'allumer le feu. La chose n'est pas facile, car le vent souffle assez fort ; nous manquons de pierres pour former le foyer : un bâton planté horizontalement dans une butte de terre sert de crémaillère.

« Dans le bissac du gitano, il y a tout ce qu'il faut : des casseroles, un gobelet, deux cuillères, une gamelle, deux torchons, du sel et du poivre, et même un jeu de cartes. Tandis que la soupe cuit et que le gamin entretient le feu, nous nous livrons aux émotions de la manille. Ma foi ! Je l'ai trouvé excellent, ce rata de trimards ; j'ai fait de meilleurs repas, mais jamais de plus pittoresques.

« En arrivant à la route qui mène à Motteville, nous faisons halte ; il s'agit de prendre une détermination au sujet du chemin à suivre. Yvetot semble ne les tenter que médiocrement, Motteville les attire ; je ne cherche nullement à influencer leur décision, au contraire, car je ne serais pas fâché de recouvrer ma liberté, les choses prennent une tournure qui commence à m'inquiéter ; notre jeune trimard vient, en effet, de nous apporter triomphalement un couteau et trois cuillères qu'il a volés à un paysan. Je pense qu'il serait peut-être exagéré de pousser l'amour de la fantaisie et de l'inconnu jusqu'à la police correctionnelle, et je me sépare amicalement de mes compromettants amis ».

Et puis, il y a la famille. On devine déjà le reste : trop souvent c'est la débauche, c'est la promiscuité dans la roulotte, la promiscuité dans la cité, la promiscuité dans la « cour des miracles ». La propreté est impossible.

Autre conséquence, et plus grave s'il se peut. Le chapitre de l'immoralité des mendiants est infini ! Nous ne voudrions même pas parler de décadence morale, mais seulement d'inexistence morale, d'amoralité. La famille vit ensemble, d'une vie parfois très serrée, mais de quelle vie ! Presque jamais mariés, les mendiants professionnels s'accouplent dès l'âge de 13 ou 14 ans, vivent parfois à trois ou quatre couples dans le même taudis ; trop souvent les filles finissent par se prostituer et les jeunes gens par jouer le rôle de souteneurs.

On voit ce que deviennent les enfants et combien le problème du relèvement moral de cette population hors la loi, et hors les mœurs, est complexe. L'enfant du mendiant professionnel est mendiant parce que « c'est dans la famille » et parce qu'il en a le goût ; une chose l'habitue, l'autre le retient. Robuste, durci aux intempéries, il accompagne « les vieux » ; les coups de trique ne lui sont pas ménagés ; après quoi on le laisse libre; il flâne, et quand il le faudra, il s'établira avec une camarade ou agira seul. Leurs parents sont oisifs, ils le seront ; leurs parents les font vivre dans la promiscuité de tous leurs instants, ils sauront vite à quoi s'en tenir. Presque jamais ils ne vont à l'école. Battus, surmenés et mal nourris, ils ne se plaignent guère cependant. Ils sont du reste le plus souvent cyniques et « voyous », faisant du mal ou brisant les objets pour le plaisir de le faire, et maraudeurs.

Sous le titre *Paris qui mendie*, un publiciste, qui s'est particulièrement occupé des questions d'assistance publique et privée, M. Louis Paulian a publié, il y a quelque temps, un ouvrage des plus intéressants. Nous nous proposons de lui emprunter quelques anecdotes typiques qui montreront à nos lecteurs les « mendiants professionnels » sous leur vrai et triste jour.

Les portraits et les anecdotes pullulent dans son volume si intéressant, car, aujourd'hui, la mendicité, comme toutes les professions a fait des progrès,et, de même qu'il existe des écoles d'apprentissage et de perfectionnement pour chaque branche de l'industrie humaine, il y a des écoles d'apprentissage et de perfectionnement pour ceux qui veulent faire leur carrière dans la mendicité. A Paris, les mendiants ont leurs professeurs, leurs restaurants, leurs cercles, leurs bureaux de placement et leurs syndicats.

*
* *

Savez-vous comment on devient mendiant professionnel ?

Avez-vous appris quelque part qu'il existe des professeurs de mendicité ? C'est un métier lucratif qui rapporte assez gros sans fatigue, sans risques ; il suffit d'avoir soi-même pratiqué la mendicité pendant plusieurs mois ou plusieurs années ; on apprend alors tous les trucs et on les enseigne aux autres moyennant une rétribution tarifée.

Le professeur de mendicité nourri dans le sérail

en connaît les détours. Il ne lui faut pas très longtemps pour pétrir un sujet et le rendre passé maître en fait de tromperies.

Quoi qu'il en soit, plusieurs causes mènent à la mendicité : une paresse invétérée, un malheur immérité, un découragement complet, le dégoût de la vie entière, l'abandon des campagnes, une instruction inachevée, une fierté déplacée.

Voici un homme jeune, actif, travailleur. Il lie connaissance et camaraderie avec quelques piliers d'estaminets. Bientôt il ne travaille plus, il court les chemins, tend la main une première fois, puis une seconde...., c'est fini, l'humanité compte un mendiant de plus.

Voici encore un jeune homme qui sort du collège où ses parents l'ont tenu, pendant plusieurs années, au prix des plus grands sacrifices. Mais il a pris en dégoût le métier qui fait vivre son père ; il lui faut désormais des jouissances. Où les prendra-t-il ? De chute en chute il roule jusqu'à la culbute finale. Suivez-le. Dans quelques jours il aura dévoré son dernier écu. Il faut travailler. A-t-il ce courage ? Non. Alors c'est la mendicité.

Celui-là résiste, lutte, voudrait travailler, mais une fausse honte le retient. Par hasard il rencontre un professeur de mendicité. C'en est fait, il est perdu.

Certaines personnes prennent la résolution et la tiennent, de ne point donner d'argent aux mendiants, afin de ne pas être trompées par les « professionnels », mais de distribuer des bons de fourneau. Certes, la mesure est louable, mais n'atteint pas toujours le but proposé.

En effet, à Paris, non loin du Panthéon (et sans doute en divers autres endroits), ainsi que dans la plupart des grandes villes, il existe des marchés de ces bons. Ils sont vendus à moitié prix de leur valeur nominale. Donner un bon de fourneau de deux sous à un mendiant professionnel revient à lui donner un sou en espèce. Vous l'obligez seulement à faire la course.

Tel, par exemple, le Père Antoine, un petit bossu qui pendant quinze ans, a mendié, le matin à Saint-Etienne-du-Mont, à dix heures à Saint-Augustin, l'après-midi à Saint-Sulpice. M. Paulian, nous raconte l'histoire de ce professionnel qu'il a « particulièrement connu » ; elle est trop édifiante pour qu'à notre tour nous ne la racontions pas.

Le père Antoine quêtait donc tout le long de la journée, sous le porche des églises de Paris. Il était si vieux, si cassé, que partout ses collègues — fort peu sensibles d'habitude — lui faisaient cependant bon accueil. Et puis quel saint homme ! Il priait du matin au soir, et ne s'agenouillait jamais que sur la froide dalle. A mesure qu'il vieillissait, il se voûtait davantage ; aussi les habitués de l'église avaient-ils pitié de lui et lui refusaient rarement leur obole.

Un beau jour, le père Antoine disparut.

Il est mort, disent ses camarades, et personne n'entend plus parler de lui. Mais voilà que tout à coup un neveu se présente devant la justice et demande qu'on fasse l'autopsie de la bosse de son oncle. On défère au désir de l'héritier présomptif. On fait une enquête, et l'on découvre que la bosse du mendiant n'était autre chose qu'un coffre-fort dans lequel celui-ci enfermait ses économies, et ses économies s'élevaient à la somme de 96.000 francs ! Seulement elles avaient disparu en même temps que la bosse.

On continua les recherches, et on finit par découvrir les 96.000 francs chez un certain Guillemin, ami et voisin du père Antoine. La 11e chambre du Tribunal de la Seine, devant laquelle tous ces faits ont été prouvés, a condamné Guillemin à deux ans de prison et fait restituer à l'héritier du vieux mendiant d'église cette jolie petite fortune.

Telle est la véridique histoire du père Antoine.

Encore un trait relatif aux bossus par persuasion.

Tout le monde connait sans doute le préjugé populaire relatif aux propriétés bienfaisantes de la protubérance distinctive des bossus. Voulez-vous réussir dans une entreprise quelconque, gagner au jeu ou à la loterie, hériter d'un oncle, trouver quelques rimes d'or si vous êtes poète, devenir député, sénateur et même ministre dans l'année ?

Touchez une bosse, et vous obtiendrez toute satisfaction de la Fortune.

Il est bien entendu que la bosse en question doit appartenir à un être humain et du genre masculin. Un dromadaire ou un chameau ne saurait faire l'affaire.

Or, durant les premiers jours de mai 1900, un petit bossu spéculait sur cette opinion superstitieuse et offrait sa bosse à tout venant. Il opérait le long de la rue de Rivoli, et d'une voix engageante disait aux passants : « Touchez ma bosse, monsieur (ou madame), ça vous portera bonheur ».

Et l'on touchait comme s'il se fût agi d'un chèque : l'ingénieux nabot encaissait des sommes importantes chaque jour. Il pouvait, sans trop de prétention, espérer rivaliser avec son congénère de la Régence lequel gagna plus de cent mille livres à louer son dos, en guise de pupitre, aux agioteurs de la rue Quincampoix.

Le dimanche 6 mai, jour de scrutin, notre bossu-Rivoli jugea qu'il y avait pour lui une occasion de décupler ses bénéfices moyens. On le vit, avec son matériel extra-anatomique, croiser aux abords des salles de vote, joindre les électeurs soucieux ou solennels et leur glisser cet avis : « Touchez ma bosse, monsieur ; ça fera passer votre candidat. »

Succès complet, le peuple souverain toucha avec acharnement et la recette s'indiqua superbe.

Par malheur, un agent de police appartenant

sans doute à l'école de Javert, c'est-à-dire ennemi déclaré de la fantaisie pour l'usage externe et même en matière électorale, vint mettre un terme à la petite fête. Saisissant au collet le bossu dont il avait, la veille et l'avant-veille, remarqué le manège, il le conduisit au commissariat de la place Vendôme.

Or, cette opération toujours un peu brutale, comme l'a remarqué M. de Vogüé, avait déterminé un curieux phénomène. En effet, la bosse qui, au départ, siégeait sur l'épaule droite du délinquant, avait dans le trajet passé sur l'épaule gauche.

Ces choses-là sont permises au fusil symbolique des hommes politiques, mais non à la protubérance exceptionnelle d'un simple purotin. C'est ce que pensèrent l'agent capteur et le commissaire ; une autopsie immédiate fut ordonnée et pratiquée.

On obligea l'infirme à se déshabiller et l'on constata que l'une des courroies lui maintenant un petit coussin de varech sur le dos, s'était rompue et avait déterminé la transposition de la bosse.

Conclusion : maintien de l'arrestation du faussaire, rédaction d'un procès-verbal motivé, et de plus une désillusion supplémentaire pour toutes les âmes impressionnables et amies du merveilleux.

Il y a aussi les mendiants professionnels du sexe féminin.

Ici encore les mêmes causes produisent les

mêmes effets. Une éducation tronquée, une espérance déçue : pour la femme, c'est l'hôpital, le Moulin-Rouge, ou la mendicité.

Non, l'illusion n'est pas permise.

Vous qui lisez ces lignes, ne connaissez-vous aucune famille dans laquelle s'est passée la petite scène suivante :

— Alors, tu as caché au père la lettre d'hier ?

— Oui, il a ses foins dans la tête ; à quoi bon le tracasser encore ? Et puis d'ailleurs, il n'y a rien à faire ! ce n'est pas à présent qu'elle a ses brevets que nous pouvons espérer la voir revenir. Ah ! ma pauvre petite Claire, dire que tu as failli nous quitter aussi ! Quand je songe à cette institutrice de malheur, qui lui a mis toutes ces idées dans la tête, je maudis le jour où elle est arrivée ici. Je la revois encore le lendemain du certificat : « Madame, votre fille a été reçue la première. Vous entendez bien, la première. Vous avez certainement un bas de laine ; si vous n'êtes pas la plus égoïste des mères, vous devez absolument pousser votre enfant et.... vous verrez plus tard ». Eh bien, il est fameux « le plus tard ». Tiens, lis plutôt.

Et la mère, en s'essuyant les yeux, tend à la jeune fille une longue enveloppe élégante timbrée de Paris.

« Chers Parents,

« Rien, toujours rien ! ou plutôt l'ennui, l'écœurement, le dégoût de tout ! Je viens de passer par hasard devant le pavillon de la Ville de Paris, c'est l'époque des examens ; il y avait là des centaines de jeunes filles ; j'avais envie de leur crier : « Malheureuses ! Qu'en ferez-vous de leurs brevets? Nous sommes déjà 18.000 avant vous, et l'on compte celles qui peuvent devenir femmes de chambre. »

« Les établissements universitaires sont bondés, les administrations prennent surtout les filles de leurs employés; et puis c'est s'engager à ne jamais avoir une famille à soi.

« Oh ! si c'était à recommencer.

« Vous me dites de revenir, et tous trois vous m'ouvririez les bras tout grands, j'en suis bien sûre ; mais n'entendez-vous pas déjà les railleries des campagnards, impitoyables devant l'échec de celle qui a voulu sortir de leurs rangs ?

« Non ! je l'avoue à ma honte, je ne saurais même plus éplucher vos carottes. J'ai quitté ma condition, je n'ai pu m'introduire dans une autre et je dois porter mon malheur jusqu'au bout. Ah ! ma pauvre sœur, j'envie tes bras robustes, la simplicité de ton costume, et le peu dont tu sais te contenter.

« Moi je suis une ambitieuse, une compliquée ! qui a perdu son honneur dans le passé et dans l'avenir.

« On m'a proposé une place de surveillante dans un lavoir à Passy ; je crois que je vais accepter en attendant mieux : je suis honteuse de toujours vous tendre la main et de payer mes gants avec l'argent de vos fatigues.

« Je vous embrasse tous.

X.... »

Les commentaires sont inutiles. Le résultat final s'impose. La déclassée ne mène pas longtemps cette vie de surveillante d'un lavoir, ou cette existence dans une position sociale peu dans ses goûts.

Un soir, elle descend furtivement sur l'asphalte d'un grand boulevard, son air est éploré, sa démarche chancelante, depuis deux jours elle a quitté son modeste poste où elle était abreuvée d'outrages. Que va-t-elle devenir?

Un quidam s'avance, timidement, elle tend la main, c'est pour ne pas mourir; or, le pain manque à son logis.

O ciel ! une pièce blanche a été discrètement placée dans cette main froide .Ce soir il y aura du pain, et quelques friandises.

Mais l'expérience a été fâcheuse. Il a donc été prouvé qu'il suffit d'implorer la charité pour trouver le moyen de vivre. Dès ce moment la vie de la mendiante professionnelle est commencée. La jeune fille ne travaillera plus, ne cherchera plus une situation avouable, elle mendiera.

Le sexe fort n'est pas toujours en meilleure posture.

Un tel quitte l'atelier, le cœur gros, la tête lourde,

les membres fatigués. Oh! il n'y a pas longtemps qu'il manie la scie ou le marteau. Depuis quelques jours à peine, il a offert ses services à un patron qui les a agréés. Mais il n'a pas l'habitude du travail; les premières difficultés l'ont rebuté; déjà sa bonne volonté est émoussée. Hier dimanche, on a exigé de lui le travail habituel. Aujourd'hui lundi, adieu les outils, adieu la blouse, adieu l'atelier. Notre homme va faire une promenade dans la banlieue, tout en vidant par-ci par-là quelques litres à seize. Mais la bourse a des limites comme le temps.

Que faire? Qui a bu boira. Une fois sur cette pente on glisse, on glisse, on glisse. Et puis revenir à l'usine ou à l'atelier, pour trouver du travail, il faut de l'énergie, il faut vouloir. Combien la vie est plus douce sans les rudes labeurs, les conditions serviles, les œuvres difficiles! Et le lundi passe dans l'oisiveté, et le mardi notre homme est fatigué des péripéties de la veille, et le mercredi il est si agréable de ne rien faire.

Cependant il est nécessaire de prendre un repas. Le mastroquet méfiant refuse sa marchandise. Le quart d'heure de Rabelais ramène toujours la réalité de la vie. La dette toujours enflée ne peut pas toujours grossir; crédit est mort, les mauvais payeurs l'ont tué. C'est une vraie catastrophe.

Alors quatre-vingt-dix-huit fois sur cent, au lieu de relever la tête avec courage, de regarder le ciel, de chercher du travail, le malheureux succombe. Dans une heure, dans quelques minutes, il sera dans un endroit écarté et tendra la main, le rouge au front, la conscience endolorie. Puis, de ses lèvres encore inhabiles il prononcera cette phrase trop connue : «Madame, Monsieur, je suis un ouvrier sans travail, j'ai faim, donnez moi un morceau de pain. » C'est fini, il est perdu pour toujours.

Ce n'est, dit-on, que le premier pas qui coûte. Bientôt la rougeur disparaitra de ce front, le cri de la conscience sera étouffé, désormais mendiant jusqu'à la fin de ses jours le misérable vivra aux dépens des autres. La société a une nouvelle bouche à nourrir.

L'ouvrier sans travail opère le plus souvent le soir aux abords des restaurants à la mode. Comment refuser une aumône quand on a bien diné? Comment ne pas être disposé à soulager la faim chez les autres quand on la ressent ou on l'a ressentie soi-même? On est facilement ému, quand l'estomac est satisfait. *L'ouvrier sans travail* a comme complément, ou comme variante si on préfère, *l'ouvrier sans outils* qui n'a besoin que d'une somme minime pour courir au Mont-de-Piété dégager son gagne-pain et celui de sa famille.

Voici venir la *femme de chambre sans place*. Celle-ci exerce dans la matinée, autour des marchés. Les cuisinières sollicitées ont entre les mains l'argent de leurs maîtres, l'anse du panier est parfois légère, et puis, qui sait? on peut tomber un jour dans la même situation que la mendiante, les cuisinières se montrent généreuses. Le soir de ces rencontres, en faisant leur caisse, elles jugent à propos dans un but philantropique et délicat d'associer leurs maîtres au mérite de la bonne action. *La femme de chambre sans place* est loin d'avoir perdu sa journée.

En 1896, on le sait, l'empereur de Russie, Nicolas II, en souvenir de sa visite en France, laissa 100.000 francs pour les pauvres de Paris. Les Bureaux de bienfaisance furent, comme toujours, chargés de la répartition.

L'aubaine était de 2 fr. par indigent. On s'approvisionna, pour plus de facilité, de pièces de quarante sous en quantité aussi grande que possible. Or, dans un certain arrondissement, un employé du Bureau de bienfaisance eut l'idée de marquer d'une légère rayure les pièces qu'il avait à distribuer ainsi.

Le stock fut vite épuisé. Un garçon fut alors envoyé chez un marchand de vins du coin, pour y faire de la monnaie, par préférence en pièces de deux francs en échange d'un beau billet de mille. Quand arriva cette monnaie, le subtil bureaucrate n'eut pas de peine à reconnaître, grâce à la petite marque par lui faite, la plupart des pièces dont si peu de temps auparavant il avait fait la remise aux nécessiteux.

Vous tous qui travaillez, ne vous étonnez pas si vous rencontrez dans les feuilles publiques un « fait divers » dans le genre de celui-ci. On lisait récemment dans les journaux :

« Dans la patrie de Gil Blas, le métier de mendiant ne doit pas être des plus mauvais, à en croire la savante historiette que nous conte un journaliste d'Espagne.

« Dans les environs de Grenade, un mendiant aveugle, nommé Jean Rueda Torrés, a été attaqué par deux brigands et dépouillé de sa recette de la journée, celle-ci était de 23 pesetas et 17 centimes.

« Les brigands, pour éviter une dénonciation, avaient fait leur coup en s'approchant à pas de loup du mendiant, par derrière, et lui jetant sur la tête une cape. Précaution inutile, allez-vous me dire, puisque votre homme était aveugle.

« Il faut croire que cette infirmité n'était que simulée, puisqu'il put donner aux gendarmes, en rentrant à Grenade, le signalement de ceux qui l'avaient dévalisé. Ces derniers ont été arrêtés, quelques heures après ».

Encore un trait de mœurs. Un jour, flanant sur les quais de Marseille, nous rencontrâmes un mendiant et ce petit dialogue éloquent s'établit entre nous :

— Monsieur, la charité... Je suis de Belfort, j'ai perdu mon bras droit au siège de cette ville... La charité, mon bon monsieur, la charité.

— Tu n'as plus qu'un bras ?..

— Un seul... le voici, le bras gauche.

— En vérité ?... Veux-tu gagner un franc ?

— Un franc !... que faut-il faire ?

— Montre-moi ton bras droit.

— Mon bras droit ?... mais, monsieur, j'ai eu le malheur de le perdre voilà dix ans ... Voilà vingt ans au siège de Belfort, lors de la fameuse guerre de 1870, où le colonel Denfert-Rochereau commandait... j'étais un des premiers parmi les défenseurs... La charité mon bon monsieur, la...

— Tout se raccommode en ce monde, cherche bien, tu trouveras peut-être ton bras.

— Vous êtes bien méfiant.

— Un franc... cherche...

— Je ne peux pas, cependant, m'en faire pousser un !

— Essaie... deux francs !

— Diable d'homme ! deux francs !

— Trois.

— Démon !

— Pousse-t-il ?

— Mon bon monsieur...

— Ça vient-il ?

— Je crois que oui !...

— Allons donc !... Maintenant, sauve-toi, misérable, si tu ne veux...

— La charité, mon bon monsieur, la charité.

CHAPITRE III

DES TRUCS

« Voici, dit Alphonse Karr, dans les *Guèpes*, les réflexions qui m'occupèrent de Poissy à Paris. Je ne veux pas vous parler des mendiants politiques et littéraires. Grâce à la lâcheté des hommes en place, il n'y a plus de mendiants que sur le patron de celui de Gil Blas, c'est-à-dire appuyant eur humble requête d'une escopette chargée et amorcée. La plupart des positions secondaires et beaucoup des autres ont été accordées à des menaces et à des attaques conditionnelles dans les journaux.

J'ai eu l'occasion d'en citer bien des exemples.

«Je veux parler des mendiants des rues.

« On a défendu la mendicité à Paris.

« On a eu raison il n'y a que deux sortes de mendiants :

1° Ceux qui ne peuvent pas ou ne peuvent plus travailler, la société doit y pourvoir : ce n'est pas seulement une justice, c'est une économie. Un vieillard ou un infirme qui vit en communauté coûte 15 sous par jour ; l'aveugle isolé donne 20 sous par jour à la femme qui le conduit, il faut donc que sa journée lui rapporte au moins quarante sous. Qui les donne ? Vous et moi.

« 2° Celui qui ne veut pas travailler, qui existe d'une perpétuelle souscription nationale, semblable à celles que l'on fait de temps à autre pour élever des tombeaux de marbre aux grands hommes ou réputés tels, que l'on a laissés mourir de faim.

« Au milieu de cette agitation continuelle, de ce mouvement de fourmilière, que chacun se donne pour gagner sa vie,—vie de luttes, d'incertitudes, d'anxiétés,— lui seul ne fait rien, reste tranquille au coin de sa borne, au soleil ; tous ces gens qui remuent, qui se hâtent, sont ses esclaves et ses tributaires, ils travaillent pour lui et lui payent une dîme.

« Ceux-là sont une lèpre, et la prison où on les contraint au travail est une léproserie où on met la lèpre sans le lépreux. »

Qui n'a pas rencontré un de ces distributeurs presque automatiques, qui tendent aux passants, avec un empressement mal rétribué, des prospectus de tailleurs ou des réclames de somnambules ? Un jour. Henri d'Alméras remarqua un homme, d'un âge incertain, coiffé d'un chapeau de paille, — au mois de février, — et revêtu d'une d'une redingote qui aspirait, sans y réussir, à être noire. Il portait, sous la pluie battante, des pantoufles, étant de ceux qui, suivant le mot de Jules Vallès, traversent la vie *en voisins.*

L'homme au chapeau de paille avait un de ces nez enflammés et bourgeonnants qui révèlent un goût immodéré pour tous les liquides sauf l'eau. M. d'Alméras lui offrit un verre de vin au moment où la distribution des petits papiers venait de finir. Attablés chez le plus prochain mastroquet, ils causèrent comme deux vieux et, de confidence en confidence, il apprit sur les mœurs de ces miséreux « en habit noir » qui ont connu des jours meilleurs, quelques détails assez curieux.

Ces miséreux, on aurait tort de les plaindre, car ils ne se trouvent pas malheureux. Cette vie au jour le jour, pleines de risques et d'imprévu, doit avoir des charmes que nous ne soupçonnons pas.

Il y a des licenciés en droit parmi les hommes sandwichs, et quelques-uns de ceux qui marchent revêtus de la « chape de bois » ont porté jadis des uniformes brodés d'argent. D'autres trainent des voitures-réclame. Les bandistes ou écrivains d'adresses sur des bandes et des enveloppes pour les maisons de publicité, se fatiguent moins.

Ces petits métiers, si précaires qu'ils soient, servent de refuge à beaucoup de déclassés. Avec leur recette moyenne de cinquante francs par mois ces gens-là trouvent le moyen de vivre ou plutôt de ne pas mourir.

Où habitent-ils d'ordinaire ? Dans les ruelles étroites, sombres et boueuses, où sont situés les garnis de quinzième ordre. Le prix de la chambre, — souvent partagé entre deux, trois ou quatre locataires, — varie entre vingt et trente centimes par nuit, punaises comprises.

Ces *hôtels* sont connus sous des noms bizarres : la *Puce sensible*, le *Pou qui danse*, l'*Auberge des Claque-dents*, le *Radeau de la Méduse*, le *Rat mort*, le *Corbillard*.

L'estomac des gueux, avec un peu d'entraînement, devient capable d'absorber les matières les moins digestibles. L'*Asard de la fourchette*, jadis fréquenté par le philosophe Fourier et le dessinateur Charlet, et où chaque coup de trident dans la chaudière à surprises coûtait un sou, n'existe plus ; mais la vente des *arlequins* est très prospère. Dans les halles, pour une somme fort modique, on peut disposer de débris très variés qui ont encore une certaine apparence. Chez les charcutiers, un paquet de râclures coûte dix centimes, et, dans les boucheries, quinze ou vingt centimes les rognures de viande.

Les restaurants des pauvres, les « bibines, » sont

connus. Désertés par l'ouvrier qui aime à bien manger, et par la plupart des mendiants, qui sont assez riches pour se payer un bon ordinaire, ces restaurants sont fréquentés par les déclassés, les réfractaires, les employés qui cherchent une place et les littérateurs qui attendent la gloire.

L'exemple de ces métiers originaux prouve néanmoins que, pour beaucoup de « professionnels » la mendicité ne serait pas obligatoire.

La mendicité est donc une plaie de notre organisation sociale.

Sur ce point, tout le monde est à peu près d'accord. Mais les avis diffèrent sur les meilleurs moyens de la supprimer. Chacun a sa panacée que naturellement il estime infaillible et qu'il prône en critiquant le remède du voisin.

Nous n'entrerons point, pour le moment, dans ces discussions parfois oiseuses, souvent nécessaires, toujours utiles.

Un homme s'est enrôlé dans la corporation des mendiants. Mais il ne connait pas encore le métier, il ignore les *trucs*. Il va falloir commencer par le commencement et *tirer le pied de biche*.

Ici nous laissons parler M. Paulian dont la haute compétence basée sur l'expérience personnelle est universellement connue.

« Tirer le pied de biche, dit l'auteur de *Paris qui mendie*, c'est tirer les cordons de sonnette dans les quartiers un peu isolés où, souvent, la sonnette se termine par un pied de biche.

«Notre apprenti débutera à Neuilly par exemple,
« Il prend une rue, l'enfile et sonne à toutes les portes: «Je suis un pauvre ouvrier sans travail; depuis deux jours je n'ai pas mangé.»

« Dans ces rues peu fréquentées, les maisons n'ont pas toujours de concierge : c'est la cuisinière qui ouvre la porte, et la cuisinière a bon cœur. Elle est d'autant plus généreuse qu'elle fait la charité avec l'argent des maîtres. Elle donnera deux sous ou un morceau de pain, ou un reste de viande. Dans l'espace d'une matinée, notre mendiant aura sonné à deux cents portes et,—comme une stastistique, qui a d'autant plus d'autorité en la matière qu'elle est faite par les mendiants eux-mêmes, prouve qu'il y a « une bonne porte sur quatre »,— en sonnant à deux cents portes, notre mendiant récoltera cinquante aumônes, les unes en argent, les autres en nature. Vers deux heures, la journée est terminée.

«Avec le pain et la viande, on déjeunera d'une façon suffisante, et avec les vingt-cinq ou trente sous produits par cette quête à domicile, on ira passer la soirée dans un bouge de la rue des Anglais ou de la rue Sainte-Marguerite, où, pour dix sous «de casse poitrine» ou de« tord-boyaux», notre homme peut aisément s'enivrer, tout en assistant dans une salle bien chauffée à un spectacle des plus variés, dans lequel les chanteurs ambulants, les femmes phénomènes, ou les diseurs de bonne aventure joueront tour à tour le premier rôle.

«Vers minuit, notre homme ira coucher dans un garni; où il ne tardera pas à faire la connaissance d'un camarade qui deviendra peut-être son associé, et qui apportera dans le commerce sa connaissance de la place, ses protections et son influence.

«Le lendemain, on recommencera dans un autre quartier.

«Au bout de six semaines, notre mendiant aura terminé son apprentissage. Le voilà passé compagnon. Le moment est venu de se spécialiser. Il a le pied à l'étrier, il est entré dans la carrière. Il s'agit pour lui de choisir entre le service *actif* et le service *sédentaire*, c'est-à-dire de se faire mendiant ambulant ou mendiant résidant à poste fixe.»

«A l'heure où je vous parle, dit M. le Vicomte de Pelleport-Burète à l'assemblée générale de la Société bordelaise pour l'Extinction de la Mendicité, il existe dans votre Maison deux professionnels passés maîtres dans l'art de mendier: le premier assure que l'étalage de ses misères lui rapporte 8 frs. par jour, et qu'en le retenant, on porte en sa personne une grave atteinte à la liberté du travail; le second offre à l'Administration un droit de plaçage de trois francs, si on veut lui laisser exercer à son aise sa lucrative industrie.

Je crois qu'il est inutile de rechercher d'autres exemples qu'il serait facile de trouver; ceux-ci, choisis dans le tas, sont amplement suffisants. De ces faits douloureux, il faut conclure que la mendicité est malheureusement trop souvent un métier comme un autre, avec des chômages, des mortes-saisons, une véritable industrie qui presque toujours assure la subsistance, et parfois même la débauche à ceux qui la pratiquent. Savoir aussi distinguer l'indigent du mendiant, là est toute la science charitable, et la chose n'est pas facile.»

Sous ce titre «Un riche mendiant» les journaux ont publié, le 24 Août 1898, le « fait divers » suivant:

«Un mendiant, nommé Léon Libeau, cinquante-six ans, ancien entrepreneur plâtrier, a été frappé d'insolation cette après-midi au Palais-Royal, à Paris. Transporté à l'hôpital de la Charité, il mourut quelques instants après. Il a été trouvé porteur d'une ceinture en cuir contenant 300,000 fr. en billets de banque. Libeau était très connu dans le quartier de la Bourse.»

Encore un fait suggestif publié il y a quelques jours par la presse girondine : « Les gendarmes de Saint-André-de-Cubzac viennent de conduire devant M. de Lioncourt, juge d'instruction, un mendiant dangereux répondant au nom de Chimènes (rien de commun avec celle du *Cid*).

« Trouvant que le silence est d'or, Chimènes faisait le muet pour mendier. A Cubzac-les-Ponts, il implora la charité de M. G...; celui-ci lui remit du pain et de la viande. Cela ne fut pas du goût de Chimènes pour lequel l'argent seul a du prix. Alors il menaça par gestes M. G.. et voulut le frapper. M. G... qui tenait un couteau à la main, le lança à la tête du mendiant insolent. Chimènes attrapa le couteau, l'ouvrit et en porta un coup à la cuisse de M. G...

« Arrêté quelques instants après, il retrouva sa langue et avoua qu'il ne faisait le muet que pour mieux exciter la commisération. Quand on ne lui donnait pas de l'argent, cela le rendait furieux. »

Ayant dévasté, pour nourrir quelques troupeaux de chèvres ou pour se chauffer à bon compte, les forêts qui couvraient jadis le sommet de leurs montagnes, les habitants de nos départements du Sud-Est constatent que le régime des eaux est déréglé, que les inondations alternent avec la sécheresse. Alors ils s'adressent à l'Etat-Providence et lui demandent des lois pour contraindre la nature. L'Etat promulgue des lois sur le reboisement des montagnes. Mais, pour réparer le mal accompli en quelques années, il faudra peut-être un siècle.

Ayant cloué toutes les chouettes et tous les hiboux sur les portes de leurs granges, ayant presque anéanti, par le fusil, par les pièges, par la destruction des nids, les petits oiseaux qui égayaient les campagnes et qui défendaient l'agriculture, les cultivateurs se plaignent d'être en proie à vingt fléaux. Il n'y a pas eu de création d'insectes nouveaux, mais les insectes anciens, presque inconnus, délivrés de leurs ennemis, se sont multipliés à l'infini ; de chaque larve préservée sont sorties des myriades et des myriades. Alors les populations rurales se tournent vers l'Etat-Sauveur, vers l'Etat-Dieu, elles réclament des lois contre les mulots, des lois contre les hannetons, des lois contre le doryphora, le phylloxéra, le mildew, etc.,... Mais les lois ne peuvent rien. Il fallait laisser vivre les animaux.

Il en est de même, exactement, pour le mal moral qui fait trembler la société.

Les citoyens ont toléré, favorisé la propagation de toutes les doctrines funestes, la répétition impunie de tous les exemples pernicieux, le règne de la corruption et de la perversité. Ils se sont fait un jeu des expériences les plus dangereuses. Ils ont pris pour conseillers, pour représentants, pour chefs, des fauteurs de séditions, des athées, des concussionnaires. Ils n'ont écouté ni le blâme, ni les avertissements, bien au contraire, ils ont voulu mal de mort à qui leur prédisait les conséquences de leur folie et les faisait rougir de l'indignité de leur choix.

Maintenant les nations récoltent ce qu'elles ont semé ou ont laissé semer : le désordre, la mendicité, l'anarchie.

De là cette multiplicité de trucs destinés à tromper le bon public.

Voulez-vous en connaître quelques-uns ?

Le premier que nous vous présentons est le truc du pendu. Dans un lieu écarté d'une promenade publique, un homme, une corde à la main, épie le passage de trois ou quatre personnes dont la mise recherchée indique l'aisance. Tout à coup le quidam pousse un cri, accroche sa corde à la branche d'un arbre et fait mine de vouloir se pendre.

On accourt, on s'empresse, on arrête son bras, on l'interroge. Alors le pendu par persuasion raconte une série de malheurs : sa femme est morte, ses enfants sont malades, des créanciers impitoyables le poursuivent, la misère horrible frappe à sa porte, le pain manque au logis, pas de travail, pas de salaire, c'est le désespoir déchirant.

Pendant ce récit la foule s'est amassée. Il y a toujours quelques âmes généreuses et compatissantes qui organisent une quête et remettent la recette entre les mains du mendiant. Celui-ci remercie, empoche, salue et part pour aller recommencer plus loin le même manège.

Vous sortez d'un cabinet inodore à 0 fr. 15. Un pauvre diable vous déclare qu'il est en proie à la plus vive des coliques et que lui aussi voudrait bien... Que faire ? Vous tirez naturellement de votre gousset le décime et demi, puis vous le lâchez entre les mains du misérable. Quelle imprudence ! Quelle naïveté ! Suivez du regard le bénéficiaire de votre philanthropie, il ne rentre pas dans le kiosque que vous quittez, il va plus loin, devant la porte d'un autre *buen-retiro* où il renouvelle sa demande et son truc.

On rencontre le mendiant poète dont le répertoire contient pour les jeunes mariés, autant d'acrostiches qu'il y a de noms de baptême dans le calendrier romain ; le mendiant qui veut faire baptiser ses enfants et régulariser son mariage ; le mendiant qui exploite les professeurs et les pensions ; le mendiant tombé d'un échafaudage ; le mendiant dont l'enfant vient de mourir du croup et qui n'a pas de drap pour l'ensevelir ; les mendiants qui *travaillent* auprès des salles d'examens ou sur les hippodromes.

Sur une place publique, une pauvre femme marchant avec peine accoste un passant. Elle lui demande le chemin d'un quartier où son fils très malade la fait appeler ; mais c'est à l'autre extrémité de la ville. Si elle accomplit ce trajet à pied, elle arrivera trop tard pour recevoir le dernier soupir de son enfant. Le passant est attendri, il remet l'argent nécessaire pour faire en tramway ce long parcours. Un peu plus loin la mendiante recommence la même explication.

Rien de plus curieux que le budget de ces misérables. Tout le monde contribue aux recettes, excepté le mendiant, qui, lui, se contente de les dépenser.

Le bureau de bienfaisance fournit le pain ; le curé ou le pasteur, parfois les deux à la fois, donnent le pot-au-feu ; la Caisse des Ecoles habille les enfants ; le dispensaire approvisionne le ménage de linge ; la Société des loyers paie le terme : les bonnes Sœurs se chargent des petites douceurs ; les membres de la conférence de Saint-Vincent-de-Paul, les familles aisées du quartier, les grandes maisons de commerce, les journaux, les organisateurs des fêtes de charité, le maire, le préfet, le ministre de l'intérieur, les députés donnent des subsides en argent.

Le *cul-de-jattisme* est très exploité par les *truqueurs*, car ce métier, bien conduit, peut rapporter en moyenne 20 francs par jour ; il faut en déduire la location de l'appareil.

Comment cela ? direz-vous.

Oui, rue du Mont-Cenis, à Paris, habite un industriel chez qui vont *s'habiller*, pour le travail du jour, de solides gaillards qui sauraient au besoin prendre leurs jambes à leur cou. Ce *costumier* ne néglige pas les petits bénéfices. Ainsi lorsqu'une âme sensible, peu désireuse d'être *roulée* par les faux culs-de-jatte, donne à ceux-ci du pain au lieu d'argent, ce pain est vendu à un tarif fixé d'avance, au susdit costumier de la rue du Mont-Cenis, lequel le revend à son tour aux bourgeois de

Clignancourt qui s'en servent pour tremper la soupe de leurs chiens.

Le cul-de-jattisme est cependant moins lucratif depuis quelques années. Grâce aux Espagnols, la concurrence a fait baisser les bénéfices. M. Berry, député de Paris, interrogeant un jour un mendiant d'outre-Pyrénées, apprit par lui que, sur onze enfants de sa famille, dix (l'aîné excepté) avaient été mutilés dès l'âge le plus tendre en vue d'exploiter la charité parisienne. Ce métier est héréditaire dans certaines familles.

On rencontre aussi le type du mendiant au tableau. Assis sur une chaise, il a les jambes et la poitrine enveloppées d'une grosse couverture de laine sous laquelle il cache ses mains. Un grand tableau, appuyé sur ses genoux, représente souvent un combat naval : « Messieurs, Mesdames, dit le misérable, voyez le travail d'un pauvre paralytique, blessé en défendant son pays, dans un grand combat naval ».

Malgré vous, vous éprouvez un serrement de cœur à l'idée que ce vieux marin qui a été blessé, estropié pour la vie, en est réduit à implorer la charité publique. Aussi vous ne passez jamais devant ce paralytique sans déposer une pièce de deux sous dans sa sébille.

Hélas ! vous apprendrez bientôt que l'auteur du dessin est mort et que le pseudo-paralytique qui montre la toile est un solide gaillard, un escroc, qui présente un tableau dont il n'est nullement l'auteur.

Suivez cet homme. Où va-t-il ? Se constituer une rente de 100 francs, car il a sa médaille militaire, c'est-à-dire une hernie et des varices. — Mais encore ? — Les hôpitaux de Paris trompés par de fausses adresses, lui délivreront gratuitement des bandages herniaires et des bas élastiques, qu'il ira vendre immédiatement.

Neuf fois sur dix, quand vous apercevez un mendiant qui exhibe deux infirmités, vous pouvez affirmer, sans crainte de vous tromper, qu'une des deux infirmités est simulée.

Le métier *d'aveugle* est le plus simple de tous. En quelques jours, on sait ne montrer que le blanc des yeux ; un peu de rouge autour des paupières, une plaque indicatrice constituent tout le matériel. Le mendiant aveugle doit en outre avoir les gestes lents, hésitatifs de celui qui en est réduit, pour agir, au seul sens du tact. Le métier comporte encore quelques finesses : un professionnel exercé sait, d'un *coup d'œil* instantané, dévisager et analyser le passant qui s'approche et modifier en conséquence son appel à la charité publique. Selon qu'il a deviné sous la redingote noire un militaire en retraite, un ingénieur, un médecin, il met en avant l'explosion d'une poudrière, d'une chaudière, ou l'ophtalmie purulente ; la justesse de ses prévisions a une heureuse influence sur la recette.

Quelquefois aussi, une plaque indique le genre de catastrophe dans lequel le mendiant est censé avoir perdu la vue. *L'aveugle-né*, jadis, ne réussissait pas mal, mais depuis les derniers accidents des mines de houille, le *coup de grisou* rend davantage.

Jean Richepin, l'auteur du *Chemineau* et des *Truands*, a publié ce curieux « souvenir de jeunesse » :

« En ce temps-là, il y a environ vingt-cinq ans, j'habitais, dit-il, au haut de la rue Saint-Jacques, et je devais chaque jour, pour gagner mon misérable pain, me rendre au haut de la rue des Martyrs.

Régulièrement, en arrivant, un peu avant neuf heures, je trouvais, près d'une porte-cochère, à droite, précédant la devanture du crémier, un mendiant à qui je donnais un sou d'un geste machinal.

Non moins régulièrement, en revenant, vers les deux heures, au haut de la rue Saint-Jacques, je trouvais, près d'une porte-cochère à peu près semblable, dans un renfoncement précédant aussi la devanture d'un crémier, mais à gauche, cette fois, un autre mendiant à qui je donnais pareillement un sou du même geste machinal.

Longtemps, je ne pris garde qu'à l'emplacement analogue choisi par l'un et par l'autre mendiants, et cela justement à cause de l'analogie, sans doute, qui frappait mon observation inconsciente. Mais je ne faisais par attention aux mendiants eux-mêmes, dont je savais cependant que, rue des Martyrs comme rue Saint-Jacques, le mendiant était un borgne.

Je ne chercherai pas expliquer pourquoi, brusquement, un beau jour, je remarquai que le mendiant de la rue des Martyrs était borgne de l'œil gauche, et que celui de la rue St-Jacques l'était de l'œil droit. Tout ce que je puis dire, c'est que la chose jusqu'alors inconnue de moi, me sauta ce jour là aux yeux, si j'ose m'exprimer ainsi.

A partir de ce jour, les deux mendiants m'intéressèrent, et, en leur jetant à chacun leur sou quotidien, je me pris à les examiner curieusement. Je n'eus pas à m'en repentir, car cet examen, bientôt, me passionna.

Il y avait de quoi, comme vous allez le voir! Imaginez-vous, en effet, ma surprise, quand je m'aperçus que ces deux mendiants offraient à la fois des ressemblances et des dissemblances étranges. Celui de la rue des Martyrs était comme je l'ai dit, borgne de l'œil gauche, et portait un pardessus noir au poil bourru et une casquette à oreillères, tandis que celui de la rue St-Jacques borgne de l'œil droit, était vêtu d'une veste plus légère et coiffée d'un chapeau melon aux bords rabattus en cloche. Mais tous deux avaient un visage absolument identique, au point que l'on eût dit les deux frères, et même deux jumeaux.

J'en conclus tout d'abord qu'ils devaient être, en effet, deux jumeaux, et le hasard me parut un singulier farceur d'avoir ainsi fait ces deux jumeaux borgnes, l'un à droite, l'autre à gauche.

Mais un examen plus minutieux ne tarda pas à me persuader qu'il y avait, dans cet apparent mystère, un unique farceur, lequel était tout bonnement le seul et même mendiant, installé le matin rue des Martyrs et l'après-midi rue Saint-Jacques, sous deux costumes différents, et changeant d'œil sa borgnerie. On ne pouvait s'y tromper, avec un peu d'attention, à l'attitude, au geste, à la voix, et surtout, et surtout au regard de l'œil resté ouvert.

C'était un regard extraordinaire, jeté par une prunelle vitreuse, couverte d'une taie bleuâtre, dans un globe proéminent. Que ce fût la prunelle gauche ou la droite, l'expression demeurait immuable, une expression sournoise et moqueuse. Evidemment, l'œil de la rue des Martyrs et l'œil de la rue Saint-Jacques constituaient une paire d'yeux où habitait une seule âme.

Que ce prétendu borgne fût un faux borgne, un rusé simulateur, voilà qui ne faisait pas de doute. Je ne lui en voulais pas, au reste, de sa ruse, et je la trouvai même si ingénieuse que désormais, au lieu d'un sou à chaque aumône, je lui donnai deux sous, estimant qu'il les gagnait bien.

Mais quelle raison avait-il, ce borgne alternatif,

pour changer de mauvais œil ! Cela, je l'avoue, me tracassait, n'y voyant aucune explication plausible.

Il n'y avait, m'objecterez-vous sans doute qu'à la lui demander à lui-même, cette explication ! Mais allez donc faire de la peine à un pauvre diable, en lui apprenant qu'on a *débiné le truc* dont il subsiste ! Pour avoir des idées pareilles, il faut n'avoir jamais été pauvre diable soi-même ! Puis, je l'avoue, j'avais une secrète joie à me dire en lui donnant ses deux sous :

Il me prend pour une « poire ». Eh bien ! c'est lui qui en est une, puisque *je sais.*

L'amour-propre a de ces petites satisfactions-là ! Vous voyez que je suis psychologue, quand je m'y mets.

Mais, qui dit psychologue, dit, forcément, un peu « muflle », n'est-ce-pas ? Et, un jour, je ne puis me tenir de révéler au pauvre bougre que je possédais son secret. Ajoutons, à ma décharge, que j'eus la précaution, venant de toucher une petite somme, d'enrober l'amertune de ma muflerie dans une aumône de cent sous et dans l'offre d'une tournée fraternelle.

— Et alors, dis-je au mendiant, donnez-moi enfin le mot de cette énigme qui me tourmente depuis tantôt trois semaines. Pourquoi êtes-vous borgne tantôt d'un œil, tantôt de l'autre ?

— Monsieur, me répondit-il, vous m'avez tout

l'air d'un bon « zig » qui ne voudra pas faire du tort à mon industrie. Je ne serai pas cachottier avec vous. Voici la chose. Dans notre partie, voyez-vous, c'est comme dans toutes les autres : avec la pratique, on prend de l'expérience, on s'instruit en observant. Or, j'ai observé, d'abord, que le métier d'aveugle est moins bon que celui de borgne. Pourquoi ? Je n'en sais rien, mais c'est comme ça. Ensuite, j'ai observé qu'il y a des gens plus charitables pour les borgnes de l'œil droit, et d'autres plus pour les borgnes de l'œil gauche. Pourquoi ? Je n'en sais rien non plus ; mais c'est encore comme ça. Enfin, et c'est là où j'ai été le plus malin, j'ai découvert ceci, dont le pourquoi m'échappe encore plus que tous les autres ; c'est que les borgues de l'œil droit font de meilleures affaires sur la rive gauche, et les borgnes de l'œil gauche sur la rive droite. Cherchez-en la raison si vous en avez le temps et si vous vous croyez capable de la trouver. Moi, j'y ai renoncé je me contente de mettre à profit ma découverte, en faisant le borgne de l'œil droit rue St-Jacques, et le borgne de l'œil gauche rue des Martyrs.

Il me regardait, en vidant maintenant son verre avec un regard plus sournois et plus moqueur que jamais de ses deux gros globes ouverts, proéminents, à la prunelle vitreuse couverte d'une taie bleuâtre ; et souriant son verre vidé, il ajouta :

— Au fond, vous savez, je m'en moque ; car je suis borgne ni à droite ni à gauche.

— Parbleu ! répliquai-je, vous n'avez pas besoin de me le dire : je m'en doute. Pourquoi rigolez-vous ? j'ai donc l'air d'un serin ?

— J'ignore, reprit-il, de quoi pouvez-vous avoir l'air. Comment voulez-vous que je le voie ? Je suis aveugle. »

M. Maxime du Camp a raconté une anecdote qui montre à quel point est poussée quelquefois l'ingéniosité des mendiants.

Le 28 Août 1887, un dimanche, à l'heure où la population est nombreuse sur les quais voisins des Champs-Elysées, un homme mal vêtu pousse un cri de désespoir, et se jette à la Seine, près du pont de l'Alma. La foule s'amasse, elle voit le malheureux reparaitre sur l'eau qu'il frappe de gestes incohérents, et couler encore comme s'il avait plongé. A cet instant, un autre homme, costumé en ouvrier, se précipite à la rivière, nage avec vigueur, saisit le noyé, et, à grands efforts, le ramène sur la berge. Tout le monde accourt, on environne le sauveteur et le noyé. Celui-ci semble sortir d'un évanouissement et s'écrie : « Qu'as-tu fait ? Pourquoi ne m'as-tu pas laissé mourir ? Je n'ai plus d'ouvrage et voilà trois jours que je n'ai pas mangé ! » Il se relève et veut s'élancer dans la rivière ; on le retient, il se débat : « Laissez-moi, laissez-moi mourir ! » Le sauveteur intervient ; il fouille dans ses poches, il tire 50 centimes : « Tiens, voilà tout ce qui me reste, j'en serai quitte pour ne pas diner aujourd'hui ! »

Ces deux pauvres gens tombent dans les bras l'un de l'autre et se donnent l'accolade fraternelle des grands dévouements. Qui résisterait à un tel spectacle ! Tous les cœurs s'émeuvent, les yeux sont humides, et chacun met la main à sa poche. Les gros sous, les pièces blanches, deux pièces d'or sont donnés à cet infortuné qui est à jeun depuis trois jours.

Les deux camarades s'éloignent, se soutenant, à petits pas, tant qu'ils sont sur les quais, un peu plus vite lorsqu'ils approchent de Chaillot, lestement dès qu'ils se croient hors des regards. Deux agents de la sûreté sceptiques par métier et par condition, avaient assisté aux incidents de l'aventure ; ils suivirent, ils filèrent les acolytes qui entrèrent dans un cabaret, où les attendait une compagnie d'aspect peu édifiant. On étala sur la table l'argent récolté ; on poussa de grands cris de joie, on s'ébroua comme des chiens mouillés pour secouer l'eau du suicide et du sauvetage, puis, en riant de la bêtise de ces brutes de bourgeois, on commanda un Balthasar. Trois heures après, les deux compagnons de bain, encore humides, mais ivres-morts, étaient arrêtés par les agents qui les guettaient, et conduits au dépôt, d'où ils n'eurent pas long chemin à faire pour aller jusqu'aux chambres de la police correctionnelle.

Ces ingénieux personnages étaient des repris de justice qui avaient voulu faire un bon dîner, aux dépens des âmes compatissantes.

Il y a quelques vingt ans, les faux *Polonais* pullulaient sur le pavé des grandes villes ; après la guerre de 1870 nous avons vu les faux *Alsaciens* transformés pour les bonnes âmes en faux *zouaves pontificaux* ; nous avons aujourd'hui *l'ancien militaire*. Celui-ci, il y a quelques années, revenait du Tonkin. Puis ce fut le tour du Dahomey ; plus tard, la faveur a été accordée à Madagascar; attendons-nous à rencontrer le vainqueur de Samory et le compagnon de Morés ou de Marchand. La médaille militaire sert beaucoup aux dires de ce mendiant spécial. Quelquefois même il pousse le scrupule de la mise en scène jusqu'à louer un uniforme chez un fripier.

Le plus souvent il vous aborde dans le hall d'une gare et vous explique que, revenant du régiment ou des colonies, il se trouve sans un sou pour regagner le pays natal où l'attendent ses vieux parents. Au milieu du brouhaha de la foule, du sifflement des locomotives, du bruit des fiacres, des omnibus, il débite son boniment. Comme de juste, vous ne voulez pas laisser mourir de faim ce héros de nos conquêtes coloniales. Vous donnez une aumône qui servira à engraisser la caisse du mastroquet.

Il y a quelques jours, une vieille femme de soixante-dix ans environ mourait dans sa chambre, rue Serpente, à Paris.

Les voisins qui ne l'avaient pas vue depuis

quelque temps, prévinrent le commissaire de police.

Ce magistrat trouva la vieille femme étendue sur son grabat infect, composé d'un sac de toile, bourré de plantes sèches. Elle était morte « de privation et de misère », dit le médecin. Autour d'elle pas de meubles ; des papiers entassés, un pain de six livres à peine entamé, une cinquantaine de paires de gants, des immondices. Le magistrat, cependant, remarqua une petite sacoche que la vieille portait sur elle sous sa chemise.

Il y trouva, à côté de bons de fourneaux économiques, des billets de banque, des obligations, pour une valeur totale de 80.000 francs.

Et la femme au coq ! Connaissez-vous la femme au coq ? Non. Eh bien, nous allons faire sa connaissance.

Le public avait ainsi surnommé une mendiante professionnelle qui ne sortait jamais sans être escortée d'un grand diable de coq, fort méchant d'ailleurs et toujours prêt à livrer bataille aux gamins ou aux chiens. Cette femme mendiait à Bordeaux, tantôt sur les quais, tantôt sous le porche de l'église Saint-Pierre. Les marins sont généreux, s'ils gagnent péniblement l'argent, ils le dépensent et le distribuent avec une facilité extrême. Et puis que de bonnes dames charitables avaient pris l'habitude de donner une aumône à la « femme au coq » !

Un jour on ne vit plus ni la femme, ni le coq. Qu'était-il arrivé ? La police parfois curieuse alla heurter au domicile de la mendiante. C'était une chambre dans une maison de très pauvre apparence. Point de réponse. Un serrurier est appelé. Il ouvre. On entre.

La misérable femme était morte couchée sur un grabat. Quand au coq, il gisait à peu près mort de faim dans un coin de l'appartement.

L'inventaire fut bientôt fait : deux chaises boiteuses, le grabat, quelques hardes malpropres et... un buffet. L'enterrement de la vieille terminé, la police appela un ferrailleur pour lui vendre les mauvais meubles qui étaient censés garnir la chambre.

Mais, ô surprise ! dès qu'on toucha au buffet — les ferrailleurs ont parfois la main brusque — il s'en détacha une pièce d'or, puis deux, puis trois. Tout l'intérieur du buffet était tapissé, et, derrière cette tapisserie tutélaire, résidait une superbe collection de louis d'or rangés avec un ordre parfait et un soin méticuleux.

On juge de la surprise des personnes présentes à la découverte de ce trésor.

La « femme au coq » était une « professionnelle » que l'avarice avait poussée à la mendicité. Chaque jour elle transformait en beaux louis de vingt francs la monnaie de billon et les pièces blanches qu'elle obtenait de la charité publique ; ensuite elle les cachait derrière la tapisserie du buffet.

Il y a déjà quelques années M. Maxime du Camp dévoilait les manœuvres ingénieuses des faux pauvres dans un de ses articles à la fois si amusants et si substantiels, comme il savait les écrire. Plus tard, M. Paulian raconta le voyage d'exploration accompli par lui-même, sous divers déguisements, dans les bas-fonds de la truanderie parisienne.

Le Parlement s'en est mêlé. Sous la forme d'exposé des motifs d'un projet de loi, M. G. Berry est venu, à son tour, livrer à ses collègues et au public le résultat des investigations qu'il a poursuivies, pendant plusieurs années, sur les mœurs et les procédés des mendiants de la capitale.

Il commence par dévoiler, soit d'après son expérience personnelle, soit d'après celle des autres, les simulations variées et les innombrables trucs des mendiants de profession. Toute l'armée des faux malades et des faux infirmes défile devant nous.

Voici le faux aveugle retrouvant tout-à-coup la vue pour tomber à bras raccourcis sur ceux qui l'appellent de ce nom. Voici le faux manchot que chacun est à même d'imiter facilement à bon compte. Voilà les boiteux et les « sans jambes » qui savent au besoin retrouver le membre perdu pour en donner des coups de pied ; puis les culs-de-jatte, dont il existe une fabrique spéciale en

Espagne ; puis enfin le sourd-muet, le faux épileptique et toute la série des faux malades que chacun de nous a pu rencontrer.

La mendicité présente un caractère spécial aux portes des églises. Les places, à Paris, y sont des propriétés particulières transmissibles par voie héréditaire aux enfants du ou de la titulaire et revenant de plein droit au *Syndicat des Mendiants* si le titulaire ne laisse pas d'héritiers directs connus.

Ce *Syndicat des mendiants* a son siége social, 40, rue Galande, chez Mme Gay. Le bureau s'y réunit chaque soir pour discuter les intérêts de la corporation et prendre les décisions nécessaires. Ce syndicat n'est pas encore légalement reconnu, mais rien, dans la loi de 1884, ne s'oppose à ce qu'il le soit un jour.

M. Georges Berry a assisté à une séance d'adjudication. Il s'agissait d'une marche d'église devenue vacante. La titulaire ne laissait pas d'héritiers. Elle fut adjugée aux enchères 280 francs (au profit du *Syndicat*) à un membre d'environ soixante-cinq ans.

Les *truqueurs*, pour employer l'expression consacrée, sont très nombreux. Le député de Paris fait successivement défiler devant nous, — ou plutôt devant ses collègues, — l'ouvrier sans travail, l'ancien militaire, le quêteur à domicile, celui qui n'a pas d'argent pour faire inhumer son enfant, celui qui, vêtu de toile en plein hiver, vient solliciter de vieux habits pour les revendre aussitôt; le porteur de fausses quittances ou de faux billets d'hôpital; le cuisinier ou le pâtissier qui a perdu l'argent reçu pour son patron, etc..., etc.

Un chapitre spécial est consacré à l'immense tribu de tous les gens sans aveu qui pratiquent la mendicité déguisée ou, plus exactement, l'exploitation de la sottise ou des passions humaines : diseuses de bonne aventure, teneurs de loterie, bonneteurs, vendeurs de fausses cartes transparentes, vendeurs de papier à lettres ou de crayons, enfin toute la bande des forains, depuis le saltimbanque en plein vent et le chanteur ambulant jusqu'au bohémien et au teneur d'« entresorts », c'est-à-dire au montreur de phénomènes vivants dans les foires.

Nous nous arrèterons un instant sur ces deux derniers types de mendiants. M. Berry dénonce très justement les « entresorts » comme des repaires mal déguisés et aussi dangereux pour la moralité que pour la santé publiques ; aussi en demande-t-il la suppression et nous pensons que la police ne devrait pas hésiter à la prononcer. Avec plus de raison encore, il réclame l'expulsion des bohémiens, sorte de rôdeurs internationaux, qui marquent leur passage par la maraude, quelquefois par le crime, et en qui on peut soupçonner des espions. L'Allemagne leur interdit à tous, sans exception, le séjour ou même le passage sur le territoire de l'empire. Cet exemple est significatif et nous ferions sagement de l'imiter.

Il y a aussi le *sans-jambe* qui, ne voulant pas jouer le rôle de cul-de-jatte accompli, se contente de dissimuler une seule jambe. On cite un ancien clerc d'avoué qui, pendant neuf mois de l'année, exerce ce métier dans la capitale. L'été venu, il prend un engagement dans une troupe d'artistes et parcourt les stations balnéaires et thermales, occupant l'emploi du premier danseur sur échasses. C'est assez réussi, n'est-ce-pas ?

D'ailleurs, déposez 20 francs de cautionnement, payez un franc de loyer par jour, et vous aurez un appareil qui vous permettra de simuler un manchot à la perfection.

Faux infirmes, « truqueurs », coureurs de foires sont les plus ingénieux des mendiants, ils ne sont pas les plus nombreux. La grande masse se contente de tendre la main dans la rue ou sur les routes. Ceux des villes ont des places réservées qui se cèdent ou se vendent aux enchères. Ils sont guidés dans les quêtes à domicile par des annuaires spéciaux, indiquant les bonnes adresses, qui se vendent 15 ou 5 francs, suivant que l'on veut le « grand » ou le « petit jeu ». Ils ont des cabarets attitrés pour la vente et l'achat des bons de fourneaux, et, grâce à cette organisation savante, ils arrivent à se faire de bonnes journées. Un quêteur de vieux habits gagne plus que le tailleur qui les a confectionnés.

Un matin, un individu à la mine effarée se précipite dans votre cabinet de travail. Les sanglots lui coupent la parole. Le pauvre homme! Que va-t-il raconter? Ecoutez le. Son enfant chéri, son enfant bien aimé en qui il avait mis toutes ses espérances est mort. Mais, hélas! ô comble de la misère! Il n'a pas de quoi le faire enterrer. C'est navrant. Assurément, vous ne réfléchissez pas que les Pompes funèbres exécutent l'inhumation sans aucun frais pour les familles indigentes. Vous vous figurez le pauvre père obligé de conserver chez lui quinze jours, six mois, un an, plus peut-être, le cadavre en décomposition. Alors vous déliez les cordons de votre bourse; ce n'est plus un sou, mais un louis que vous donnez au solliciteur. Le tour est joué, le truc a été lucratif.

Un mendiant de profession est mort laissant, plus de 50.000 francs de valeurs et 2000 francs cachés dans un taudis.

Quant aux « chemineaux » que la paresse et l'amour du déplacement rejettent constamment sur les grandes routes, ils sont la plaie des campagnes, ils en sont souvent la terreur, et, chaque année, la province réclame avec plus d'insistance l'adoption de mesures énergiques qui la débarrassent de ce fléau.

De tout cela que conclure? Faut-il en tirer cette conséquence que la charité est une duperie et qu'on ne doit jamais donner? C'est malheureusement le résultat des tableaux souvent trop détaillés, trop réalistes et trop sombres que plusieurs écrivains s'évertuent depuis quelques années à étaler aux yeux des lecteurs.

En ce temps d'égoïsme, il faut prendre garde de fournir trop de prétextes à ceux qui désirent se dispenser du devoir de l'aumône. A force de montrer la légion des faux pauvres, on risque de faire douter de l'existence des vrais, et ceux-ci cependant ne sont que trop nombreux et trop réellement misérables Nous n'en voulons d'autre preuve que la peinture des lieux de rendez-vous des mendiants, tracée par M. Berry lui-même.

Il nous introduit dans une véritable « cour de miracles », dans une série de bouges infects, indescriptibles, qui sont ouverts en plein Paris, dont nous ne soupçonnons pas l'existence, dont nous ne pouvons imaginer l'horreur et où se forme, s'exerce, se recrute sans cesse l'armée du vice, de la débauche, du crime, et sans doute aussi celle de la révolte, de l'insurrection et de l'anarchie.

Or, dans ces bas-fonds, dans cet enfer social, ce n'est pas seulement la perversité que M. Berry a rencontrée, c'est aussi la misère vraie, la misère sans bornes et sans nom, le malheur immérité dans ce qu'il a de plus poignant. C'est là ce qu'on ne doit pas oublier.

Sans doute, il y a des bandes de misérables qui exploitent la crédulité publique, et par parenthèses, ils ne sont pas tous dans la lie du peuple. Mais il y a aussi des gens morts de faim et de froid sur la voie publique ; il y a aussi, tous les jours, des désespérés qui se suicident sous l'aiguillon de la misère ; il y a, en un mot, de vrais pauvres, il y en aura toujours, et toujours aussi existera le devoir de les secourir et de les soulager.

Il ne faudrait donc pas que les descriptions pittoresques de M. Maxime du Camp, de M. Paulian ou même de M. Georges Berry eussent pour effet de faire révoquer en doute par les riches la réalité de la pauvreté et de la détresse ? Ces révélations doivent avoir un autre résultat : elles doivent nous inciter à donner avec plus de discernement, à donner plus nous-mêmes, à donner notre temps avec notre argent, à connaître le pauvre et à le secourir d'une façon qui le relève et le moralise. Elles doivent aussi faire comprendre la nécessité d'institutions nouvelles qui permettent de faire entre les mendiants une sorte de sélection et de ramener, de gré ou de force, les paresseux à la grande loi du travail.

CHAPITRE IV

LES ENFANTS

L'exploitation des enfants par les mendiants est encore un des crimes les plus abominables que l'on puisse commettre. A toute heure de jour et de nuit, par tous les temps, sous la pluie, sous la neige, des femmes stationnent dans les rues, sur les ponts, sous les portes cochères, tenant dans leurs bras, un, deux, trois, quatre enfants en bas-âge. Aussi le nombre des décès chez les enfants est effrayant.

Qu'importe à ces femmes? Est-ce que ces enfants leur appartiennent? Ils ont été loués dans les bouges, où, pour trente sous par jour, on vous *confie* un enfant, avec promesse de vous le *changer* s'il lui arrive un malheur. Or, le malheur arrive constamment : ces pauvres petits êtres ont la face blême, le nez pincé, les yeux caves, tout leur corps est vite gelé ; la mort ne tarde pas à saisir sa proie.

La location des *bébés pour mendigotes* est un fait connu et courant. Les journaux ont raconté l'aventure de cette femme de haut fonctionnaire qui reconnait son propre fils dans le moutard qu'une mendiante lui présente pour l'émouvoir ! La nourrice chargée de promener l'enfant l'après-midi trouvait plus pratique de louer pour quelques heures son nourrisson à cette femme qui exploitait la pitié publique. Quelques haillons cachaient les vêtements luxueux de l'enfant èt la nourrice employait ses loisirs d'une façon étrange.

Un jour, sur un des grands boulevards de Paris une femme mendiait. Elle portait sur les bras un enfant dont les cris perçants et désolés soulevaient la pitié des passants. Comment ne pas s'apitoyer sur le sort de cet être chétif dont le visage crispé reflétait toutes les affres de la douleur aiguë ? Comment passer indifférent devant ce groupe qui semblait incarner l'image de la misère et de la souffrance ?

Les aumônes tombaient fréquentes dans la main de la mendiante.

L'enfant, un œil bandé, ne cessait de pleurer, de gémir, de crier.

Soudain, un promeneur plus hardi que les autres

c'était un médecin — s'approcha de la mendiante et demanda à voir l'œil malade de l'enfant, afin de donner des soins médicaux, dont le petit malheureux paraissait avoir si grand besoin. La femme hésitait, la foule s'amassait, murmurait ; il ne fallut rien moins que l'intervention de la police pour forcer la mendiante à découvrir le visage du malade.

Que vit-on alors ? Il serait impossible de décrire la stupéfaction et l'horreur des témoins de ce fait. Sous le bandeau et devant l'œil caché, la misérable femme avait placé une coquille de noix qui retenait prisonnière une grosse araignée noire. Cet animal rongeait continuellement l'œil du petit martyr dont la douleur indicible arrachait des cris continuels au malheureux patient. La mendiante avait calculé que les larmes et les plaintes exciteraient la pitié publique et entraineraient d'abondantes aumônes. Les tribunaux ont constaté le fait en condamnant la misérable.

Peut-on concevoir un plus grand raffinement de la cruauté, un crime plus horrible ?

Quand donc protégera-t-on ces pauvres malheureux martyrs ?

Quand donc une loi protectrice viendra-t-elle enlever aux exploiteurs et créer pour ces petits êtres incapables de se défendre une assistance efficace et tutélaire ? Car enfin cette exploitation des enfants existe, elle crève les yeux, tout le monde en est témoin, et personne ne l'inquiète. Tous les faits sont connus; cependant on n'y porte aucun remède.

Réfléchissez un instant, dit l'auteur de *Paris qui mendie*, à ce que peuvent bien devenir ces enfants ? Dès qu'ils ont quatre ou cinq ans, on les envoie *travailler* tout seuls, sous la garde du frère ou de la sœur ainée. La mère ou le père les taxent à tant par jour. Il faudra que la petite troupe rapporte le soir, deux, trois, quatre francs au logis ; sinon, gare les coups ! Une nuit, par un froid de 10 degrés, une ronde de police arrête sous une porte cochère un enfant de douze ans, qui dormait en tenant dans ses bras sa petite sœur âgée de huit mois. Tous les deux étaient à moitié gelés. On les conduit au poste, on les réchauffe, on les ramène à la vie. Le brigadier interroge l'enfant avec bienveillance :

— As-tu un père ?

— Oui.

— As-tu une mère ?

— Oui.

— Où demeures-tu ?

— Rue Sainte-Marguerite, tel numéro.

— Comment se fait-il que tu ne sois pas rentré, hier au soir, à la maison ?

Et le pauvre petit, après bien des hésitations, finit par avouer qu'il était las d'être roué de coups. Il avait fait tous ses efforts pour gagner quatre francs : il lui manquait quarante-cinq centimes, et comme il savait d'avance ce qui l'attendait au logis, il n'avait pas eu le courage d'y rentrer.

Et M. Paulian ajoute : «Plus d'une personne, en lisant cette histoire, se sentira émue, et se dira en elle même : «Quel malheur que je ne me sois pas trouvée là, sur le passage de ce petit garçon ! Je lui aurais bien volontiers donné les quarante-cinq centimes qui lui manquaient.» Erreur ! Si vous aviez donné à cet enfant les quarante-cinq centimes qui lui faisaient défaut pour parfaire la somme de quatre francs, le lendemain, la mère dénaturée aurait majoré la moyenne, et aurait taxé l'enfant à quatre francs cinquante centimes. »

Que d'enfants, qui, le soir, dans les rues, nous offrent des fleurs, des crayons ou un journal. Nous éprouvons un sentiment pénible en voyant ces frêles créatures rôder dehors à une heure avancée de la nuit. Nous leur donnons un ou deux sous, et nous ne nous apercevons pas qu'au lieu de soulager ainsi une misère, nous ne faisons qu'entretenir le vice en subventionnant la plus odieuse des exploitations. Plus nous donnons, plus l'entrepreneur qui exploite ces pauvres enfants deviendra âpre au gain.

Un soir, M. Georges Berry, député, passant sur un des boulevards de la capitale, fut attiré par les cris d'un enfant. Il s'approcha, ému de pitié, et se trouva en présence d'une femme tirant derrière elle un petit martyr. Le couple, en route depuis le matin, avait fait quelques stations sous les porches des églises et les portes cochères, et se rendait, pour la soirée, aux abords d'un hôtel du faubourg Saint-Germain où on donnait une fête.

Le pauvre enfant harassé, n'en pouvant plus, était tombé sur les genoux. La mégère le traînait ainsi. Le sang coulait, les genoux étaient déchirés. Hélas! Peut-on imaginer spectacle plus affreux, plus pitoyable?

Certes, l'enfant n'appartenait pas à cette « professionnelle, » il n'était pas la chair de sa chair. Loué à des parents dénaturés qui exerçaient le métier de rémouleurs, le petit martyr était l'objet de la plus cynique exploitation. Sur la plainte du député l'enfant fut par les soins de la police conduit dans un hospice où il reçut des soins dévoués. Quant à la misérable mendiante, on la laissa tranquille, après une semonce. Le lendemain elle recommençait sa tournée avec un autre petit compagnon.

Ah! les « faiseuses d'anges » ne sont pas, toutes, celles que l'on croit. Leur nombre est considérable, augmenté par l'industrie honteuse dite mendicité.

Les lois ont-elles prévu ce crime? Le punissent-elles? L'article 309 du Code Pénal punit de la réclusion tout individu qui, volontairement, aura fait des blessures ou porté des coups, s'il est résulté de ces sortes de violence une maladie ou une incapacité de travail personnel pendant plus de vingt jours. Mais pour causer une maladie à un enfant, et même pour le tuer, point n'est besoin d'avoir recours aux coups et aux violences.

Les pouvoirs publics se sont émus de cette situation et ont adopté la loi dont voici un extrait :

Article premier.— Les dispositions suivantes sont ajoutées à l'article 312 du Code pénal :

« Quiconque aura volontairement fait des blessures ou porté des coups à un enfant au dessous de l'âge de quinze ans accomplis, ou qui l'aura volontairement privé d'aliments ou de soins au point de compromettre sa santé, sera puni d'un emprisonnement de un à trois ans et d'une amende de 16 à 1000 francs.

« Si les coupables sont les père et mère légitimes, naturels ou adoptifs, ou autres ascendants légitimes ou toutes autres personnes ayant autorité sur l'enfant ou ayant sa garde, les peines seront celles portées au paragraphe précédent, s'il n'y a eu ni maladie ou incapacité de travail de plus de vingt jours ni préméditation ou guet-apens, et celles de la réclusion dans le cas contraire.

« Si les blessures, les coups ou la privation d'aliments ou de soins ont été suivis de mutilation, d'amputation ou de privation de l'usage d'un membre, de cécité, perte d'un œil ou autres infirmités permanentes, ou s'ils ont occasionné la mort sans intention de la donner, la peine sera celle des travaux forcés à temps; et si les coupables sont les personnes désignées dans le paragraphe précédent, celle des travaux forcés à perpétuité.

« *Art.* 2.— Les articles 349, 350, 351, 352, et 353 du Code pénal sont modifiés ainsi qu'il suit :

« *Art. 349.*— Ceux qui auront exposé ou fait exposer, délaissé ou fait délaisser en un lieu solitaire un enfant ou un incapable, hors d'état de se protéger eux-mêmes, à raison de leur état physique ou mental, seront, pour ce seul fait, condamnés à un emprisonnement de un an à trois ans et à une amende de 16 à 1,000 francs.

« *Art. 350.*— La peine portée au précédent article sera de deux à cinq ans et l'amende de 50 à 2,000 francs contre les ascendants ou toutes autres personnes ayant autorité sur l'enfant ou l'incapable, ou en ayant la garde.

« *Art. 351* .— S'il est résulté de l'exposition ou du délaissement une maladie ou incapacité de plus de vingt jours, le maximum de la peine sera appliqué.

Tout le monde a lu la fameuse description de « La Cour des Miracles » insérée par Victor Hugo dans *Notre-Dame de Paris*.

« Une partie de la cour des Miracles était enclose par l'ancien mur d'enceinte de la ville, dont bon nombre de tours commençaient, dès cette époque, à tomber en ruine. L'une de ces tours avait été convertie en lieu de plaisir par les truands Il y avait cabaret dans la salle basse, et le reste dans les étages supérieurs. Cette tour était le point le plus vivant et, par conséquent, le plus hideux de la truanderie. C'était une sorte de ruche monstrueuse qui y bourdonnait nuit et jour. La nuit quand tout le surplus de la gueuserie dormait, quand il n'y avait plus une fenêtre allumée sur les façades terreuses de la place, quand on n'entendait plus sortir un cri de ces innombrables maisonnées, de ces fourmilières de voleurs, de filles et d'enfants volés, on reconnaissait toujours la joyeuse tour au bruit qu'elle faisait, à la lumière écarlate, qui rayonnant à la fois aux soupiraux, aux fenêtres, aux fissures des murs lézardés, s'échappait pour ainsi dire de tous ses pores.

« La cave était donc le cabaret. On y descendait par une porte basse et par un escalier aussi raide qu'un alexandrin classique. Sur la porte il y avait, en guise d'enseigne, un merveilleux barbouillage, représentant des sols neufs et des poulets tués, avec ce calembourg au-dessous : *Aux sonneurs pour les trépassés.*

« Un soir, au moment où le couvre-feu sonnait à tous les beffrois de Paris, les sergents du guet, s'il leur eût été donné d'entrer dans la redoutable cour des Miracles, auraient pu remarquer qu'il se faisait, dans la taverne des truands, plus de tumulte encore qu'à l'ordinaire, qu'on y buvait plus et qu'on y jurait mieux. Au dehors, il y avait, dans la place, force groupes, qui s'entretenaient à voix basse, comme lorsqu'il se trame un grand dessein, et çà et là, un drôle accroupi qui aiguisait une méchante lame de fer sur un pavé.

« Cependant, dans la taverne même, le vin et le jeu étaient une si puissante diversion aux idées qui occupaient ce soir-là la truanderie, qu'il eût été difficile de deviner, aux propos des buveurs, de quoi il s'agissait. Seulement, ils avaient l'air plus gai que de coutume, et on leur voyait à tous reluire quelque arme entre les jambes : une serpe, une cognée, un gros estramaçon, ou le croc d'une vieille hacquebute.

« La salle, de forme ronde, était très vaste, mais les tables étaient si pressées et les buveurs si nombreux, que tout ce que contenait la taverne : hommes, femmes, bancs, cruches à bière, ce qui dormait, ce qui jouait, les bien portants, les éclopés, semblaient entassés pêle-mêle avec autant d'ordre et d'harmonie qu'un tas d'écailles d'huîtres. Il y avait quelques suifs allumés sur les tables ; mais le véritable luminaire de la taverne, ce qui remplissait dans le cabaret le rôle de lustre dans une salle d'opéra, c'était le feu. Cette cave était si humide qu'on n'y laissait jamais éteindre la cheminée, même en plein été, une cheminée immense, à manteau sculpté, toute hérissée de lourds

7

chenêts de fer et d'appareils de cuisine, avec un de ces gros feux mêlés de bois et de tourbe, qui, la nuit, dans les rues de village, font saillir si rouge sur les murs d'en face le spectre des fenêtres de forge. Un grand chien, gravement assis dans la cendre, tournait devant la braise une broche chargée de viandes.

« Quelle que fût la confusion, après le premier coup d'œil, on pouvait distinguer, dans cette multitude, trois groupes principaux, qui se pressaient autour de trois personnages. L'un de ces personnages, bizarrement accoutré de maint oripeau oriental, était Mathias Hungadi Spicali, duc d'Egypte et de Bohême. Le maraud était assis sur une table, les jambes croisées, le doigt en l'air, et faisait d'une voix haute, distribution de la science en magie blanche et noire à maintes faces béantes qui l'entouraient.

« Une autre cohue s'épaississait autour de notre ancien ami, le vaillant roi de Thunes, armé jusqu'aux dents. Clopin Trouillefou, d'un air très sérieux et à voix basse, réglait le pillage d'une énorme futaille pleine d'armes, largement défoncée devant lui d'où se dégorgeaient en foule haches, épées, bassinets, cottes de mailles, platers, fers de lance et d'archegayes, sagettes et viretons, comme pommes et raisins d'une corne d'abondance. Chacun prenait au tas, qui le morion, qui l'estoc qui la miséricorde à poignée en croix. Les enfants eux-mêmes s'armaient, et il y avait jusqu'à des culs-de-jatte qui bardés et cuirassés, passaient entre les jambes des buveurs comme de gros scarabées.

« Qu'on ajoute vingt groupes secondaires, les filles et les garçons de service, courant avec des brocs en tête, les joueurs accroupis sur les billes, sur les marelles, sur les dés, sur les vachettes, sur le jeu passionné du tringlet, les querelles dans un coin, les baisers dans l'autre, et l'on aura quelque idée de cet ensemble, sur lequel vacillait la clarté d'un grand feu flambant qui faisait danser sur les murs du cabaret, mille ombres démesurées et grotesques.

« Quant au bruit, c'était l'intérieur d'une cloche en grande volée.

« La lèchefrite, où pétillait une pluie de graisse, emplissait, de son glapissement continu, les intervalles de ces mille dialogues qui se croisaient d'un bout à l'autre de la salle.

« Il y avait, parmi ce vacarme, au fond de la taverne, sur le banc intérieur de la cheminée, un philosophe qui méditait, les pieds dans la cendre et l'œil sur les tisons. C'était Pierre Gringoire.

— Allons, vite ! dépêchons, armez-vous ! on se met en marche dans une heure ! disait Clopin Trouillefou à ses argotiers.

Une fille fredonnait :

Bonsoir mon père et ma mère !
Les derniers couvrent le feu.

Deux joueurs de cartes se disputaient:

— Valet! criait le plus empourpré des deux, en montrant le poing à l'autre, je vais te marquer au trèfle. Tu pourras remplacer Mistigri dans le jeu de cartes de monseigneur le roi.

— Ouf! hurlait un normand, reconnaissable à son accent nasillard, on est ici tassé comme les saints de Caillouville!

— Fils, disait à son auditoire le duc d'Egypte parlant en fausset, les sorcières de France vont au sabbat sans balai, ni graisse, ni monture, seulement avec quelques paroles magiques. Les sorcières d'Italie ont toujours un bouc qui les attend à leur porte. Toutes sont tenues de sortir par la cheminée.»

Que peuvent devenir les enfants élevés dans des milieux aussi dégradants? Quel sera leur avenir? On le devine aisément. Les garçons, d'abord indicateurs du cambriolage pratiqueront plus tard le vol pour leur propre compte. Quant aux filles..... ? On connait trop quel est leur sort.

On ne saurait, d'ailleurs, apporter une attention trop grande à soustraire les enfants au contact démoralisateur.

Beaucoup parlent de contagion et de maladies épidémiques. Eh bien, les psychologues rappellent aussi qu'il est une autre contagion dont peu de personnes se préoccupent et qui sévit en dépit des prescriptions des moralistes. C'est la contagion du meurtre.

Les médecins notent des exemples recueillis pour des « mémoires » et destinés aux congrès.

D'où vient le germe de cette épidémie ?

Les savants citent notamment l'exemple de l'assassin Huitric, sur la table duquel on a trouvé les *Mémoires de Vidocq.*

Le crime constitue-t-il une dépravation morale à laquelle on arrive par suite de mauvaises habitudes, de passions toujours assouvies, par suite d'un défaut de morale et par le désir de satisfaire des jouissances convoitées et en dehors des ressources de l'argent, ou bien est-ce une sorte de dégénérescence morale, d'entraînement morbide et fatal, une maladie qui atteint un individu, qu'il le veuille ou non, et qui se propage comme le choléra, par exemple, de proche en proche, par le contact ?

Le docteur Aubry, un spécialiste qui a publié de curieux travaux sur ce sujet, croit que le crime est une maladie qui se propage comme les maladies infectieuses, par l'exemple et la fréquentation.

Le premier élément de contagion serait la famille dont l'influence est double : par l'hérédité d'abord et par le contact ensuite.

Il est incontestable que l'hérédité joue un rôle important dans la criminalité ; mais il ne s'ensuit pas qu'un fils d'assassin sera assassin lui-même ; il faut deux autres facteurs : l'éducation et l'occasion.

Pour l'éducation, il faut tout d'abord donner

l'opinion d'un criminaliste distingué, M. Guillot, le juge d'instruction des affaires Pranzini, Prado et Marchandon :

« Qu'on pense au point de vue métaphysique tout ce que l'on voudra de la religion, dit M. Guillot, ce qui est certain, c'est qu'elle est, pour l'enfant surtout, un élément moralisateur et le plus puissant de tous. L'enfant qui se croit vu de Dieu, suivi de Dieu, puni de Dieu, sera autrement gardé que celui qui ne pense à échapper qu'à un œil humain, qui ne le voit pas partout, qui ne le suit pas partout. »

L'éducation religieuse est évidemment le meilleur préservatif contre la contagion criminelle.

Un autre moyen de propager le crime, c'est la vie en commun.

C'est dans les maisons centrales que se forment les recrues de l'assassinat. Souvenez-vous de la bande du Père Mathieu, composée de douze jeunes escarpes de quinze à vingt ans. L'un d'eux déclarait à M. Goron : « Quand nous serons revenus de la Nouvelle, nous ferons un grand coup. La fortune ou la place de la Roquette, voilà ce qu'il nous faut. »

Un autre facteur de propagation du crime est la contagion par le spectacle des exécutions, et l'on s'explique très bien que des législateurs aient voulu supprimer les dangereuses exhibitions de la guillotine.

« Il ne faut pas croire, nous dit le docteur P.

Aubry, que la vue d'une exécution agisse de la même façon sur tout le monde. Ne sont impressionnés dans un mauvais sens que ceux qui sont prédisposés au meurtre, que ces dégénérés, que ceux-là qui n'attendent qu'une occasion pour devenir criminels. »

Donc le microbe du crime se dégagerait de ces exécutions publiques ; mais tombant dans un cerveau sain, il périra faute d'aliment, tandis que tombant dans un cerveau déja déséquilibré, il se développera rapidement et fera naître un crime nouveau.

Un pasteur protestant aurait interrogé 177 condamnés à mort et il n'en aurait trouvé que 3 n'ayant pas assisté à des exécutions ; Roberts, aumônier anglais, rapporte que sur 167 comdamnés qu'il avait conduits à l'échafaud, 161 lui assurèrent avoir été présents à des supplices ; un prêtre catholique, sur le même chiffre de 167 condamnés, avait constaté exactement la même proportion numérique.

Rappelez-vous, en outre, le cri de Jamahut : « J'ai vu mourir Campi ! »

Enfin, le docteur Aubry s'étend beaucoup sur le danger de contagion par le livre et par la presse.

Il ne faut rien exagérer ; mais il est incontestable que certaines descriptions excitent les cerveaux malades. Un assassin n'avouait-il pas, il y a quelques années, devant la cour d'assises de la Seine, que l'idée du crime lui était venue en lisant un chapitre de *Germinal*, d'Emile Zola.

Le savant criminaliste Maudsley, dans son livre : *Le crime et la folie*, a écrit après des centaines d'observations : « Il est hors de doute que l'acte de violence, quel qu'il soit, est souvent suggéré par les récits pathétiques d'actes semblables lus dans les journaux. L'exemple est contagieux : l'idée s'empare de l'esprit faible ou abattu et devient une sorte de fatalité contre laquelle toute lutte et impossible ».

Le savant Georget, qui a étudié spécialement cette question, a dit encore à ce sujet :

« Jamais il n'est venu à ma connaissance autant de faits de monomanie homicide que depuis que les journaux répètent sans cesse les détails des dernières affaires ».

Quelques exemples à l'appui de ces deux opinions :

Le 2 mai 1885, à Genève, une femme Lombardi tue ses quatre enfants et essaie de se suicider.

On lui demande comment l'idée lui en est venue. « Je voulais faire comme une femme l'a fait dans un récit de mon journal ».

En 1880, on juge un clerc de notaire, Lucien Morisset, qui tira un soir sur plusieurs passants inoffensifs et en tua un.

Ce Morisset était un lecteur des *Mémoires* de Lacenaire qui l'avaient enthousiasmé. « Ce Lacenaire, dit-il, est un homme splendide ; comme lui je détestai la société ».

En 1881, le jeune assassin Lemaitre, qui entraine un enfant chez lui et le tue d'un coup de couteau dans le ventre, dit au juge d'instruction : « J'ai beaucoup lu de romans, et dans l'un d'eux j'ai trouvé la description d'une scène pareille à celle que j'ai exécutée ».

Un nommé Voirbo avait collectionné tous les articles sur le crime du boucher Avinain ; quelques mois après, Voirbo tue dans les mêmes conditions qu'Avinain.

Troppmann avoua à l'abbé Crozes que les romans où avaient lieu des scènes d'assassinats, dont il était grand lecteur, l'avaient comme grisé.

En 1889, Joseph Lepage avoue, après son arrestation, qu'il voulait faire comme Pranzini.

Tous ces docteurs sont singulièrement troublants. Evidemment, il faut faire la part de l'exagération des spécialistes, néanmoins on est obligé de conclure que le contact mauvais entraine fatalement la contagion. Les enfants des mendiants sont mendiants. La société a donc le droit de se préoccuper de cette situation dangereuse pour elle et d'arracher les enfants des milieux pestilentiels, à plus forte raison quand ces pauvres petits ont été volés, loués ou vendus.

La répression énergique de la mendicité enfantine s'impose donc. Les enfants arrêtés ou soustraits à l'exploitation des parents ou des « professionnels » peuvent trouver des asiles provisoires dans les

Asiles de nuit, dans les Hospices des Enfants, en attendant que la déchéance de la puissance paternelle soit prononcée contre les parents indignes et que leur tutelle soit remise à l'Assistance publique, à des Œuvres d'enfance ou à des particuliers.

Il faut mettre un terme à la mendicité directe de l'enfance et à celle qui s'exerce en faisant des enfants des objets de pitié et de compassion pour le public. Une des premières choses à faire est d'attirer constamment l'attention des pouvoirs publics compétents sur cette plaie sociale, qui, malheureusement, va se généralisant de plus en plus, au grand détriment moral et matériel des jeunes enfants qui sont l'objet de cette honteuse exploitation.

Les Maires ont donc le devoir de donner des ordres sévères à la police pour procéder à l'arrestation de tous les enfants surpris se livrant à la mendicité et de tous ceux qui se servent de l'enfance dans ce même but. Semblable mesure aura un effet salutaire et bienfaisant, et fera rapidement disparaître cette forme si désolante de la mendicité.

Interdiction absolue doit être signifiée aux enfants, aux filles surtout, qui, sous prétexte de vendre des fleurs et autres menus objets, ne font que mendier en attendant l'heure de la prostitution, de continuer leur triste apprentissage. Leur cas sera minutieusement examiné et, s'il est établi, après enquête, qu'ils appartiennent à la catégorie des enfants visés par les lois des 7 décembre 1874 et 19 avril 1898 ou encore par la loi du 24 juillet 1889, le dossier de l'information sera adressé sans retard à l'autorité compétente, aux fins de poursuites ou de déchéance de puissance paternelle. Les enfants seront placés d'office dans un refuge charitable.

L'abandon des enfants est réglementé par la loi du 24 juillet 1889, et en vertu de ses articles 1 et 2, les enfants de parents indignes sont reçus dans le service de l'Assistance à la suite de jugements de déchéance de leurs droits de puissance paternelle rendus par les tribunaux : la société devient donc la tutrice légale de ces enfants, qu'elle soustrait au contact pernicieux de leurs auteurs.

D'autres mineurs sont aussi recueillis par les services départementaux en vertu des articles 17 et 18 de la même loi, après dessaisissement par leurs parents au profit de l'Assistance de tout ou partie de leurs droits paternels ; et enfin une troisième catégorie de pupilles, ceux-là très souvent recueillis sur la voie publique ou échoués dans des maisons particulières, y sont admis définitivement en vertu des articles 19 et 20 de ladite loi, lorsqu'après trois mois et à la suite d'avis donnés à leurs parents, ces derniers ne les ont pas réclamés ; les tribunaux civils sont appelés à régulariser ces admissions provisoires.

Il serait désirable que la déchéance édictée par

les articles 1 et 2 de la loi fût plus souvent prononcée, mais comme le fait observer M. de Courcelle-Seneuil dans son rapport au Conseil d'État, « la loi ne doit « pas prétendre à la répression de tous les abus de « la puissance paternelle. Elle ne doit même pas « les rechercher ; il suffit de les voir et de les « réprimer quand ils éclatent au grand jour et « deviennent évidents. Il serait dangereux, dans « une matière aussi délicate, de pousser les recher-« ches trop avant et jusqu'à l'examen des cas sur « lesquels les opinions pourraient être partagées à « ce point qu'on hésitât à distinguer la meilleure. « Si les recherches allaient jusque-là, il serait pos-« sible que la loi, par le trouble qu'elle apporterait « dans de nombreuses familles, causât plus de mal « que de bien. Quand il s'agit de la privation de la « puissance paternelle, le législateur ne doit s'occu-« per que des pères manifestement indignes de « l'exercer et garder une grande et une très grande « réserve. »

Aussi, bien que des faits fâcheux aient pu être constatés, les tribunaux n'ont prononcé jusqu'à présent la déchéance qu'à l'égard de parents n'ayant aucune valeur morale, et comme la déchéance s'applique aux enfants nés et à naitre, ils hésitent parfois devant les graves déterminations qu'ils ont à prendre, surtout lorsqu'en matière de sévices, par exemple, l'un des enfants à été seul victime des mauvais traitements qui lui ont été infligés :

ils inclinent, dès lors, à demander simplement aux parents de se dessaisir de leurs droits légaux sur cet enfant, appliquant ainsi avec discernement les instructions ci-dessus relatées et qui sont reproduites *in extenso* dans la circulaire de M. le Garde des Sceaux ayant trait à l'application de la loi relative aux Moralement abandonnés.

La loi du 19 avril 1898 fait disparaître, pour une certaine catégorie d'enfants, les inconvénients que présente la loi du 24 juillet 1889 : elle a, en effet, modifié ou complété les dispositions des articles 312, 349, 350, 351, 352 et 353 du Code pénal ainsi que l'article 2 de la loi du 7 décembre 1874, et elle stipule par son article 4 que « dans tous les cas de « délits ou crimes commis par des enfants ou sur « des enfants, le juge d'instruction commis pourra, « en tout état de cause, ordonner, le Ministère « public entendu, que la garde de l'enfant soit pro- « visoirement confiée, jusqu'à ce qu'il soit intervenu « une décision définitive, à un parent, à une « personne ou une institution charitable qu'il « désignera, ou, enfin, à l'Assistance publique.

« Toutefois, les parents de l'enfant jusqu'au « cinquième degré inclusivement, son tuteur ou le « subrogé tuteur et le Ministère public pourront « former opposition à cette ordonnance ; l'opposition « sera portée, à bref délai, devant le Tribunal, en « chambre du Conseil, par voie de simple requête. »

Par son article 5, elle dispose que « dans les

« mêmes cas, les Cours ou Tribunaux saisis du « crime ou du délit pourront, le Ministère public « entendu, statuer définitivement sur la garde de « l'enfant. »

Lorsque les Tribunaux appliquent cette loi, dans la mesure du possible, de façon à mettre fin à la situation fâcheuse de certains enfants, qui sont loin de recevoir des exemples de moralité ou sont maltraités, ils assurent la répression de la mendicité infantile, la protection de l'enfance et la déchéance des parents indignes.

A titre de renseignements, voici quelques chiffres intéressants fournis par le Parquet de Bordeaux.

Pendant le cours de l'année 1898, le Tribunal correctionnel de cette ville a eu à juger 517 affaires de mendicité, dans lesquelles étaient impliqués 562 prévenus, dont 11 mineurs de 16 ans (10 garçons et 1 fille) et 69 âgés de 16 à 21 ans (61 garçons, 8 filles).

Le Tribunal a prononcé 4 acquittements purs et simples ; il a, en outre, acquitté 11 mineurs comme ayant agi sans discernement et les a remis à leurs parents. Il a prononcé 546 condamnations à la prison et une à l'amende.

Au point de vue de l'application de la loi du 24 Juillet 1889 sur la protection de l'enfance, dans le cours de l'année judiciaire 1898-1899, la première chambre du Tribunal civil a rendu : 19 jugements prononçant des déchéances de la puissance paternelle ; 3 jugements rejetant des demandes de déchéance ; 54 jugements de délégation.

Quelques autres déchéances ont aussi été prononcées par les Tribunaux de l'ordre répressif, spécialement par la Cour d'Assises.

Il reste aussi quelque chose à faire par l'initiative privée, notamment par les Œuvres de l'enfance.

Le monde charitable ou simplement philanthrope verrait avec profit ces Œuvres groupées sous le nom de « l'Union des Œuvres de l'enfance », chacune de ces Œuvres adhérentes conservant son autonomie, tout en faisant connaître les ressources dont elle dispose au point de vue du bien à faire, ses moyens d'action et les catégories d'enfants et d'indigents qu'elle peut être appelée à recueillir.

Grâce à leur groupement, ces Œuvres auraient ainsi le moyen d'étendre leur action bienfaisante.

CHAPITRE V

LA MENDICITÉ A L'ÉTRANGER

La mendicité, nous l'avons prouvé, est une lèpre qui envahit le monde et le mine. Il s'agit de trouver le remède, si nécessaire, si urgent. Malheureusement, si grands que soient les désirs et les efforts des philanthropes de tous les pays, une telle maladie sociale dérivant de causes trop multiples et trop enracinées pour qu'on puisse en venir vite à bout, est demeurée jusqu'à ce jour incurable. C'est déjà beaucoup de la rendre plus bénigne, d'en cicatriser momentanément les plaies, d'en ralentir le progrès, d'en atténuer les conséquences.

Le problème s'offre à nous sous deux aspects :

d'une part, la mendicité et le vagabondage à l'intérieur, et, d'autre part, l'exode honteux de ce « nomadum genus » et sa course à travers le monde. Grave problème qui s'agite un peu partout sans être résolu, parce qu'il touche au tréfonds de la vie collective et sociale ! Question redoutable à laquelle il est impossible d'échapper sous peine de semer à pleines mains l'injustice et les désespoirs et, partant, de déchaîner l'esprit de violence ! Il s'agit de trouver la bonne solution, si l'on veut assurer la paix sociale par la justice sociale.

On a, nous le savons, ici et là, travaillé à éteindre la mendicité ; mais, en général, les paroles se sont envolées dans le brouhaha des forums sans qu'un acte, un seul acte énergique, y apporte la consécration du fait. Les uns ont tenté de donner à l'intervention une forme répressive. D'autres, plus avertis, ont préféré empêcher le mal de se produire que d'attendre pour soigner ensuite les plaies qu'il aura faites.

Au demeurant, quiconque veut étudier la mendicité ne doit pas s'arrêter seulement aux causes historiques et politiques qui produisent le phénomène, mais il faut aussi qu'il tienne compte des causes ethniques et physiologiques, physiques, économiques et sociales, qui ont leur origine dans la nature humaine, dans les coutumes, les traditions, les préjugés, les lois, tout, en un mot, et même dans le progrès.

En certains pays, en Italie et en Espagne, par exemple, la douceur du climat et les facilités de la vie exercent sur un tel état de choses une grande influence. « Non hominis culpa, sed ista loci », pourrait-on répéter. Il y a de riches potagers sur la route, des forêts où l'on glane le bois mort, des fleuves qui chantent ou qui grondent et dans l'onde desquels vivent de succulentes fritures. Naguère les tribus qui cheminaient vers la liberté et la vie, les tribus de Moïse, de Josué, d'Aaron traversaient d'immenses contrées en cueillant des dattes parmi les oasis du désert et en se nourrissant de chevreaux qu'elles trouvaient dans les champs d'alfa. Aujourd'hui, sur la grande route, le trimardeur descend du nord au midi, sans un sou, sans une certitude, avec une foi robuste dans le lendemain. Les chiens mangent bien ; pourquoi ne mangerait-il pas, lui ? Tout prospère sous le ciel, tout sourit et tout soutient. Il n'emporte donc aucun viatique. Des bagages ? A quoi bon ? De l'argent ? Pour quoi faire ? On se chauffe aux ardeurs du soleil, on s'abrite du mauvais temps sous une feuillée ; ça et là on rencontre des moissons florissantes, des sources limpides ; on trouve des âmes ardentes comme son âme, des esprits amers comme son esprit, des fraternités anonymes, en un mot. Et puis, surtout on est libre, — ce qui est exquis. Et l'on va, dans une incessante marche à l'étoile, sans discipline, sans servitude, avec une confiance quasi-superstitieuse en la destinée.

Mais partout le contingent le plus fort est fourni au vagabondage et à la mendicité par la misère. On se souvient du mot d'Aristophane :

οὐκοῦν δήπου τῆς πτωχείας πενίαν φάμεν εἶναι ἀδελφήν (1)

qui signifie tout simplement que la pauvreté et la mendicité sont sœurs. De la détresse en effet, sortent bien des mendiants et des vagabonds, et du vagabondage bien des voleurs, ou pis encore ; car le *malesuada fames* n'est pas d'hier et les tentations de la faim ne laissent pas d'être fort dangereuses.

La société, on le sait, traverse à l'heure actuelle une crise, féconde sans doute mais douloureuse, qui a pour origines la centralisation des capitaux, le progrès mécanique, le développement du grand commerce et de la grande industrie. De tels phénomènes, intimement liés entre eux, concourent tous au même résultat : l'augmentation du chômage, des indigents, et, par suite, des mendiants et des vagabonds.

Ce fait du chômage est-il, du moins, rare et exceptionnel ? On ne saurait s'en flatter, après les enquêtes véritablement navrantes qui ont été tentées en ces dernières années. En effet, M. Moron, directeur de l'Office du travail, évaluait, devant

(1) Aristophane, « *Plutus* », v. 549.

le Conseil Supérieur, le chômage à 10 pour 100, en moyenne par an, et la proportion des chômeurs à 30 pour 100, c'est-à-dire qu'il y aurait un ouvrier sur trois, qui serait tous les ans touché par le chômage. A la recherche d'un travail qu'il ne trouve pas l'ouvrier frappe à toutes les portes ; désolé, abattu, il rentre au logis, et, comme ses enfants crient la faim, il va peut-être implorer l'aumône, tendre la main. Qu'arrive-t-il ? désormais cet homme qui, hier encore, se révoltait contre l'aumône, l'acceptera aujourd'hui avec résignation et finira, les jours suivants, par en vivre. En lui la source d'énergie est tarie ; son ressort moral est brisé.

En présence de cet accroissement continuel du nombre des crève-la-misère, on s'émeut, on s'épouvante, on en cherche les causes et l'on est irrésistiblement conduit à tenir compte de l'état du marché du travail. Que si, par hypothèse, on arrivait à constituer des ressources et un organisme de distribution capables de remédier à toutes les infortunes du temps présent, nous ne craignons pas d'affirmer que, dans quelques années, ces ressources et cet organisme seraient devenus insuffisants.

C'est que, en vérité, pour mettre fin à toutes ces infortunes, il faudrait d'abord s'attaquer aux causes.

Que dire, par exemple, de cet antagonisme, réel

et permanent, entre la ville et la campagne? N'est-il pas déplorable? et le devoir du philanthrope n'est-il pas de chercher à l'atténuer, plûtot que de l'exalter, comme on fait dans un certain milieu, par une appréciation méprisante des travaux ruraux? — Le paysan pauvre, rêvant une ère nouvelle de liberté économique et sociale, fuit la campagne où il était utile pour courir à la ville où on ne le réclamait point. Ici il ne trouve pas d'ouvrage parce qu'il est inexpérimenté, et il devient une victime nouvelle de la crise terrible qui sévit. Affamé, poussé quelquefois aussi par l'amour de l'oisiveté, il s'aigrit contre la société, il se révolte et le voilà prêt pour les pires besognes. Il aimera mieux désormais gueuser, tendre la main, quand il ne jouera pas du couteau, du révolver, ou ne spéculera pas sur la femme, que de reprendre la bêche et de retourner à ses bœufs.

A vrai dire, cette émigration concentrique n'a qu'un nom : c'est le vagabondage.

« Race perdue, sans feu ni lieu, disait Leone Carpi... Il est certain que dans tous les pays il y a de tels rebuts; mais en Italie ils sont peut-être plus nombreux que partout ailleurs. » Et, il y a déjà quarante ans, un économiste célèbre, Moreau Christophle écrivait : « La seule chose que tout le monde sache ou croit savoir, c'est que l'Italie regorge de pauvres et que nulle part les mendiants ne se montrent aussi nombreux... La mendicité s'étale et se produit en Italie avec une luxuriance qu'on ne rencontre en aucun autre Etat du monde chrétien (1). »

Est-ce à dire qu'en Italie on n'ait pas cherché à arrêter ce torrent du haillon ? Hélas ! on a tenté de faire la chasse aux professionnels, de cribler les pauvres en quelque sorte en séparant le bon grain de l'ivraie ; on a dit aux gens charitables qu'ils pouvaient sans cruauté refuser ici le secours pour le donner ailleurs sans duperie : on a multiplié les œuvres, on les a développées avec énergie et tendresse, non seulement pour intervenir là où l'individu est impuissant, mais encore pour démasquer l'indigne, pour bannir le mendiant professionnel, ce déchet social des villes et des campagnes. Par malheur, en Italie comme en Espagne, les classes privilégiées n'ont voulu voir dans le mendiant qu'un frère malheureux à qui il est prescrit de donner l'aumône ; elles n'ont vu dans la vie du trimard qu'une irrésistible vocation, et devant la grande route, même crevée de boue, même sans verdure et sans troupeaux, elles ont songé à l'attirance irrésistible qui, en face de la mer, rend au matelot la nostalgie des lointaines traversées. A l'époque où le Latium était riche et florissant, ce n'était pourtant pas l'idée des Romains, et, tout particulièrement, de Plaute qui

(1) Moreau Christophle, "*Du Problème de la Misère*" t. III, p. 1 et 2.

disait : « De mendico male meretur qui ei dat quod edit aut quod bibet, nam et illud quod dat perdit et illi producit vitam ad miseriam. » (1)

Le législateur anglais a cherché aussi à porter remède à la maladie sociale de la mendicité professionnelle. A plusieurs reprises, la question a été l'objet d'une enquête complète, faite par des gens compétents, de façon à déterminer, pour tous, pour le gouvernement et pour les villes, comme pour les simples particuliers, la ligne de conduite à suivre. Divers systèmes ont été mis en présence, admettant entre eux toute la série des graduations, des atténuations et des conciliations. Une centaine de lois ont été votées par le Parlement britannique en ces deux derniers siècles pour chasser le mendiant, produit atavique de l'écume humaine. Mais, en réalité, quand on en vient au fait et au prendre, il est manifeste qu'en Angleterre le mal est devenu de jour en jour plus dangereux, à tel point qu'il y a quelques années M. Robert Milner, membre du *Keighley Board of Guardians*, ne pouvait s'empêcher d'écrire : « Aucun pays dans le monde entier, à l'exception de l'Italie et de l'Espagne, n'est aussi infesté par les vagabonds que l'Angleterre. »

D'où vient le mal ? — D'abord, de l'aumône privée qui, sous prétexte de travailler à l'œuvre de

(1) Plaute, " *Trinummus*" acte II, scène 2.

la fraternité sociale, ne s'inquiète pas assez de distinguer le désemparé du professionnel, le coupable repenti du récidiviste incorrigible (*) ; il naît aussi de l'action gouvernementale, trop large dans ses distributions de secours. De plus, le problème du travail se présente, en Angleterre, sous une forme particulièrement terrible : sans parler des graves inconvénients qu'ont amenés l'emploi des machines et la division du travail, il faut tenir compte du fait nouveau qui donne à la femme le rôle d'ouvrière productrice dans le domaine économique, chassant ainsi l'homme de l'atelier, lui enlevant son gagne-pain par la baisse naturelle des salaires qui en résulte, le condamnant en quelque sorte à la mendicité. A l'extension de ce mal, l'agriculture concourt aussi ; en effet, la moitié du territoire appartient à 5.000 personnes seulement, un tiers à 30.000 autres privilégiés, tandis que le sixième qui reste appartient à 200.000 individus. De telle sorte que, suivant la remarque d'Adam Smith, il y a pour un homme riche cinquante pauvres, et qu'on en arrive à un travail en majorité salarié, alors que, dans l'agriculture des autres contrées de l'Europe, c'est le travail indépendant qui constitue la règle et le travail salarié

(*) Le directeur de la police de Stafford, dans un rapport récent, estime que le gain ordinaire des mendiants de son district est de deux shillings et souvent d'une demi-couronne par jour, outre d'abondantes provisions de bouche.

l'exception. De là l'abandon des campagnes.

A ces conditions économiques qui tendent de plus en plus à propager la mendicité professionnelle dans le Royaume-Uni, il faut ajouter des facteurs d'ordre moral qui concourent au même résultat : c'est d'abord l'alcoolisme qui ruine l'ouvrier anglais et le conduit au vagabondage et au crime (*) ; c'est aussi cet instinct de migration, cet amour des voyages qui est au fond du caractère britannique, et, s'il s'agit d'un riche, contribue à la gloire du pays, tandis qu'il dégénère en habitudes d'oisiveté, de vice et de misère, s'il s'agit d'un malchanceux.

Afin d'éliminer les faux pauvres, on a créé à Londres la *Charity Organisation Society*, Société tout à la fois consultative et agissante. Elle est organisée de manière à renseigner riches et pauvres, les premiers sur le meilleur usage à faire de leurs libéralités, les seconds sur les œuvres qui, plus spécialement, s'intéresseront à leur infortune ; son action s'étend sur l'immense ville et est divisée en 39 bureaux locaux. Combattre la mendicité, répandre les aumônes sur les vrais malheureux et non au hasard, enseigner aux philanthropes le bien à faire, voilà le programme de la *Charity Organisation Society*.

(*) D'après les calculs du professeur Léon Levi, presque le tiers de la totalité des salaires des ouvriers anglais est dépensé pour boire, environ 3 milliards par an sur 10. Ce chiffre représente le double de ce qu'on dépense en France dans le même but.

En Allemagne, où les mendiants abondent, on a créé trois sortes d'établissements portant secours aux malheureux et se complétant l'un l'autre. (**) Ces institutions prospèrent et se développent surtout en Westphalie, mais elles couvrent tout l'Empire d'un immense réseau. On rencontre tout d'abord l' « *Auberge hospitalière* » où l'ouvrier qui chôme reçoit pendant un séjour très limité, la nourriture et le gîte, au prix exact de revient ; puis apparait la « *Station* » qui a pour but d'accueillir le travailleur qui voyage en lui offrant en échange de la dépense faite par lui, un travail approprié à ses capacités ; enfin, il existe des « *Colonies Ouvrières* » *(Arbeiterkolonien)*, au nombre de 29, subdivisées elles-mêmes en colonies industrielles et colonies agricoles, et qui se proposent « de relever les malheureux qui n'ont plus la force de se relever eux-mêmes. »

Ces trois établissements diffèrent entre eux en ce que les deux premiers s'adressent à l'ouvrier sans travail, tandis que la colonie est surtout réservée à celui qui a perdu l'habitude de besogner, et, qui, tombé dans les abimes de la mendicité et du vagabondage, a besoin d'être moralement et matériellement relevé. Il y a 3 colonies ouvrières en Westphalie, 2 dans le Hanovre, 1 dans le Schlesvig, 2 dans le Brandebourg, 2 dans

(**) Cf. « *Revue pénitentiaire* », 1886, p. 228 et 907 ; 1894, p. 51 ; 1896, p. 1092 ; 1897, p. 827, etc,

le Wurtemberg, 3 en Saxe, 1 dans l'Oldenbourg, 1 en Silésie, 1 en Poméranie, 1 dans la Prusse orientale, 1 dans la Prusse occidentale, 1 dans le Grand Duché de Bade, 1 dans la Hesse, 2 dans les provinces rhénanes, 1 en Bavière, 1 en Thuringe, 1 à Hambourg et 1 à Berlin.

Au fond, ce système n'est qu'une application perfectionnée et modernisée du compagnonnage d'autrefois.

Un arrêté assez curieux a été pris (1898) par les autorités de la principauté de Lubeck (Grand duché d'Oldenbourg).Cet arrêté porte: « Celui qui fait un don de quelque nature que ce soit à un chemineau mendiant sera puni d'une amende de 30 marks. Il est permis de remettre des aliments et des vêtements en cas de nécessité pressante et patente, mais à condition qu'il soit prouvé que le bénéficiaire ne pourra pas échanger ces dons contre de l'argent ou de l'eau-de-vie. »

La colonie hollandaise de Weenhuysen, à quelques lieues d'Assen, capitale de la province de Drenthe, procède du même système. C'est là que le gouvernement interne les mendiants pris en flagrant délit et les vagabonds que la misère ou le chômage condamnent à la vie errante et qui d'eux-mêmes sollicitent d'être enfermés. Dans cette colonie qui contient plus de deux mille hectares et est divisée en sept fermes, le personnel est réparti de telle sorte que tous les services se complètent et que chacun a sa part dans le travail commun. Tout est si bien organisé que M. Georges Berry se rappelle avoir vu a Weenhuysen jusqu'à des manchots qui se rendaient utiles à l'intérêt général en tournant avec leurs pieds la roue d'une machine servant à dévider de la laine ou à broyer du grain.

Quiconque se présente ou est envoyé à la colonie est interrogé sur ses aptitudes, et, ces renseignements pris, est admis dans la section des bouchers, des boulangers, des cordonniers, des tailleurs, des chapeliers, des cultivateurs, etc. Est-ce à dire que la colonie fasse concurrence à l'industrie privée? Non; car les travaux ne servent qu'aux besoins des colons. Quant à cet internement lui-même, il dure quatre ou cinq ans.

En somme, « ces colonies d'internement sont une merveilleuse innovation, disait M. Georges Berry dans sa conférence du 24 février 1891 à la Salle des Capucines, et c'est assurément un immense progrès obtenu par la Hollande d'être arrivée à débarrasser les rues des nombreux mendiants qui les encombraient autrefois et d'avoir pu, en outre, les moraliser par un travail qu'ils ont accepté. »

La Suède et la Norvège, comme les pays du centre de l'Europe, sont atteintes aussi des parasites de la charité. Le mal, dans le premier de ces pays, ne s'est pas révélé d'hier. Il y a de longues années que, pour y porter remède, un « *Comité général de protection des pauvres* » se constitua à Stockholm ; mais son action se réduit de jour en jour pour être remplacée par celle d'une Société plus moderne, aux rouages perfectionnés.

Cette Société, faisant fonction d'Office central des œuvres charitables, ayant pour titre « *Foreningen for Vælgerenhetens ordnande* » a pour but de mettre de l'ordre dans la charité, en empêchant toute distribution de secours en dehors d'elle, afin de prévenir l'exploitation par les faux pauvres.

Le « *Foreningen* » ne date que de 1889 et l'on constate unanimement une diminution très sensible du nombre des mendiants professionnels. Et s'il existe encore des exploiteurs de la charité, la faute en incombe aux personnes trop bienveillantes qui cèdent à une sensibilité regrettable.

Par un ukase du 1er septembre 1895, le czar a formé à St-Pétersbourg un Comité central chargé d'étudier les établissements répressifs existant en Allemagne et en France et de constituer dans tout l'Empire un double réseau d'établissements : 1° *maisons d'amour du travail* pour les ouvriers momentanément sans travail ; 2° *maisons de travail forcé* pour les mendiants et paresseux. De plus, une publication spéciale a été lancée, *Trudovaja Pomoschtsch* (l'Assistance par le travail) dans le but de répandre dans le public l'idée de l'assistance par le travail, de faire connaître les expériences tentées à l'étranger, de susciter enfin des concours qui permettront d'associer l'action privée à celle de l'État.

La création des *maisons de l'amour du travail* est, dans la pensée de ses auteurs, la préface d'une répression sévère de la mendicité. Tout individu sans travail pouvant désormais trouver un asile et une occupation, la mendicité des valides n'aura plus d'excuse et la loi pourra la réprimer sévèrement sans risquer de froisser les sentiments charitables de la population russe.

La loi serbe punit aussi comme contraventions de simple police (art. 342 et 362 du Code pénal serbe) le vagabondage et la mendicité. La mendicité est cependant tolérée pour les infirmes, qui ont une permission spéciale. Il n'existe pas de Société de bienfaisance contre la mendicité. Les seules Sociétés charitables sont : la « *Société pour la protection de l'enfance abandonnée* », et la « *Société des dames serbes* ».

Les pauvres et les mendiants sont d'ailleurs rares en Serbie. Les conditions sociales sont telles que tout homme qui peut travailler, peut à peu près subvenir à ses besoins.

En Suisse, comme partout où on a cherché à résoudre le problème, on s'est trouvé en présence de deux catégories de gens qui ne peuvent se suffire à eux-mêmes : ceux qui cherchent sérieusement du travail sans réussir à en trouver et ceux qui en cherchent aussi, comme les autres, mais s'arrangent pour n'en conserver jamais, parce qu'ils veulent vivre sans rien faire. Aux premiers, il faut procurer du travail ; aux seconds, s'ils mendient, il faut l'imposer.

1° Pour les ouvriers sans ouvrage on a créé des associations spéciales qui offrent de les mettre en rapport avec des patrons ou des industriels, sans qu'ils aient rien à payer pour leur placement.

2° Mais, cela fait, on s'est montré impitoyable pour les mendiants et les vagabonds volontaires, c'est-à-dire qui veulent vivre sans travailler. On s'est organisé pour les combattre à outrance. La loi les frappe d'abord d'une légère peine, mais cette peine si légère qu'elle soit, lorsqu'elle est finie, est suivie de leur entrée dans une maison de travail, où ils sont internés pendant une ou plusieurs années, selon la gravité du cas. Jamais la charité n'a pu sortir de la misère morale et matérielle un homme, contre sa volonté. C'est pourquoi dans toute cette organisation si bien entendue, on a joint, aux mesures de bienfaisance, la Société destinée à combattre la mendicité, et, pour les incorrigibles, la Maison d'internement.

« Dès les premiers temps du moyen âge, les fondations pieuses se multiplièrent en Belgique et augmentèrent la quantité des biens de mainmorte dans des proportions telles que l'empereur Charles V, le roi Philippe II et d'autres princes se virent obligés d'y mettre un frein. Ils imposèrent à ces dispositions des conditions restrictives, notamment celle de l'autorisation seigneuriale. Les institutions créées à la fantaisie de chaque donateur, sans réflexion souvent et sans connaissance exacte des besoins, au lieu de soulager efficacement la misère, devinrent la source originelle d'une véritable plaie dont le pays souffrit pendant des siècles. Les mendiants et vagabonds se mirent à pulluler d'une façon effrayante.

« Sous l'empereur Charles V, on reconnut le vice de ces fondations ; on vit qu'elles contribuaient à entretenir la paresse et la fainéantise, mais les idées du temps sur la manière de faire la charité ne pouvaient fournir le vrai remède ; on se borna à étendre à la Belgique entière l'organisation en vigueur à Bruxelles, consistant à soumettre toutes les fondations au contrôle des autorités. On interdit le vagabondage et la mendicité, et on édicta pour les punir des peines de plus en plus sévères. Mais ces mesures furent vaines. La mendicité continuait à être un métier lucratif, et ceux qui la pratiquaient formaient à certains moments de vraies bandes contre lesquelles il fallait sévir. Le pays s'appauvrissait et le mal atteignit son apogée dans la seconde moitié du 18e siècle. Dans les Flandres 15 p. 100 de la population était indigente ; la proportion était de 20 p. 100 à Anvers ; Bruges comptait 14.000 pauvres, et dans le Brabant, il y avait, dit-on, 30.000 mendiants.

« Avec Marie-Thérèse commence une ère nouvelle. On fonde à Gand et à Vilvorde des prisons où l'on soumet les mendiants et les vagabonds à un travail pénible. C'est la première fois qu'on tentait en Belgique de combattre la mendicité et le vagabondage par la privation de la liberté accompagnée de la contrainte au travail. Mais bientôt ces idées furent abandonnées.

« Les principes nouveaux en matière d'assistance publique, implantés par la Révolution Française, n'apportèrent pas une grande modification à l'état de la mendicité. C'est le décret du 5 Juillet 1808 qui constitue, pour la Belgique comme pour la France, le premier progrès et la première tentative sérieuse en cette matière.

« La situation de la Belgique était donc, au début de ce siècle, la même que celle de la France (1) ».

Nous reviendrons ailleurs sur la loi belge qui punit actuellement la mendicité, et nous constaterons une fois de plus qu'il ne faut pas toujours chercher dans les nations les plus grandes les éléments les plus perfectionnels d'une sage régie administrative. Les petits Etats, en effet, en mesure de s'attentionner aisément aux exceptions, après l'application des régles, sont aussi plus voisins de la perfection.

La loi portugaise ne reconnaît pas aux pauvres

(1) Cf. Drioux, *Etude sur la répression du vagabondage et de la mendicité en Belgique.*

le droit à l'aumône et n'impose pas de taxes spéciales pour leur subsistance. Cependant l'Etat surveille toutes les institutions de bienfaisance et en subventionne quelques unes. Il ne rend obligatoire que la dépense concernant les enfants trouvés ou abandonnés.

Des règlements de 1836 et de 1867 prohibent la mendicité et le vagabondage dans les rues de Lisbonne, deux asiles ont été créés dans la capitale pour recueillir les indigents vieux ou invalides. Il en existe aussi à Porto et à Vianna. L'assistance privée a ouvert à Lisbonne un asile de nuit (*albergo nocturno*) où l'indigent peut séjourner quatre nuits consécutives.

Le code pénal du 16 septembre 1886 punit le vagabond (*vadio*) de 6 mois de prison correctionnelle au maximum, et ordonne de le mettre à la disposition de l'administration, qui lui fournit du travail pour le temps qui paraîtra convenable. La récidive est une circonstance aggravante.

Nous voudrions aussi dire un mot de la mendicité aux Etats-Unis. On est, en effet, tenté de croire *a priori* que les grandes villes de la République de l'Amérique du Nord dont la prospérité est proverbiale n'ont pas ces tares et ces misères qui affligent leurs aînées de la vieille Europe. C'est là une erreur que de récents événements suffiraient à détruire.

Au demeurant, considérons plutôt le mouvement de la population. Les statistiques démontrent qu'en 1810, la population totale de la confédération nord-américaine atteignait 7.239.800 âmes; en 1850, elle s'élevait déjà à 23.192,800 habitants; en 1890, elle dépassait 63 millions d'âmes; et actuellement elle peut être évaluée à 70 millions environ de citoyens de toutes races. D'où vient ce rapide accroissement? De l'émigration sans doute qui de New-York s'étend sur tout le territoire américain. Or si l'on considère avec attention ce mouvement, on comprendra quelle lie une telle marée humaine, composée en majeure partie de pauvres gens, laisse dans l'orgueilleuse métropole du Nouveau-Monde. Il suffit, du reste, de pénétrer dans certains quartiers de New-York, de Washington, de Boston ou de Philadelphie pour rencontrer à tous les pas des mendiants de la plus dangereuse espèce, des voleurs, des pugilistes, sans compter cette tourbe insolente de filles galantes appartenant à toutes les nations et qui constituent sans cesse un véritable danger public.

Pour remédier à ce regrettable état de choses, on a créé ici et là des œuvres sociales, des œuvres d'assistance, auxquelles on s'est employé avec zèle et dévouement. Mais c'est surtout de l'enfant du ruisseau qu'on s'est occupé, des pauvres petits mendiants de la belle étoile, futur et déjà redoutable gibier des geôles.

Quant aux véritables Sociétés de bienfaisance

contre la mendicité, il en existe dans les trois États des États-Unis d'Amérique : Illinois, Rhode Island et Baltimore. Les moyens d'assistance consistent dans des maisons de secours et des secours à domicile. Certains comtés ont même créé des maisons de pauvres dans des domaines ruraux où le travail agricole est organisé.

Terminons enfin par quelques détails sur la mendicité en Chine.

M. F. Mury, l'ancien commissaire de la marine, a publié dans la *Revue et Revue des Revues* des pages amusantes sur les Associations organisées qui fonctionnent en Chine avec des programmes des plus étranges. A côté de la Société des *Ossements abandonnés*, qui recherche les cadavres et fournit les cercueils, celles des *Vieux Coqs* (eunuques), des *Pompiers*, qui se font payer pour chaque incendie, en se gardant bien de l'éteindre, il y en a plusieurs autres, dont voici un échantillon curieux :

« La mendicité constitue dans le Céleste Empire une véritable branche d'industrie qui s'exploite sous toutes les formes. C'est une institution reconnue, pour ne pas dire protégée par l'autorité qui est obligée de compter avec elle. Sans former un Etat dans l'Etat, les associations de mendiants sont cependant une force considérable par leur nombre et surtout par leur organisation.

« A Pékin, les sociétaires du Leou Ming composent le sixième de la population. Leur chef, le Prince des Mendiants, jouit d'une autorité absolue. De par les règlements, il a droit de vie et de mort sur tous les loqueteux de la capitale. Il divise lui-même son personnel en compagnies et désigne à chacune le quartier de la ville dans lequel elle doit opérer. Des chefs subalternes chargés de veiller à l'exécution de ses ordres, punissent de la bastonnade les mendiants qui empiètent sur le domaine de leurs collègues.

« Tout est réglé avec une précision mathématique, le lever, le départ, le retour, les paroles qu'il faut prononcer pour apitoyer les passants, l'attitude à observer vis-à-vis des personnes qui refusent de céder aux sollicitations les plus pressantes, etc.

« Tout le gain de la journée doit être versé entre les mains du Prince, qui commence par se faire la part du lion et répartit ensuite le surplus entre ses administrés. »

En présence d'une telle organisation, la mendicité nous apparait comme une question très vaste, très complexe et susceptible d'être envisagée sous une multitude de points de vue. Ce qu'il s'agit de retenir avant tout c'est que le vagabond, comme le professionnel de la mendicité, est une non-valeur dispendieuse.

L'émigration est à coup sûr un soulagement au mal. Mais à combien se monte la population des déclassés, des dévoyés qui errent à travers le monde? Disons-le: sans parler de l'exode en masse des villages entiers comme cela existe en Russie, de cette répétition du *deserted village* de Goldsmith qui se produit chaque jour en Irlande, chaque pays n'offre-t-il pas son contingent à l'émigration? En Italie, par exemple, 1 0/0 de la population totale, c'est-à-dire 300.000 individus, abandonnent chaque année la mère-patrie pour fuir à l'étranger. Tous les voyageurs ont observé le spectacle lamentable des navires en partance dans les ports Italiens pour les Amériques, avec un chargement d'émigrants sans hardes et sans argent; tant il est vrai que le plus fort contingent de l'émigration italienne est fourni par les esclaves de la pauvreté et par ceux qui la craignent.

Quant à l'instinct vagabond et migrateur de la race anglo-saxonne, il est très fort, nous l'avons dit. Des statistiques du Board of Trade il ressort que, dans la période de 1881-90, trois millions et demi de personnes ont dit adieu à la patrie anglaise. Or, c'étaient là personnes jeunes et vigoureuses.

En ce nouveau pays où il arrive sans argent et sans relations, dans une condition par conséquent d'infériorité vis-à-vis de tous les autres colons, et manquant d'armes pour lutter dans un champ plus noble, l'émigré embrasse la carrière nomade, et de la classe laborieuse à laquelle il appartenait peut-être glisse dans l'ignoble troupeau des vagabonds.

Ainsi viciée, l'émigration va s'augmentant. Est-elle un bienfait ? Non, sans doute, car ces sales haillons qui s'étalent à travers les routes des pays étrangers, compromettent, non seulement au point de vue moral, la dignité de leur patrie, mais lui causent, au point de vue économique, un immense préjudice.

Et puis, en face de cette perpétuelle émigration, il faut considérer la pauvre et sordide immigration étrangère, qui apporte toujours de nouvelles recrues au monde des mendiants.

Cette généralisation, cet internationalisme des questions sociales est un fait récent sans doute, mais les courants d'opinion publique qui en résultent prennent une soudaineté et une universalité extraordinaires. Il y a deux cents ans, Racine, dans la préface de « *Bajazet* », prétendait que « le peuple ne met guère de différence entre ce qui est à mille lieues ou à mille ans de lui. » Tout cela a changé, et aujourd'hui chaque pays jette les yeux par dessus la haie chez le voisin pour lui demander à la fois des exemples et des leçons.

S'inspirant de ce principe, on a un peu partout cherché à chasser de la table du festin les voleurs du pauvre, les exploiteurs de la charité. Malheureusement le cœur a des raisons que la raison ne connait pas, et c'est pourquoi, bien des gens, aveuglés par des questions de vague et sotte sentimentalité, ont négligé de voir que le vrai moyen de travailler à la prospérité générale était d'obéir au seul mobile qui doit inspirer l'homme de cœur : l'intérêt de l'ensemble.

Pour travailler à l'œuvre de la fraternité sociale, il s'agit d'aller vers le vrai pauvre dans un bel élan de solidarité matérielle, intellectuelle et morale. Ainsi nous apprendrons à connaître et à aimer l'humanité qui souffre; avec le morceau de pain nous lui donnerons un peu de rêve; et bien des fois nous éprouverons, selon la parole de Gœthe « la joie de voir s'ouvrir une belle âme »

Quant à celui qui a horreur du travail, qui se refuse à peiner sur l'outil, l'« *Arbeitsschener* », comme disent les Allemands, profitant des libéralités publiques pour enrichir ces grands pourvoyeurs de la prison qui s'appellent les cabarets, la société a le droit de l'expulser de son sein, car il est proprement un criminel de lèse-humanité.

DEUXIÈME PARTIE

LE REMÈDE

CHAPITRE I

HISTORIQUE DU PROBLÈME DE LA MENDICITÉ

Nous avons dit les cruels ravages qu'exerce sur tous les coins de la terre la mendicité, cette terrible plaie sociale, plus redoutable que l'épidémie la plus dévastatrice, puisqu'on vient à bout de la peste, par exemple, tandis que, jusqu'à présent, on n'est pas venu à bout de la mendicité professionnelle. Dira-t-on que les remèdes ont manqué? Non; car il suffit d'interroger le passé pour savoir que, de tous temps, on a fait des essais nombreux et énergiques en vue de guérir ce mal, et que ces efforts sont restés impuissants. Bien plus, les remèdes qu'on a tentés n'ont produit que des résultats en sens inverse de ceux que l'on attendait, la mendicité, au lieu de disparaître, augmentant, et les hordes de vagabonds qui parcourent nos campagnes et épuisent nos villes devenant des armées au sein desquelles le vice grandit sans cesse et forme les criminels de demain.

La question est donc urgente ; il faut prendre un parti. Elle ne se résout pas en quelques lignes ; aussi bien, voulions-nous la poser, une fois encore, devant l'opinion, trop heureux si, ayant fourni des indications qui nous paraissent toucher au fond même du problème, nous pouvons indiquer le procédé qui, pour arriver à un résultat pratique, nous paraît le plus sage.

En Grèce, le travail libre fut toujours en honneur : « Nous ne rougissons point d'avouer notre pauvreté, disait Périclès dans Thucydide ; il n'y a de honte qu'à n'y point échapper par le travail (1) ». C'est pourquoi, Lycurgue chassa de Sparte les sujets inutiles ; les lois de Solon et de Minos proscrivirent également les vagabonds, et, à Athènes, le tribunal de l'Aréopage fut chargé de punir l'oisiveté et d'examiner de quelle manière chaque citoyen employait son temps.

A Rome, les censeurs avaient mission de surveiller ceux qui dans la cité ne travaillaient point ; dans les provinces, les proconsuls avaient le pouvoir de les expulser. « Il est, dit Ulpien, du devoir

(1) Thucydide, « *Guerre du Péloponèse* », I, 40.

d'un bon proconsul d'assurer la paix et la sécurité dans la région qu'il administre, devoir qu'il accomplira facilement s'il a soin d'en bannir les gei mal famés et sans aveu. » Une constitution des empereurs Gratien et Valentinien alla jusqu'à condamner aux mines tout vagabond en état de travailler.

En France, dès le règne de Charlemagne, l'autorité entame contre la mendicité une lutte patiente qui revêt successivement les formes les plus diverses. « Que nos fidèles, dit le Capitulaire de 806, nourrissent les pauvres sur le revenu de leurs bénéfices ou leurs ressources personnelles et ne leur permettent pas de mendier ; s'il se rencontre toutefois des mendiants, que nul ne les assiste, à moins qu'ils ne travaillent de leurs mains ».

A leur tour, Louis VIII et Louis IX, pour obvier à la mendicité, multiplient les hôpitaux et les maladreries afin d'assister les malades indigents, dans l'impossibilité de travailler pour vivre. Quant aux valides, il leur est ordonné de gagner leur pain. Il faut ajouter, à la louange de saint Louis, qu'il secourait les vrais pauvres, de ses fonds personnels.

Mais, au milieu de ce dédale d'édits, d'arrêts, de dispositions prises contre la mendicité professionnelle, surgissent deux nouveaux principes dont il est facile de suivre la trace à travers toute l'histoire du problème que nous étudions : d'abord, l'intérêt des vrais pauvres auxquels on offre comme secours l'aumône et le travail, puis la sécurité de la bonne ville de Paris. « Que tout fainéant, disent les *Etablissements de St-Louis*, qui n'ayant rien et ne gagnant rien, fréquente les tavernes, soit arrêté, interrogé sur ses facultés et banni de la ville, s'il est surpris de mensonge et convaincu de mauvaise vie ».

Soudain, la guerre de Cent Ans éclate amenant avec elle tous les fléaux qui peuvent atteindre une nation : invasions étrangères, guerres civiles, famines, épidémies : la France alors est envahie par de véritables troupes de vagabonds en armes. Les Bohémiens se répandent, comme un flot envahisseur, sur l'Europe ; en 1348, la *peste noire*, après avoir ravagé l'Italie, s'abat sur la France, engendrant la misère et la mendicité ; en 1358, les paysans affamés, écrasés d'impôts, ruinés par les perpétuels déplacements des rois et de leurs armées, prennent leurs bâtons ferrés, courent sus à leurs maitres, mettent le feu aux châteaux, organisent, en un mot, la *Jacquerie*. Et, d'autre part, d'année en année le servage diminuant, on vit un grand nombre de serfs, qui autrefois vivaient sur les terres des seigneurs, quitter le sol auquel ils étaient attachés et se trouver, après leur affranchissement, sans ressources et sans moyen d'existence, augmentant ainsi le contingent de la misère et du crime.

Contre les *tardvenus, écorcheurs, malandrins, routiers, bandes noires,* le roi Jean rendit une ordonnance (1350), restée célèbre, où il menaçait cette armée de mendiants, qui était vraiment l'armée du vice, de terribles condamnations. Par malheur, ces menaces, pour sévères qu'elles fussent, n'effrayèrent pas les *grandes compagnies*, ces bandes de soldats aventuriers qui, sous le nom de *Cotereaux*, de *Brabançons*, pillaient les villes et les campagnes. Le besoin qu'on avait de ces compagnies pour faire la guerre assurait leur impunité.

Juvénal des Ursins, alors évêque de Beauvais, dénonçait en ces termes à Charles VII les crimes des gens de guerre : « Dieu sait les tyrannies qu'a souffertes le pauvre peuple de France par ceux qui eussent dû le garder, car ils n'observent ni ordre ni conduite ; chacun fait le pis qu'il peut et s'en glorifie. Combien d'églises ont été par eux incendiées et détruites et les bonnes gens brûlés et massacrés dedans ! Et quant aux prêtres, aux gens d'église, aux religieux et aux pauvres laboureurs, on les prend, on les emprisonne, on les met aux fers, on les jette dans des fossés, dans des caves pleines de vermine où on les laisse mourir de faim. On rôtit les uns, aux autres on arrache les dents, les autres sont battus avec de gros bâtons et on ne les délivre qu'après qu'ils ont donné tout leur argent. »

Sous les règnes de Charles V, Charles VI, Charles VII, Louis XI, les plaintes et les mesures abondent contre les « vaccabons, truands, ruffians, bélistres », mais elles demeurent inefficaces. Remarquons en passant, qu'alors on agite la question des pauvres, non par charité pure et par esprit évangélique, mais surtout en vue de la sécurité publique et par intérêt politique. C'est ainsi que, en août 1513, au moment où la France est attaquée simultanément par l'Angleterre, l'Empire, la Suisse, et où Henri VIII et Maximilien assiégent la place de Thérouanne, le Parlement de Paris, à l'instigation de Louis XII, rend un arrêt où il est évident qu'en temps de guerre les rois redoutent que, sous l'accoutrement des mendiants, se cachent des traîtres au service de l'ennemi. Par cet arrêt, on se réserve de prononcer contre les mendiants la peine de mort, la question ou la torture.

Pour justifier ces menaces terribles, et aussi pour leur donner du crédit, il s'agissait de « mettre les mendiants en besogne », de leur donner du travail ; c'est ce que fit en quelque mesure François Ier. En juin 1524, il enjoignit aux « maraux ou bélistres » de quitter immédiatement Paris sous peine d'être capturés et condamnés à « curer les fossés ou autres ordures publiques ». Le 1er avril 1534, sur le point de partir en guerre pour la troisième fois contre Charles-Quint, il ordonne aux commissaires du châtelet de rechercher les pauvres valides afin de les employer aux travaux publics, et d'éloigner de la ville ceux qui ne sont point de Paris.

Les édits portés par Henri II en 1547, quelques mois après son avènement, et en 1551, découlent du même principe : chasser les mendiants des provinces en dehors des murs de Paris, à peine du fouet et des galères ; utiliser les autres aux travaux de la ville ; enfin interdire l'aumône dans les rues « pour ne attraire les mendiants du dehors ».

En vue d'appliquer ce système, on créa des ateliers de travail et on exerça contre les mendiants étrangers une active surveillance. Malheureusement, les moyens d'action ne furent que trop rudimentaires et le fléau continua à sévir : c'était pourtant un pas en avant vers de meilleurs résultats et il y avait lieu de s'en réjouir.

Sous les fils d'Henri II, les mendiants et les truands, poussés par leur instinct d'aventure, prirent une part active aux guerres civiles.

Du règne de Charles IX à celui de Henri IV, pendant les trente-six années de guerres religieuses, ils s'agitèrent un peu partout et, en 1596, au moment où les Espagnols occupaient la Picardie, arrivèrent à Paris en bandes extrêmement nombreuses. Le Parlement effrayé essaya de les en chasser en faisant « enjonction très expresse à tous vagabonds, gens sans aveu et sans maître, à tous les pauvres valides qui n'étaient pas de Paris, d'en sortir dans les vingt-quatre heures et de se retirer chacun au lieu de sa naissance, à peine d'être pendus et étranglés sans forme ni figure de procès ». Le fait est qu'en un jour, au dire de L'Etoile, il était arrivé de 6 à 7000 mendiants, et, un autre jour, on en avait compté 7.769 dans le cimetière des Innocents.

Que faire pour reclasser cette population dangereuse ?

En 1612, au nom de Louis XIII encore enfant, on tenta un système nouveau, le système dit du « renfermement », qui consistait à renfermer dans des établissements spéciaux tous les mendiants, afin de les empêcher de nuire et de participer aux distributions du Grand Bureau des pauvres. Cet essai échoua, et les sept édits que publia Louis XIII dans le même but n'amenèrent aucun résultat appréciable, bien que le roi y menaçât des galères « les mendiants valides, vagabonds, gens sans aveu, faux saulniers, leurs fauteurs et adhérents, les déserteurs des troupes d'infanterie et de cavalerie » (1).

Sur la fin de l'administration de Mazarin Louis XIV entreprit de mener à bien le plan avorté sous son prédécesseur. La guerre de Trente Ans qui s'était prolongée après Richelieu et la guerre civile de la Fronde avaient produit leurs

(1) cf. Edit du 4 juillet 1639.

effets ordinaires de démoralisation et d'insécurité. Les mendiants infestaient Paris, au nombre, dit-on, de 40.000 ; ils allaient par troupes parfois armées et faisaient trembler les habitants. Les mœurs de ces misérables étaient à la hauteur de leur effectif et de leur audace. Un écrit du temps les représente « vivant en païens, toujours en adultère, concubinage ou mélange et communauté de sexes ; faisant commerce des pauvres enfants qu'ils torturaient de violences et de contorsions. Parmi eux, ajoutait-on, plus d'intégrité de sexe après cinq ou six ans. »

Par l'édit du 27 avril 1656, l'Hôpital Général fut créé. Le 18 avril 1657, le Parlement enjoignit aux pauvres « de se rendre le lundi septième jour de mai prochain, à huit heures du matin, jusqu'au treizième jour dudit mois inclus, dans la cour de Notre-Dame de Pitié au faubourg St-Victor, pour être, par les directeurs, envoyés et départis aux maisons dépendantes de l'Hôpital Général, auxquelles ils seront logés, nourris, entretenus, instruits et employés aux ouvrages, manufacture et service de l'Hôpital Général, selon qu'il leur sera ordonné. » Ceux qui n'obéiraient pas à cet ordre dans le délai imparti devaient y être contraints par le bailli et les archers de l'Hôpital Général.

Cette proclamation eut un retentissement extraordinaire. Immédiatement les professionnels se trouvèrent guéris de leurs maux simulés et s'enfuirent si vite qu'à coup sûr ils courent encore. Quant à ceux qui ne purent fuir, on les classa à la Pitié, à la Salpêtrière, à Bicêtre et à la Savonnerie.

Par malheur, un beau jour, on n'eut plus de place pour loger de nouveaux pensionnaires. Louis XIV, alors considérant qu' « il n'est pas juste que la bonne ville de Paris fournisse seule la nourriture que les autres villes du royaume doivent chacune à leurs pauvres, selon l'équité naturelle », ordonna l'établissement d'un Hôpital Général dans toutes les villes du royaume « pour y loger, enfermer et nourrir les pauvres mendiants et invalides natifs des lieux, ou qui auront demeuré pendant un an, comme aussi les enfants orphelins ou nés de parents mendiants. » On fit appel à l'influence du clergé, au concours des municipalités, des pouvoirs judiciaires et administratifs, à la persuasion et quelquefois à la force. Rien ne fut négligé pour assurer la réussite de la vaste conception du monarque.

Jusqu'en 1712 il y eut plus de vingt édits du roi et d'arrêts du Parlement contre les mendiants. Peine inutile que constatait avec tristesse le vieux roi, près de mourir : « On voit des pauvres mendier dans les rues, les églises et les places publiques, presque en aussi grand nombre qu'avant l'établissement de l'Hôpital ».

Ainsi le vainqueur de l'Europe avait été vaincu par les gueux.

Les hôpitaux généraux subsistent jusqu'à la Révolution ; mais dès la fin du règne de Louis XIV, la foi qui avait présidé à leur création s'éteint devant la médiocrité des résultats obtenus. Les principes de l'assistance perdent de la rigidité du grand siècle, les lignes s'incurvent, pour en arriver à l'application libérale des ateliers de charité généralisés par Turgot et encouragés par Louis XVI dont l'action personnelle se retrouve sous une forme très heureuse dans le développement des institutions charitables de la fin du dix-huitième siècle.

A trois reprises différentes, Louis XV fit commencer des travaux dans les grandes villes et ordonna aux mendiants de s'y rendre pour y occuper leurs bras. Même il prescrivit aux directeurs de l'Hôpital de faire inscrire pour ces travaux les mendiants qu'ils trouveraient à Paris et les enfants de plus de douze ans déjà enfermés à l'hôpital et sans aptitude pour le labeur de la manufacture.

Par une ordonnance du 27 juillet 1777, Louis XVI, à son tour, interdit, selon l'usage, le séjour de Paris aux mendiants qui n'en sont pas natifs et renvoya les mendiants parisiens aux ateliers de charité. Malheureusement, le travail industriel produit à l'Hôpital Général par des mains trop souvent inhabiles, ne pouvant plus rivaliser avec celui des métiers du dehors, la faillite du système ne tarda pas à être avérée.

C'est, du reste, ce que constata La Rochefoucauld-Liancourt dans son Rapport au Comité de mendicité de la Constituante (15 juillet 1790).

Qu'on parcoure donc les recueils législatifs de l'ancien régime, les volumes d'Isambert, et ceux de Peuchet (1) ; innombrables sont les édits portés contre la mendicité. Le ton en est varié : tantôt le roi déclare que la religion et sa conscience l'obligent à procurer du travail à ses sujets sans emploi, tantôt il professe que le souci de la paix publique ne permet pas de laisser libres des hommes qui ne veulent pas s'acquitter de leurs devoirs de citoyens. Mais que le préambule parle de charité ou de bon ordre, la conclusion est toujours la même : les mendiants constituent un danger social, il faut les enfermer.

Avec l'année 1789 la misère devient plus grande, le trouble plus profond, l'armée des sans-travail s'accroît, c'est dans ses rangs que se recrutent les bandes de l'émeute ; l'Assemblée nationale ouvre des ateliers de charité ; mais de cette mesure il sort un nouveau danger, car les ateliers attirent à Paris un plus grand nombre de malheureux.

L'Assemblée nationale décrète alors la formation d'ateliers dans les départements et renvoie les

(1) Isambert, « *Anciennes lois françaises* », Paris, 1822-27, 29 vol. in-8° ; — Peuchet, « *Collection des lois, ordonnances et règlements de Police depuis le XIIIe siècle jusqu'à l'année 1818* » ; 2e série, « *Police moderne* », de 1667 à 1789 ; 8 vol. in-8°. (Jusqu'en 1772).

sans travail dans leur pays d'origine ; mais cette mesure ne donne aucun résultat, les fonds donnés pour l'entretien des ateliers ne peuvent même pas être employés; puis la levée en masse jette à la frontière tous les valides de France pour en faire de glorieux vagabonds.

Pourtant la Convention, par ses trois fameux décrets des 19 mars, 28 juin et 19 août 1793, avait consacré législativement l'œuvre du Comité de Mendicité. « Tout homme, dit-elle, a droit à sa subsistance par le travail, s'il est valide, et par secours gratuits s'il est hors d'état de travailler » ; elle reconnut que le pauvre valide doit pouvoir échanger son labeur contre le pain qui doit le nourrir; et elle avait rendu un arrêt relatif aux travaux de secours et à la répression de la mendicité. Mais, quand il fut question de passer à l'application, le 22 floréal An II, elle se borna à décider l'ouverture du *Livre de la Bienfaisance Nationale*, qui ne fut jamais qu'entr'ouvert et qui n'eut pas de chapitre pour les travaux de secours.

Tout cela était insuffisant pour Napoléon. « *Nil actum reputans, si quid superesset agendum.* » Il contresigna d'abord les édits de Louis XIV ; puis, généralisateur puissant comme le Roi Soleil, il voulut marquer l'assistance de son empreinte.

Par le décret de 1808 il prévint la mendicité en organisant les Dépôts de mendicité ; par le code pénal il la réprima en distinguant entre le mendiant et le vagabond, et rajeunit le vieux principe du droit chrétien et du droit français : « Avant de frapper la mendicité comme un délit, on doit lui offrir le travail comme un secours. »

Ses dépôts reçurent les incapables de travail ; les ateliers libres, ceux qui en manquaient momentanément, et la mendicité put seulement être interdite dans les départements où il existait « un établissement public institué en vue d'obvier à la mendicité. »

Les vagabonds devaient être arrêtés et conduits dans les maisons de détention.

Ces dispositions se résument dans les points suivants :

Hospitalisation des incapables ;

Organisation d'ateliers de travail libre pour les mendiants occasionnels ;

Expulsion des vagabonds étrangers ;

Incarcération des vagabonds nationaux ;

Détention dans une maison de travail à l'expiration de leur peine pour les habituer au travail et leur permettre de se constituer un pécule ;

Interdiction de la mendicité.

Quant à ces dépôts eux-mêmes, c'étaient là des « établissements paternels » où la bienfaisance devait « tempérer la contrainte par la douceur et maintenir la discipline par l'affection (1) ».

(1) cf. Dalloz, « *Jurisprudence générale* », art. Vagabondage et Mendicité, t. XLIII.

Le plan conçu, la réalisation suivit bientôt. Le décret sur l'extirpation de la mendicité est daté de Bayonne, du 5 juillet 1808. Depuis la constitution du dépôt de mendicité de la Seine (22 décembre 1808) jusqu'au 25 janvier 1810, nous relevons la fondation par décrets de 44 dépôts. Le décret du 11 juin 1810 sur la fixation des dépenses départementales affecte une somme de 447, 700 francs à l'entretien de 36 dépôts. Du 5 septembre 1810 au 29 août 1813, on peut trouver la constitution de 40 dépôts ; soit au total, 84 dépôts.

Tel est l'ensemble de l'œuvre ébauchée par l'Empereur, dont nous trouvons la formule dans une note dictée par lui le 2 septembre 1807 et destinée au Ministre de l'intérieur : « Les choses doivent « être établies de manière qu'on pût dire : tout « mendiant sera arrêté ; mais l'arrêter pour le « mettre en prison serait barbare ou absurde. Il « ne faut l'arrêter que pour lui apprendre à gagner « sa vie par son travail... » Et plus loin : « Ce serait « aussi tomber dans une erreur que de vouloir « envisager cet objet autrement qu'en grand. Il « s'agit d'une opération considérable qui doit « dépenser 8 ou 10 millions. »

Toute la question est résumée dans ces quelques lignes.

La date et le lieu où a été signé le dernier décret inséré au Bulletin officiel (Dresde, 29 août 1813), indiquent les raisons pour lesquelles l'idée grandiose de Napoléon ne fut pas complètement réalisée.

En 1818 il ne restait que 22 dépôts, 6 en 1830, 8 en 1842, 17 sous le second Empire.

Ainsi les Dépôts impériaux, forcés, sous peine d'encombrement, de renvoyer, comme ils le font aujourd'hui, après un certain laps de temps, les mendiants internés, ne répondirent pas aux espérances de leur immortel fondateur.

La Restauration, en ordonnant que les mendiants seraient employés sur les grandes routes, dans des ateliers de charité, acheva la ruine de l'institution.

En 1830, il ne restait plus en France que *six* Dépôts de Mendicité.

Sous le gouvernement de Juillet aucune modification ne fut apportée dans l'organisation intérieure des Dépôts de Mendicité.

Une enquête officielle faite récemment signale l'existence de 25 établissements recevant des mendiants dont 6 ont absolument perdu le caractère de Dépôts de mendicité ; les autres ne répondent plus que faiblement à l'idée qui avait présidé à leur fondation. Il s'agit toutefois d'excepter la Société pour l'extinction de la mendicité dans Bordeaux et le Dépôt de mendicité d'Eure-et-Loir, fondé sur l'initiative de M. Deschanel et qui comprend : dépôt, asile, atelier d'assistance par le travail, refuge de libérés, bureau de placement.

En résumé, à l'heure actuelle, la mendicité est interdite dans la plupart des départements français, attendu qu'il est ouvert dans chacun de ceux où cette interdiction est formulée « un asile *public* pour obvier à la mendicité ».

L'interdiction est généralement appliquée et l'établissement n'est pas ouvert... On peut donc avancer que la loi n'est pas vêtue.

Nous reviendrons plus loin sur l'état de la législation en vigueur. Qu'on nous permette toutefois, d'indiquer à ceux qui veulent connaître les desiderata de l'Autorité et des Associations charitables; 1° Les Circulaires ministérielles des 6 août, 19 octobre et 18 novembre 1894; 2° Le Rapport adressé au Gouvernement, le 29 mars 1898, par la Commission spéciale présidée par M. de Marcère; 3° les opinions diverses de la « *Société générale des Prisons* » et de la « *Société pour l'étude des questions d'assistance* ».

La mendicité a donc été, en tous temps, une source redoutable de méfaits, une menace constante pour la tranquillité de la société. « C'est un des problèmes dont on a poursuivi la solution en France et ailleurs avec le plus de persévérance et le moins de succès (1) ». Bien des systèmes ont été mis en présence, mais tous portent la trace des incohérences et des à coup de notre œuvre sociale ; de là ces faux départs, ces incertitudes, ces retours brusques, ces hauts et ces bas, en un mot ce

(1) H. Monod. « Rapport au Conseil supérieur de l'Assistance publique ».

manque de méthode et de suite qui est comme le diagramme permanent de notre action gouvernementale et particulière.

Aujourd'hui, on est trop disposé à enlever aux vicieux leur responsabilité, à confondre le vice avec la maladie et à attribuer, par exemple, à la naissance la plupart de nos défauts : avec le *criminel-né*, le *buveur-né*, nous aurions le *vagabond-né*. Non, le vice s'acquiert, les mauvaises habitudes se contractent ; et le buveur, même habituel, diffère du dipsomane, en ce que celui-là boit constamment pour complaire à une passion qu'il ne cherche pas à contrarier, tandis que celui-ci est victime d'accès intermittents auxquels il ne peut résister. (1)

La mendicité n'est pas un cas pathologique organique, congénital et permanent ; c'est un état purement transitoire dans lequel l'homme ne tombe que par une faiblesse contre laquelle sa volonté ne réagit pas. A cette volonté il faut donc donner un motif pour qu'elle se détermine à ne plus implorer l'aumône. Ce motif, quel peut-il être ? Il ne peut être qu'une peine, c'est-à-dire l'expression d'un blâme social, un avertissement, un moyen préventif.

La mendicité et le vagabondage constituent une immoralité et un danger ; il faut le combattre résolument, mais justement ; les moyens, non pas de le faire disparaître mais de l'atténuer, sont

(1) Cf. le magnifique ouvrage de M. Henri Joly : « *Le Crime* », passim.

connus et sanctionnés par l'histoire, et la question est restée la même depuis plusieurs siècles, avec cette différence, toutefois, c'est que l'organisation moderne du travail ne permettant plus à l'ouvrier de trouver, dans la forme corporative, l'assistance à laquelle il avait droit autrefois, le met dans une situation plus précaire et le contraint à des exodes pour se procurer du travail.

Que nos voix ne s'élèvent donc pas pour excuser le délit au nom de la force majeure découlant du droit à la vie, ou en invoquant une impulsion irrésistible : ce serait l'absolution du crime. Imitons plutôt le bon Samaritain qui relève le blessé étendu sur le bord de la route, et le jour où il nous est clairement démontré que tel individu, de propos délibéré, se soustrait à la nécessité commune du travail, et par suite se met lui-même hors la société, bannissons-le, chassons-le loin de nous, exception évidemment faite des infirmes, des vieillards, voire des femmes qui ont une fonction différente et capitale à remplir, des rentiers dont la fortune représente du travail accumulé. « Qu'on se persuade que, pour être généreux, il ne suffit pas de jeter de l'argent dans la première main qu'on vous tend ; il faut savoir secourir celui qui a véritablement faim (1) ».

Pour lutter efficacement contre la mendicité, il

(1) G. Berry, « *Les Petits Martyrs* », p. 35.

ne suffit pas, il est vrai, de l'atteindre dans sa manifestation, il faut aussi combattre énergiquement ses causes les plus directes. Cette lutte, cette propagande est nécessaire. Et à une époque où la religion semble perdre de sa force, où l'individu se libère de toutes les conventions traditionnelles, où tout s'effrite des anciens dogmes sociaux, il y a là une œuvre difficile certes, mais indispensable et urgente, d'éducation sociale à accomplir. Est-il vraiment si peu digne d'une République de travailler aux destinées de la patrie ?

CHAPITRE II

LA LÉGISLATION EN VIGUEUR

« Rien n'est plus important que de discerner les fautes qui doivent être punies et celles qui doivent être pardonnées. » Cette parole de Rollin ne vient-elle pas naturellement à l'esprit lorsqu'on songe à l'énorme difficulté que présente une loi appelée à distinguer la pauvreté respectable de la mendicité (1) volontaire et délictueuse? Ce triage s'impo-

(1) Chose bizarre, le décret de 1808 et le Code pénal n'ont défini, ni l'un ni l'autre, la mendicité. La formule la meilleure nous paraît être celle que donne M. le professeur Garraud : « Le fait de mendier consiste à faire appel à la charité publique sous quelque forme que ce soit, dans son intérêt personnel. » *Traité théorique et pratique du droit pénal français*, 1891, IV, 113.

se et c'est pourquoi on a cherché et on est arrivé à délimiter, au moins en théorie, les catégorie de mendiants : invalides ou malades, mendiants accidentels, mendiants professionnels. Aux premiers, l'assistance sans condition ; aux seconds, l'assistance par le travail ; aux troisièmes, la répression : tels sont les principes généraux sur lesquels s'accordent tous ceux qui veulent résoudre la question.

Les invalides ou malades, d'abord, relèvent de l'assistance publique et ne ressortissent pas à la loi pénale. N'est-ce-pas, du reste, l'application nécessaire du grand principe posé par Beccaria : « Le délit n'est imputable qu'à la condition d'être évitable » ? Comment punir, pour avoir tendu la main, un homme qui ne peut éviter la mort qu'en mendiant? Un peuple de stoïciens pourrait seul s'accommoder d'une telle législation, mais le stoïcisme qui parlait plus à l'entendement qu'au cœur, n'a jamais été et ne pouvait être la philosophie du peuple, naturellement impulsif. Il faut donc en revenir au mot de Bossuet : « Le pauvre qui n'a plus la force de travailler et que la charité ne va pas trouver dans sa mansarde, a le droit d'aller lui-même solliciter le secours. »

Nous devons aussi l'assistance aux mendiants accidentels, malheureuses victimes en qui fleurissent parfois les lis embaumés de la douceur et de l'amour ;

« Le mal est que dans l'an s'entremêlent des jours
Qu'il faut chômer (1) ».

En retour, la société a le droit d'exiger d'eux le travail, car l'échange est la règle sociale.

Restent les professionnels, les récidivistes de la mendicité, les voleurs du pauvre, ceux enfin qui, en notre siècle, recommencent la comédie à laquelle assista Gringoire dans la cour des Miracles. C'est contre eux que fut porté le décret du 5 juillet 1808 sur « l'extirpation de la mendicité » (2); le voici:

« Article premier. —La mendicité sera interdite dans tout le territoire de l'Empire.

Art. 2. — Les mendiants de chaque département seront arrêtés et traduits dans le dépôt dudit département aussitôt que ledit dépôt aura été établi.

A l'heure actuelle, les dispositions du Code Pénal sont les suivantes :

« CODE PÉNAL

» *Mendicité.*

» Art. 274. — Toute personne qui aura été trouvée mendiant dans un lieu *pour lequel il existera un établissement public organisé afin d'obvier à la mendicité*, sera punie de trois à six mois d'em-

(1) La Fontaine, VIII, 2.

(2) Ce décret est daté de Bayonne; Napoléon le dicta lui-même au duc de Bassano.

prisonnement, et sera, après l'expiration de sa peine, conduite au Dépôt de Mendicité.

» Art. 275. — Dans les lieux *où il n'existe point encore de tels établissements*, les mendiants d'habitude valides seront punis d'un mois à trois mois d'emprisonnement. S'ils ont été arrêtés hors du canton de leur résidence, ils seront punis d'un emprisonnement de six mois à deux ans. »

Or, il résulte de renseignements officiels qu'il existe actuellement en France 25 Dépôts de Mendicité. Toutes ces maisons charitables sont des établissements départementaux ou considérés comme tels par des décrets spéciaux les ayant déclarés *d'utilité publique*. Les individus qui y sont amenés après condamnation y font, suivant les établissements et les départements, un séjour dont la durée varie de huit jours à un an et plus, car quelques-uns y sont maintenus définitivement. Ces mendiants sont absolument à la disposition du Préfet, suivant, d'ailleurs, la jurisprudence consacrée à ce sujet, et ils ne sortent de ces établissements que sur l'autorisation de ce magistrat.

En vertu de traités spéciaux, quelques Dépôts reçoivent en outre des autres départements un certain nombre d'individus condamnés pour mendicité.

En réalité, ces établissements, là où ils existent, sont devenus des établissements hospitaliers destinés à recevoir des vieillards et des infirmes.

« Les dépôts, dit M. J. de Crisenoy, (1) constituent de véritables asiles qui forment le complément de tout service d'assistance, les asiles communaux ne recevant pas certaines catégories d'infirmes, qu'on ne peut cependant sans inconvénient laisser dans leurs familles ou errer à l'abandon. »

La loi n'est donc pas vêtue puisque, dans l'espèce, son instrument essentiel, le Dépôt de mendicité n'a pas été organisé le plus souvent ou l'a été dans des conditions défectueuses. Si les départements veulent arrêter le torrent de la mendicité sur leur territoire, il faut qu'ils créent le Dépôt nécessaire à l'application de l'art. 274.

Sous le second Empire, M. le préfet de la Nièvre, M. de Magitot, organisa dans le département qu'il administrait une Société préventive de la mendicité ; et, rendant compte des efforts tentés par le préfet et couronnés de succès, Augustin Cochin écrit : « Le préfet de la Nièvre aurait pu prendre en main l'article 274 du Code pénal et interdire la mendicité ; cette manière serait barbare, elle demeurera lettre morte aussi longtemps qu'à côté des poteaux où l'on écrit : « La mendicité est un délit », il y aura dans les haies de nos chemins des croix de bois sur lesquelles nous saurons lire : La charité est une vertu. »

Faut-il aller plus loin et demander une législa-

(1) « *Revue générale d'administration* » 1888.

tion nouvelle ? Beaucoup le pensent, et c'est pourquoi, depuis une vingtaine d'années, diverses sociétés d'études, officielles ou privées, ont préparé toute une série de projets destinés à remédier au mal.

Au mois de juin 1877, M. d'Haussonville saisit le Conseil supérieur des Prisons d'une proposition relative aux *mesures à prendre en vue de la répression de la récidive*. La Commission, ayant pour rapporteur M. le conseiller Petit, commença par établir une distinction entre les *grands* et les *petits* récidivistes, les récidivistes criminels et les récidivistes d'habitudes ; puis pour les premiers elle préconisa la transportation, tandis qu'il lui parut suffisant d'enfermer les derniers dans des maisons de travail.

En 1886, reprenant la question posée au 3me Congrès pénitentiaire international réuni à Rome, la Société générale des Prisons étudia à son tour la répression du vagabondage. M. le Pasteur Robin, sans chercher à limiter, en quoi que ce soit, le champ des intéressants travaux auxquels ses collègues allaient se livrer avec autant de zèle que d'espérance, prépara un exposé très complet qui forma la base d'une magnifique discussion. Le rapporteur, M. Duverger acceptant les principes posés par le Code pénal, se borna à chercher le moyen de les faire appliquer utilement. C'est ainsi qu'il divisa les mendiants en trois catégories : 1° les vieillards infirmes, incurables, qui seront hospitalisés dans des asiles départementaux ; 2° les ouvriers valides en état de chômage involontaire qui seront accueillis dans des Dépôts de mendicité ; 3° les valides qui refusent le travail et qui seront punis d'un emprisonnement de trois à six mois. Il y avait, en outre, dans le projet de M. Duverger, une heureuse innovation : on y posait le principe d'une législation particulière pour les mineurs de seize ans.

En janvier 1889, à la suite d'un rapport présenté par M. Charles Dupuy, député, le Conseil supérieur de l'Assistance publique pensa qu'il serait bon de supprimer les Dépôts de mendicité existant et de les remplacer par des asiles départementaux d'incurables et des maisons de travail répressives. Ainsi cessait la confusion des invalides et des valides dans le même établissement ; elle était cependant maintenue pour deux catégories de valides qu'il importe de distinguer : le chômeur involontaire et le vagabond professionnel.

Quelques temps après, le Ministre porta la même question devant le Conseil Supérieur des Prisons. Dans son rapport dont les conclusions furent adoptées le 28 juin 1892, M. le conseiller Voisin, d'accord avec M. Charles Dupuy pour remettre à l'Assistance publique les infirmes et les vieillards, repoussa les desiderata du Conseil Supérieur de l'Assistance en ce qui concerne les paresseux incorrigibles. Et il terminait en disant que, pour ceux-ci, la prison cellulaire constitue seule un moyen d'intimidation suffisant.

Une note fut transmise par le Ministre de l'Intérieur aux préfets pour être soumise aux Conseils généraux.

L'envoi de cette note avait été précédé par celui de deux circulaires du Ministre sur la surveillance des vagabonds (6 août 1894) et la création de Sociétés d'assistance par le travail.

Le Ministre de la Justice, de son côté, appela, par une circulaire du 19 octobre 1894, l'attention des chefs des Parquets sur la répression du vagabondage et de la mendicité.

La note de la Commission fut envoyée aux préfets par le Ministre de l'Intérieur en les priant de la soumettre aux Conseils généraux et en leur faisant connaitre que la Commission était à la disposition des Conseils généraux pour dépouiller les délibérations auxquelles aurait donné lieu son examen. (1)

Cette note comprend les dispositions principales suivantes:

Les vagabonds et les mendiants se divisent en trois catégories : les invalides qu'on doit secourir ; les valides de bonne volonté qui ont besoin d'une

(1) M. de Crisenoy a fait connaître les réponses de 61 départements dans le tome X des « *Annales des assemblées départementales* ».

assistance temporaire ; les valides professionnels qui doivent être rigoureusement poursuivis.

Les invalides peuvent être secourus par l'hospitalisation ou des secours à domicile. Les valides de bonne volonté, par des ateliers d'assistance par le travail dans les villes, et des abris communaux avec obligation de travail dans les campagnes.

La répression doit s'exercer par l'emprisonnement isolé et l'application de peines sévères.

En 1896, le Conseil général du Puy-de-Dôme a décidé de construire 150 cellules à la prison de Riom, à condition que ces cellules seraient occupées de préférence par des vagabonds. La Société générale des prisons a demandé à M. le Ministre de l'Intérieur s'il serait possible d'user de la faculté donnée par l'article 8 de la loi de 1893, de placer de préférence dans les quartiers communs certaines catégories de condamnés autres que les vagabonds et les mendiants, de manière à réserver à ceux-ci des cellules dans les départements où le Conseil général en ferait la demande et construirait dans ce but une ou plusieurs prisons cellulaires (avril 1898).

Un décret du *13 novembre 1897* a institué une Commission extra-parlementaire et lui confiait la mission de rechercher les moyens propres à assurer une surveillance plus étroite des vagabonds et gens sans aveu et à faciliter la découverte des auteurs des crimes et délits.

Cette Commission était présidée par M. le sénateur de Marcère, qui a rédigé le rapport sur ses délibérations. La Commision a assigné deux groupes de causes à l'accroissement considérable du nombre des vagabonds : 1° l'insuffisance de la répression ; 2° l'insuffisance des moyens d'investigation.

La Commission demande la répression sous la forme de la prison cellulaire, « *la seule qui soit pour les vagabonds une vraie peine* ». Délivrance aux nomades d'autorisation sur le vu de pièces d'identité. Constitution chez le commissaire spécial de l'arrondissement de renseignements sur les mendiants et vagabonds (feuilles signalétiques, mandats de toute nature, arrêtés d'expulsion, interdiction de séjour).

Les préoccupations des populations rurales à l'endroit du vagabondage devenant de jour en jour plus vives, plusieurs députés firent une enquête, et, l'un d'eux, M. Jean Cruppi, député de la Haute-Garonne, déposa, le 25 janvier 1899, sur le bureau de la Chambre, une proposition de loi relative aux « *moyens d'assistance et de coercition propres à prévenir et à réprimer le vagabondage et la mendicité.* » (1) La Chambre prononça immédiatement le renvoi à la commission de législation criminelle.

Au demeurant, que renferme cette proposition de

(1) *Chambre des députés*, 7e législature, n°651. Annexe à la séance du 25 janvier 1899.

loi ?— On y lit que le département ayant charge d'assurer aux nécessiteux dignes d'intérêt le secours qui leur est indispensable, doit créer et entretenir une maison de refuge pour les infirmes et une maison d'assistance par le travail pour les ouvriers en état de chômage. De plus, l'auteur veut assurer une répression efficace, et, pour ce faire, il contraint les nomades, qui à toute réquisition de la force publique doivent justifier de leur identité, à se procurer dans les bureaux des sous-préfectures une carte portant leur signalement. Si le nomade ne possède pas cette carte, il sera arrêté et conduit au dépôt de sûreté qui devra exister dans chaque chef-lieu de canton. Ainsi arrêtés, les mendiants seront, comme en Belgique, traduits, devant le juge de paix qui devra statuer dans les 24 heures. Les coupables présumés seront, par décision de ce magistrat, traduits devant le tribunal correctionnel. Quant à la peine, c'est l'emprisonnement, dont la durée augmente à chaque récidive; elle pourra atteindre cinq ans à partir de la troisième condamnation.

Ce projet, on s'en souvient, souleva de nombreuses objections. Les plus vives vinrent des représentants des départements, effrayés des charges financières qui résulteraient pour eux de la création et de l'entretien de deux séries d'établissements. Puis on prétexta que l'ouverture d'asiles-refuges pour les vieillards constituerait, sinon le droit au secours, au moins l'obligation de l'assistance pour les départements. Enfin on déclara que le législateur aurait beau élever la durée de l'emprisonnement, il n'obtiendrait pas une répression sévère, tant que l'application de l'art. 463 permettrait d'abaisser la peine fort au-dessous du minimum.

La Chambre a donc maintenant en mains tous les éléments pour étudier et peut-être résoudre la grave question de la mendicité et du vagabondage. Récemment encore le garde des sceaux a adressé aux procureurs généraux une circulaire dont voici quelques extraits :

« Les parquets peuvent et doivent, par une pratique éclairée et libérale, tenir largement compte, en cette matière, des considérations de bon sens et d'humanité et épargner l'application inexorable de la loi à nombre de nécessiteux pour lesquels la pitié n'est qu'une forme de la justice.

« Le vagabondage et la mendicité ne doivent pas être envisagés seulement, comme on est trop porté à le faire, dans leur matérialité. Comme la plupart des délits, ces infractions comportent un élément intentionnel qu'il faut rechercher et peser pour en apprécier non seulement la gravité, mais même l'existence juridique. S'il est indispensable, en vue de garantir la sécurité publique, d'assurer avec fermeté la répression des délits dont il s'agit, les poursuites doivent surtout atteindre ceux qu'on a appelés les professionnels du vagabondage et de la mendicité

« Mais à côté de ces malfaiteurs, combien d'hommes souvent âgés, souvent très jeunes, combien d'enfants abandonnés jetés accidentellement dans un genre de vie qui, en fait, ressemble au vagabondage, que la nécessité de vivre peut entraîner à tendre la main, parce que le chômage, la maladie, l'impossibilité de trouver du travail et cent causes qu'il est impossible d'énumérer, les ont privés momentanément de toutes ressources, de tout moyen d'existence ! Ces derniers ne sont point dans le sens juridique des mendiants ou des vagabonds. L'intention délictueuse leur fait défaut. La société n'a rien à leur reprocher. Ce ne sont pas des coupables qu'il faut punir, ce sont des malheureux qu'il faut secourir, aider au besoin, relever.

Quand vos substituts auront le sentiment qu'ils ont devant eux un prévenu intéressant à un titre quelconque et qu'on peut encore arrêter sur une pente dangereuse, qu'ils n'hésitent pas, malgré la matérialité du fait, à requérir une ordonnance de non lieu ou un jugement de relaxe ; qu'ils prennent également toutes mesures utiles dans son intérêt en se mettant en rapport, suivant le cas, soit avec l'autorité administrative, en vue d'obtenir son rapatriement, soit avec une œuvre hospitalière ou une Société de patronage, en vue de lui procurer du travail, un abri momentané, une direction éclairée et bienveillante. Ils auront fait ainsi une œuvre saine et utile de justice et de solidarité sociale.»

Nous avons dit ailleurs les raisons pour lesquelles la question de la mendicité est devenue, de nos jours, plus complexe. Ajoutons que la suppression du livret ouvrier et des passeports enlève aux autorités administratives les moyens de maintenir dans la commune d'origine pour être assistés par elle, les indigents qui sont hors d'état de travailler. De plus l'organisation défectueuse de l'assistance dans les campagnes attire dans les grandes villes une masse ouvrière qui escompte l'assistance qu'elle pourra y rencontrer.

La France, il est vrai, est une terre de charité où les œuvres de dévouement et d'amour naissent d'elles-mêmes et se développent sans effort. Glorieuse, parce qu'elle a la haute colonne du passé où appuyer ses gloires, elle aime l'humanité, la secourt, et au lieu de s'abimer dans l'admiration de soi-même et la conscience de sa supériorité, ouvre de nouveaux sillons, lance une semence plus drue, d'un geste large et magnifique. Elle crée des œuvres de préservation sociale afin de restreindre de plus en plus la répression sociale, elle prodigue ses douceurs à cet homme qui a vieilli dans l'indigence et qui grelotte sous le gel et la bise d'hiver ; elle consent en un mot, à tous les sacrifices pour assurer la luxuriance de la moisson prochaine. « *Altius ibunt qui summa nitentur.* » (1)

(1) Quintilien.

Malheureusement, tout effort de réformation des mœurs rencontre la résistance d'une coalition d'intérêts ardents à défendre leur lucre contre l'intérêt public et la morale. Et c'est pourquoi la lutte contre la mendicité, dont on reconnait dès longtemps la nécessité, ne peut être réelle et efficace que si l'opinion publique est préparée et éclairée. Cessons donc, sur ces questions vitales, de donner le pas à nos stériles agitations, à ces luttes d'intérêt personnel où nous risquons de nous épuiser. Par une sage législation, par le don volontaire aussi, par le sacrifice, faisons la seule réponse qui convienne aux déclamations égoïstes et aux excitations haineuses qui nous viennent de toutes parts et qui, si elles triomphaient, précipiteraient notre pays dans l'abime où disparurent jadis tant de nations puissantes et de haute culture.

« Si celui qui existe, a dit La Rochefoucault-Liancourt, a le droit de droit de dire à la société : « Fais-moi vivre », la société a également le droit de lui dire : « Donne-moi ton travail. » Toute agglomération humaine, en effet, étant une solidarité, tous ceux qui, dans les limites de leur forces respectives, ne veulent pas en respecter les devoirs, doivent en être exclus. « Celui qui ne veut pas travailler ne mérite pas de vivre », dit St Paul; et St Basile : « Celui qui donne à des vagabonds et à des débauchés, jette son argent aux chiens. »

La question de la mendicité est devenue, nous l'avons dit, plus complexe ; mais le mode de l'envisager n'a pas changé, et, de deux choses l'une : ou il faut faire une organisation juste de l'assistance sous ces diverses formes, ou laisser mendier. Organisons donc l'assistance pour les incapables, ouvrons des maisons de travail et des ateliers de travail libre, et ayant ainsi vêtu l'esprit de la loi, condamnons à l'incarcération, au travail obligatoire, à la relégation, ceux que Victor Hugo a justement appelés « les frelons de l'état social ».

CHAPITRE III

LES ŒUVRES SOCIALES CONTRE LES ABUS DES « PROFESSIONNELS ».

La mendicité continue à être interdite dans tous les départements de France et cependant le nombre des mendiants et des vagabonds est en constante croissance.

De nombreuses sociétés philanthropiques recherchent le moyen d'enrayer le mal.

Les diverses Maisons de travail organisées dans les arrondissements de Paris et l'Office Central du travail rendent déjà de réels services, mais cela n'est pas suffisant ?

Dans la répression et dans la prévention, il faut

distinguer les mendiants et les vagabonds d'occasion des mendiantset des vagabonds de profession. Plusieurs systèmes sont en présence, entre autres ceux de M. Desclosières, de Vence et Drioux.

M. Gabriel Joret-Desclosières, membre du conseil de la Société des prisons, estime qu'aux mendiants d'occasion il faut donner le secours et le travail, aux mendiants d'habitude, une répression sévère, la prison cellulaire avec renvoi, à l'expiration de la peine, dans une Maison de travail pour un certain temps.

Et d'abord il est utile, il est nécessaire de distinguer le faux pauvre de ce malheureux vaincu par la misère, mais qui supporte sa douleur, avec résignation et courage. Ce dernier a droit à notre respect et à notre assistance. Dans une société bien organisée aucun membre ne doit, s'il le veut, manquer de travail, et si, pour une raison légitime quelqu'un est dans l'impossibilité de travailler, il trouvera chez ses concitoyens les secours nécessaires.

Mais pour éviter les abus, car les mendiants professionnels tuent les pauvres, il faut créer des œuvres sociales parfaitement organisées.

Il serait trop long d'énumérer toutes ces œuvres efficaces, nous nous contenterons de quelques traits. Voici ce que, tout récemment, M. Max Turman a vu à Melun.

Près la route de Paris, à quelques pas de l'octroi

de la ville, s'élève une petite maisonnette d'assez jo' aspect, quoique d'apparence très modeste ; c'est la maison d'Assistance par le travail. Tout vagabond, tout malheureux sans feu ni lieu qui se présente est admis, sans formalités, dans cette demeure hospitalière, ouverte à toutes les misères ambulantes.

Après l'avoir préalablement soumis à une douche hygiénique, on lui donne une grosse assiettée de soupe — et l'odeur en est appétissante, — puis, dans un vaste dortoir très propre et bien aéré, on met à sa disposition un bon lit ; il peut ainsi se refaire de ses longues pérégrinations à travers les grands chemins, sur le « trimard » comme ils disent dans leur parler pittoresque.

Réconforté et reposé, notre homme doit exécuter, en retour, quelque travail pour payer son écot. C'est justice. Mais que lui donner à faire ? C'est là toujours le point délicat dans les œuvres « d'assistance par le travail ».

A Melun, le problème a été heureusement résolu.

Autour de la maisonnette se trouve un jardinet : on y récolte des légumes qui servent à confectionner la soupe offerte, chaque jour, à tout venant. L'ouvrage est donc indiqué. Sous la direction du gardien, — un vieux brave homme jadis employé à la prison centrale de Melun, — nos jardiniers de rencontre s'adonnent aux mille petits travaux nécessaires pour faire venir à souhait choux et

12

carottes indispensables au pot-au-feu. Ainsi, sans grands frais, l'œuvre est entretenue par ceux même auxquels elle rend service, et, — touchant exemple de solidarité humaine, — ceux qui sont abrités aujourd'hui peinent pour ceux qui viendront demain.....

M. Turmann ajoute : « Donner un asile temporaire et quelque nourriture aux malheureux des grandes routes, c'était faire acte charitable, et partant louable. Mais, il faut bien le reconnaître, si l'œuvre se fut bornée là, sa portée sociale n'eût pas été très grande.

« Il y avait mieux à faire. Les fondateurs l'ont compris. Il fallait essayer d'enlever au « trimard » ces pauvres gens qui, poussés par la faim, la misère et souvent aussi la désespérance, errent à travers les campagnes sans savoir où se fixer. Grâce à l'influence des organisateurs de l'œuvre, grâce à de nombreuses démarches et à une action intelligente, on est arrivé, — et l'on arrive tous les jours — à placer chez des cultivateurs des environs ou chez des habitants de la ville, beaucoup de ces malheureux qui sont heureux de trouver enfin une occupation où s'employer et un gîte où s'abriter.

En les attachant au sol par un travail régulier et rémunérateur, en les faisant rentrer en quelque sorte dans les cadres de cette société — en marge de laquelle ils étaient tentés de vivre — on sauve du crime bien des pauvres diables qui, presque sûrement, y auraient été entraînés par les courses errantes et la vie vagabonde.

C'est là une œuvre éminemment sociale. »

Nous n'insisterons pas. Il y a une plaie qu'il faut cicatriser, un fléau dont il faut éviter les malheurs. Les mendiants « professionnels » et les faux pauvres disparaîtront bientôt si la société sait se défendre et discerner les malheureux, si elle veut appliquer sagement les remèdes et vulgariser les Œuvres sociales.

***

On parle beaucoup des moyens de supprimer la mendicité. Elle a pris, il est vrai, de tels développements que cette préoccupation se justifie d'elle-même. Les villes regorgent de mendiants, les campagnes en sont infestées.

Quelle digue opposer à cette marée montante? Et tout d'abord, quel est en réalité le caractère de cette invasion en guenilles ? Se trouve-t-on en face de vrais ou de faux pauvres, de malheureux sans travail ou de paresseux en quête d'aumônes, de victimes à secourir ou d'exploiteurs de la charité publique. Et si, comme il est probable, ces deux éléments se trouvent mêlés et confondus dans la sinistre armée du vice et de la misère, quelle est la part de l'un et de l'autre? Quel est le remède efficace à chacune de ces deux plaies sociales?

Ces questions sont très vivement débattues, et depuis longtemps. Mais il y a aujourd'hui une tendance manifeste vers l'assistance par le travail. L'aumône proprement dite n'est pas en faveur, du moins auprès des théoriciens. On se méfie beaucoup des faux pauvres, on semble porté à en exagérer le nombre plutôt qu'à l'atténuer.

Cette idée de la misère et de la mendicité vaincues par l'assistance par le travail, ne date pas de nos jours. En effet, l'organisation charitable a eu pour inspirateur un saint doublé d'un grand homme, le père des sublimes Filles de la charité. Au XVIIe siècle, saint Vincent de Paul mit en pratique l'assistance par le travail ; ces principes ressortent des réglements, des œuvres fondées par l'Apôtre de la charité, de ses luttes pour arracher à la misère les déshérités du monde, du témoignage de ses contemporains et de ses lettres.

Parmi les lettres et conférences réunies par les Lazaristes sur la vie et les travaux du fondateur de leur ordre, M. Pierre de Pelleport-Burète a retrouvé un réglement pour l'organisation d'une manufacture écrit par saint Vincent de Paul lui-même.

Voici ce document :

« L'on donnera aux petits enfants, aux impotents et aux décrépits ce qu'il leur faudra pour vivre par semaine ; à ceux qui gagneront une partie de leur vie, la Compagnie (de charité) leur donnera l'autre, et pour les jeunes garçons, on les mettra à quelque petit métier, comme de tisserand, qui ne coûte que trois ou quatre écus pour chaque apprenti ; ou bien l'on dressera une manufacture de quelque ouvrage facile comme de bas d'estaim, comme s'ensuit :

DE LA MANUFACTURE.

« On assemblera les jeunes garçons dans une maison de louage propre, où on les fera vivre et travailler ; la direction de la manufacture appartient à la Compagnie. Un maître ouvrier enseigne aux enfants leur métier sans pouvoir renvoyer les apprentis.

« Les pauvres apprentis avec leurs pères et mères s'obligeront de parole avec serment d'enseigner gratis leur métier aux pauvres enfants de la ville qui viendront ci-après, lorsque les officiers de la dite Charité leur ordonneront, à la charge que les dits apprentis qu'ils enseigneront seront nourris par la dite Compagnie. »

N'oublions pas qu'il s'agit ici des Compagnies de charité créées et organisées par le saint.

Au plus fort des misères de la Fronde, dit M. l'Abbé Boudignon dans son *Histoire de saint Vincent de Paul*, le grand apôtre de la charité fut amené par un ensemble de circonstances au village de Val-de-Puiseaux, à quelques lieues de

Versailles. Il dut même y séjourner une partie de l'hiver. Il en profita pour faire la mission, pour donner à tous le soulagement spirituel et corporel.

Il fit ensemencer les champs, fournit les grains et les instruments aratoires ; bien plus, pour procurer du travail aux plus délaissés, il fit ouvrir dans la petite ferme que Saint-Lazare possédait, des fosses non nécessaires.

M. le comte d'Haussonville a publié dans la *Revue des Deux Mondes* une remarquable étude sur l'Assistance par le travail. Nous en détacherons l'anecdote suivante :

« Un seigneur de la cour lui avait abandonné un terrain marécageux aux environs de Paris. Saint Vincent de Paul eut l'idée d'y envoyer les mendiants qui s'adressaient à lui et de les employer à creuser un grand fossé. La journée de travail leur était payée 15 sols. Au bout de quelque temps, le fossé fut creusé. On vint le dire à saint Vincent de Paul et lui demander ce qu'il fallait faire. Il réfléchit un instant, puis il répondit : « Faites-en creuser un autre à côté et comblez le premier. »

« Un économiste trouverait peut-être à redire, et non sans raison, au procédé employé par Saint Vincent de Paul, mais l'idée de l'Assistance par le travail est là dans son principe. »

Cette assistance, il la pratiqua en toute circonstance, avec le plus grand discernement, comme il le dit lui-même, « avec poids, nombre et mesure. »

Un des remèdes à la mendicité serait dans l'assistance par le travail. Il faudrait acheter pour chacun les outils de l'état auquel il a appartenu, principalement les instruments aratoires pour les agriculteurs ou ceux qui n'auraient appris aucun métier et intéresser chacun aux petits bénéfices de son travail. Il serait, en effet, désirable que, mettant en pratique les procédés les plus ingénieux et les plus délicats l'État et les Œuvres d'initiative privée imposassent à ceux qui mendient l'obligation du travail dans les limites de leurs forces physiques et en fissent comme la pierre de touche de leur assistance.

L'acte isolé de mendicité sans menace constitue un délit si le département où le mendiant a été arrêté possède un Dépôt de mendicité. Or,dans le département de la Seine-Inférieure, par exemple, il existe uniquement le dépôt de Montreuil-sous-Laon contenant 56 places, alors que chaque année 900 individus sont condamnés sous la seule inculpation de mendicité.

Dans ces conditions, le mendiant incapable de gagner sa vie et qui faute de place ne peut se faire admettre au dépôt, doit-il être reconnu coupable de délit ?

Le tribunal correctionnel de Rouen vient humainement de décider que,dans ce cas,il ne saurait y avoir de délit et a acquitté les prévenus. Voici au reste les principaux attendus du jugement rendu :

« Attendu que l'existence d'un établissement public organisé en vue d'obvier à la mendicité dans le département de la Seine-Inférieure étant un élément constitutif du délit, il appartient au tribunal de rechercher si un tel établissement existe réellement et s'il remplit les conditions exigées par la loi ;

« Attendu que le dépôt de mendicité a été défini : un refuge ou asile qui est à la disposition de ceux qui ne peuvent trouver par eux-mêmes de moyens d'existence (Garraud, tome 4, n° 112) ;

« Attendu qu'aux termes du décret du 5 juillet 1808, les individus mendiants n'ayant aucun moyen de subsistance sont tenus, après en avoir été mis en demeure par l'autorité administrative, de se rendre au Dépôt de mendicité régulièrement établi ;

« Attendu que le fait d'avoir été trouvé mendiant ne constitue un délit que si le prévenu a eu la possibilité et la facilité de se faire admettre dans le dépôt ou dans l'établissement assimilé, sur la simple justification de son invalidité ou de son indigence ;

« Attendu en fait qu'il résulte de documents officiels qu'au cours de l'année 1898 le département de la Seine-Inférieure a disposé de 56 places dans le dépôt de Montreuil ; que tous les individus internés au Dépôt y sont entrés après avoir été condamnés pour mendicité ;

« Attendu qu'il résulte des statistiques criminelles que plus de 900 individus sont annuellement condamnés par les tribunaux de la Seine-Inférieure comme prévenus *uniquement* de mendicité ; qu'en vertu des dispositions impératives de l'article 274 du Code pénal tous ces condamnés auraient dû, à l'expiration de leur peine, être conduits au dépôt ; qu'en supposant même que, dans le cours de l'année, plusieurs condamnations aient frappé un même individu, la disproportion entre le nombre de ceux qui devraient être admis au dépôt et celui des places dont dispose le département est manifeste ;

« Que, dans de telles conditions, on ne saurait baser une condamnation pour mendicité sur l'existence pour la Seine-Inférieure d'un établissement organisé, conformément au vœu de la loi, pour *obvier à la mendicité.* »

Cette question des Dépôts de mendicité a été traitée plus haut, nous n'insisterons pas.

D'ailleurs, cette mesure ne s'applique qu'à un nombre de cas restreint et ne suffit pas. Comment doit s'exercer d'une façon générale la bienfaisance, ou plutôt, comment doit-elle s'organiser ; d'abord, faut-il une organisation de charité légale ?

Un homme qui s'est occupé beaucoup de bienfaisance, M. Allemand, a écrit : « La charité légale dessèche le cœur, tarit les sources de la générosité, du sacrifice personnel, creuse un fossé profond entre les riches et les pauvres et les place dans une situation permanente d'hostilité, tandis qu'ils sont destinés à se lier par les douces chaînes des bienfaits et de la reconnaissance. Elle encourage l'imprévoyance, la dissipation, la débauche et énerve l'esprit de famille. »

M. de Gérando disait il y a 80 ans : « Gardez-vous de remplacer le don volontaire par un impôt obligé ! Vous croyez punir l'égoïsme, vous détruisez la bonté ! Faites naître la charité, ne cherchez pas à l'imposer. »

M. de Watteville, inspecteur général de l'Assistance publique, a dans un rapport, consigné cette constatation : « Depuis soixante ans que l'Assistance publique à domicile exerce son initiative, on n'a jamais vu un seul indigent retiré par elle de la misère. Au contraire, elle constitue souvent le paupérisme à l'état héréditaire. Aussi voyons-nous, aujourd'hui, inscrits sur les contrôles de cette administration les petits-fils des indigents admis aux secours publics en 1802, alors que les fils avaient été, en 1830, portés également sur les listes fatales. »

M. de Crisenoy a fort bien défini le rôle de l'assistance officielle. « C'est surtout de suppléer aux irrégularités, aux lacunes inévitables de la charité privée, c'est celle-ci qui a été dans le passé et qui restera dans l'avenir, la grande secoureuse des misères humaines. »

Il est juste cependant de remarquer que si les

Dépôts de Mendicité sont très insuffisants au point de vue de l'Assistance, ils sont très utiles lorsqu'il s'agit de la répression du mendiant professionnel. En effet, l'organisme légalement reconnu pour lutter contre la mendicité est le Dépôt.

Mais contre les exploiteurs de la charité, le premier remède c'est l'assistance par le travail.

Jusqu'à présent, les efforts qui ont été faits pour introduire dans notre société ce système rationnel d'assistance honorable, émanent de particuliers ; quelques établissements ont ainsi été créés. Ils donnent d'excellents résultats. Il appartient aux pouvoirs publics de leur venir en aide largement afin de développer leur influence et d'étendre leur action. C'est une œuvre moralisatrice et sociale d'une haute importance, et elle devrait être, en haut lieu, l'objet d'une étude approfondie et d'un examen sérieux.

Déjà le nouveau règlement pour l'organisation de l'Assistance publique à Paris « autorise les bureaux de bienfaisance à s'entendre avec les Sociétés d'assistance par le travail ». C'est là une heureuse mesure qui sera suivie, espérons-le, de beaucoup d'autres semblables ou analogues.

La société a, vis-à-vis des malheureux, un devoir strict et dont elle ne saurait plus différer l'accomplissement. Ceux qui prétendent qu'elle ne tente rien pour améliorer leur sort sont injustes, certes ; mais il n'est personne aujourd'hui qui ne reconnaisse la nécessité de faire davantage. L'*Assistance par le travail* est un moyen de faire, à la fois, plus et mieux !

L'organisation complète et partout de l'Assistance par le Travail remédiera à cet état de choses en laissant à l'Assistance publique le soin de pourvoir en partie aux besoins des nécessiteux malades, âgés ou infirmes, en prenant à sa charge tous ceux qui valides, peuvent travailler pour vivre, mais qui se trouvent accidentellement dans la misère et manquent d'ouvrage.

Alors, la répression de la mendicité sera logique et juste, car on aura mis à la portée des indigents les moyens de ne plus tendre la main et d'obtenir, par leur travail, quelques ressources momentanées qui, si minimes soient-elles, les sauvent de la faim et leur permettent d'attendre une occupation régulière.

Cette réforme est féconde en avantages et en résultats pratiques. Si on l'envisage, par exemple, au point de vue de la charité publique, on voit que celle-ci peut s'exercer d'une façon plus clairvoyante, plus précise, en employant ses libéralités au profit des vrais pauvres, et non plus en abandonnant au hasard, mais en canalisant pour ainsi dire, les dons que l'on verra ainsi utilisés sous la forme la plus efficace et la plus morale. Efficace en ce sens qu'ils n'auront servi à tirer de leur détresse que les besogneux réels, et morale parce que c'est la seule manière de réduire la mendicité et de démasquer les faux mendiants, si nombreux et si difficiles à reconnaître, et parce que la charité ainsi faite sous forme d'une rémunération bien acquise enlève à l'acte sa banalité ordinaire en lui donnant une raison d'être honorable et digne.

C'est, comme l'a dit M. Jules Simon, « l'assistance noble qui relève au lieu d'abaisser, qui moralise au lieu de démoraliser, qui stimule la bonne volonté et le courage des pauvres et leur apprend à être leurs propres sauveteurs. »

Le problème de l'assistance par le travail est loin d'être insoluble. Il est résolu et le mérite de sa solution revient à Mme Félicie Hervieu, fabricante de draps à Sedan.

Cette dame a conçu et réalisé une œuvre admirable qu'elle nomme ; « La reconstitution de la famille ».

En 1889, elle eut l'idée de louer de la terre et de la donner à cultiver à ses ouvriers pour leur permettre de supporter la crise industrielle. Aujourd'hui elle assiste de cette manière 125 familles ouvrières, soit environ un millier de personnes. Pareille création ne se fit pas sans rencontrer de nombreux obstacles et ce fut seulement en 1893 que l'œuvre ayant acquis une suffisante importance, put être réalisée et exposée scientifiquement.

Avant d'aller plus loin, il n'est pas inutile de signaler l'immense supériorité de l'assistance par le travail de la terre sur tous les autres modes d'assistance par le travail.

Le travail de la terre n'exige pas d'apprentissage sérieux pour donner des résultats : tout le monde peut planter des pommes de terre dans un champ.

Il est à la portée de tous : hommes, femmes, vieillards et enfants.

Il est suffisamment rémunérateur : la valeur de l'aumône est au moins quintuplée, même chez des personnes inexpérimentées.

Il ne peut faire l'encombrement du marché, les produits du travail étant consommés par les indigents eux-mêmes.

Il est réalisable à peu près partout, sauf dans les grandes villes ; et encore ?... il y a à Bruxelles deux cents jardins ouvriers dans les terrains à bâtir qui attendent un amateur. On vient d'en créer à Bercy-Paris.

Mme Hervieu a tenté de faire connaître son œuvre et s'est adressée à M. l'abbé Lemire, député du Nord, qui s'est empressé de la vulgariser et de la recommander à ses amis ; d'autre part, et peu après, à la presse.

L'assistance par le travail de la terre ne tarda pas à être répandue dans le public et M. le Dr Lancry lui donna en différentes publications, notamment dans la Revue *La Démocratie chrétienne*, dans le journal *La Justice Sociale* et dans le *Bulletin de la Ligue du coin de terre et du Foyer*, le nom de *Jardins ouvriers* sous lequel elle est aujourd'hui à peu près exclusivement connue.

Mais l'initiative privée ne fut pas la seule à fonder des jardins ouvriers : plusieurs communes sont entrées officiellement dans cette voie avec le concours du Bureau de bienfaisance.

La réalisation de l'Assistance par le travail de la terre, la transformation du « bon de pain » en « bon de terre » constituerait inconstestablement une amélioration considérable.

Le Congrès international d'assistance publique et de bienfaisance privée tenu à Paris a l'occasion de l'Exposition universelle, du 30 juillet au 5 août 1900, sous la présidence de M Casimir Périer a émis les vœux suivants :

1° « Que les personnes charitables, les œuvres d'assistance privée, les Sociétés de bienfaisance publique, suivant les ressources dont elles disposent et les localités où elles se trouvent, prélèvent sur leur avoir de quoi payer pour les indigents valides et surtout pour les pères de famille, la location d'un coin de terre à cultiver.

2° Que les propriétaires de biens fonds, les sociétés industrielles qui ont de vastes terrains, les communes et les établissements publics qui ont des biens disponibles, réservent, autant que possible, sur leurs propriétés, des jardins pour les ouvriers et les indigents.

3° Qu'ils établissent des sociétés locales de jardins ouvriers, qui prendront en location la terre, et se feront intermédiaires entre les ouvriers qui en bénéficient et les œuvres des personnes qui veulent les en faire bénéficier.

4° Que les sociétés dites de jardins ouvriers se transforment autant que possible en sociétés ayant la personnalité civile, afin d'assurer la permanence de l'œuvre et qu'elles puissent acquérir, vendre et louer des terrains.

« 5° Que, dans la répartition des terrains, des avantages soient accordés aux familles les plus nombreuses.

« 6° Que les œuvres d'assistance par le travail de la terre sous toutes leurs formes et avec toutes leurs annexes soient reliées entre elles par des réunions générales, pour mettre à profit les expériences acquise et faire de la propagande ; qu'elles prennent part aux Congrès où il s'agit d'assistance, et qu'il existe entre elles un lien permanent par des communications dans un bulletin ou dans les réunions ou journaux. »

*
* *

Mais dans le cas plus spécial qui nous occupe, la disparition des faux pauvres, il faut trouver, surtout dans les grandes villes, un moyen plus rapide, plus hâtif, plus consolant.

On a créé dans un grand nombre de villes, notamment à Paris, à Lyon, à Marseille, à Bordeaux, l'Œuvre de l'Assistance par le travail qui fonctionne très bien et qui permet de démasquer les mendiants professionnels. Bien organisée cette Œuvre permettra, dans un temps plus ou moins éloigné, de rendre l'industrie de ces derniers presque impossible.

Les adhérents de l'Assistance par le travail sont munis de carnets de bons. Si l'on rencontre un pauvre qui se plaint de n'avoir pas mangé depuis longtemps, de n'avoir pas de travail ni d'abri, le premier mouvement n'est-il pas de donner quelque chose au solliciteur, car si l'on se trompait, si l'indigent était véritablement méritant... Eh bien, quand on fait partie de l'Œuvre de l'Assistance par le travail, on dit à cet homme : Mon ami, je vais vous aider efficacement ; tenez, voici un bon. Vous irez à tel endroit, où l'on vous donnera ou la nourriture, ou l'argent nécessaire pour vous nourrir, on vous couchera au besoin ; dans l'après-midi, on vous fournira du travail pour vous faire gagner votre vie et l'on vous laissera la matinée pour chercher une place. Vous bénéficierez de ce régime pendant une quinzaine de jours.

Ces Œuvres d'assistance par le travail emploient les indigents à un travail simple, généralement à faire de petits fagots de bois d'allumage qu'on appelle des margotins. Ces Œuvres sont assez économiques en ce sens que pour chaque bon représenté, c'est-à-dire pour tous les bons qui ont été réellement présentés à l'Œuvre et qui sont représentés à la fin de chaque mois aux adhérents, chaque adhérent n'a à payer que 1 fr. 50. Le procédé permet de démasquer les faux mendiants qui ne se rendent naturellement pas à l'Œuvre; quant aux autres, on leur rend un service qu'il serait tout à fait impossible de leur rendre en ne dépensant que 1 fr. 50.

Or il ne faut pas se faire illusion; tous les bons ne sont pas utilisés par les mendiants. Un jour, nous voulûmes tenter une expérience, nous prîmes un carnet de 10 bons que nous remîmes tous à bon escient, en nous disant, chaque fois: Voilà enfin un malheureux qui doit être un véritable indigent! Ces bons seront sûrement travaillés (c'est l'expression employée pour les bons utilisés). Or, nous n'en avons pas vu revenir un seul; aucun de ces bons ne nous a été représenté. En un mot, tous ces misérables qui prétendaient avoir faim et manquer de travail et d'abri, étaient de vulgaires professionnels qui voulaient de l'argent pour aller boire.

Ces mendiants, il est vrai, n'ont plus reparu.

Donc, l'Assistance par le travail est un premier et excellent procédé pour trier l'ivraie du bon grain.

En moyenne, sur dix bons distribués, quatre environ sont travaillés, par conséquent remboursés par l'adhérent. L'aumône donnée à dix mendiants a coûté 5 francs, soit 0, 50 par tête; elle n'a rien produit pour ceux qui n'ont pas voulu travailler, elle a pu donner aux quatre qui ont accepté le travail plus de 60 francs; l'aumône peut être ainsi multipliée.

L'Œuvre rend des services directs à ses adhérents, elle peut aussi en rendre à des Œuvres charitables. Ces dernières se plaignent, justement du reste, d'être impuissantes à sortir d'embarras leurs assistés trop nombreux et de pouvoir leur donner seulement un secours insuffisant. Et pourtant le problème n'est pas seulement d'empêcher ces malheureux de mourir, mais de les conduire à vivre par leur propre activité aidée et protégée par la charité.

Il leur faut du pain d'abord, soit : mais du pain en échange de travail ; et c'est le travail qui les relèvera.

Pourquoi ne pas faire usage de ces pratiques moyens de transformation de l'aumône? Pourquoi laisser continuer l'exploitation inavouable du petit sou ou de la pièce blanche, donnée pour le plus grand bien du mastroquet, et continuer à aller à la lutte contre la misère avec la seule pitié pour compagne ? Pourquoi ne pas rechercher la valeur morale des quémandeurs, et leur distribuer au moyen de bons d'*assistance* un secours qui décuple par le travail l'aide qui sera donnée?

C'est dans cet esprit que le Ministère de l'Intérieur a adressé à MM. les Préfets une circulaire à la date du 8 novembre 1894. Elle a pour titre : *Circulaire ministérielle adressée aux Préfets*, *au sujet des Sociétés d'Assistance par le travail,* et contient le passage suivant :

« Les Bureaux de Bienfaisance ou d'Assistance « ne sortent pas de leurs attributions en pratiquant « ce mode rationnel d'assistance ; plusieurs ont « organisé, principalement l'hiver, des ateliers de « charité. Mais là où, pour une raison quelconque « l'établissement public n'entreprendrait pas une « organisation de cette nature, vous pourriez don- « ner votre concours aux particuliers qui, dans « un but exclusif de bienfaisance, seraient dispo- « sés à s'associer pour organiser l'assistance par « le travail. »

Le décret du 15 novembre 1895, inséré à l'*Officiel*, « le 19 novembre, porte (art. 28) :

« Les Bureaux de bienfaisance pourront s'enten- « dre avec les Comités d'Assistance par le travail « à l'effet de substituer autant que possible les « secours en travail aux secours en argent. »

Mais il vise plus spécialement Paris, tandis que la circulaire ci-dessus vise tous les départements.

Le Comité central des Œuvres de travail, préoccupé de cette question, vient de faire une enquête, afin de savoir quels sont les rapports existant entre les Bureaux de Bienfaisance et les Œuvres d'Assistance par le travail, et si des ententes ont été établies en vue de l'application de la circulaire du 8 novembre 1894 pour les départements, et du décret du 15 novembre 1895 pour Paris.

Des réponses qu'il a reçues il résulte, fait quelque peu attristant, que, presque partout dans les départements, la circulaire est restée lettre morte, ignorée à la fois de l'Administration, qui n'a rien tenté pour la faire appliquer, et des Œuvres qui, en général, n'auraient demandé qu'à traiter avec les Bureaux de Bienfaisance. Et cependant, partout où l'entente a été réalisée, les résultats ont été excellents.

A Paris, par exemple, si l'on met à part un certain nombre d'Œuvres de travail qui se proposent de secourir spécialement les libérés, les enfants, les aveugles, etc., et qui, par ce fait même, ne paraissent pas susceptibles de traiter avec les Bureaux de Bienfaisance, presque toutes les grandes Œuvres d'Assistance par le travail ont passé des conventions avec les Bureaux. C'est le cas, notamment, de l'Union d'Assistance par le travail du XVIe arrondissement, où l'entente, généralement due à l'initiative de l'Œuvre, a produit les plus heureux effets. Au XVIe arrondissement, par exemple, le Bureau de Bienfaisance a distribué, en 1897, une somme de 3,500 francs, sous forme de secours en travail, à 350 indigents valides. Or, sur ces 350 indigents, tous capables d'utiliser les bons de travail qui leur étaient remis, 160 (c'est-à-dire plus de 45 %, ne se sont pas présentés à l'atelier et n'ont, par conséquent, pas touché le secours à eux alloué, qui a profité à de plus méritants.

Ces chiffres sont précieux, en ce qu'ils renseignent à la fois sur la valeur morale d'une partie des pauvres officiels, c'est-à-dire de ceux qui reçoivent les secours du Bureau de Bienfaisance, et, d'autre part, sur les avantages de l'assistance par le travail envisagée comme moyen de sélection entre les vrais et les faux indigents.

Dans les départements, douze Œuvres ont fait connaître au comité qu'aucune entente n'avait jamais été formée entre elles et le Bureau de Bienfaisance.

Nancy est la seule ville où il existe une entente telle que nous la rêvons.

A Nancy, le Bureau de Bienfaisance accorde à l'Œuvre du Travail une subvention de 1,500 francs et distribue aux indigents valides qu'il secourt, des bons de travail. Dans l'année 1897, l'Œuvre a ainsi fait travailler 250 assistés du Bureau.

Le décret n'a donc été que partiellement appliqué. La circulaire ministérielle est tombée dans l'oubli.

Nous dirons pour nous résumer sur ce point, que l'assistance par le travail a quelques inconvénients : d'abord, elle n'est que provisoire, puis elle sépare les époux ; et les professionnels commencent à le savoir, car ils disent souvent quand on leur tend un bon : « Mais je suis marié, Monsieur, vous ne voulez pas que j'abandonne ma femme ? »

Il est vrai qu'il y a aussi des œuvres d'assistance par le travail pour les femmes, mais l'inconvénient subsiste. Malgré cela le système rend d'énormes services ; il permet de démasquer les faux indigents et de donner un secours urgent et réellement efficace en attendant mieux, pendant que l'on prend des renseignements ; il donne un secours important et prolongé dont aucune aumône ne pourrait offrir l'équivalent ; il encourage l'indigent en lui faisant entrevoir la possibilité de gagner sa vie par son travail et le relève à ses propres yeux, à moins qu'on ait le malheur de tomber sur des mendiants comme celui qui nous dit un jour : « Pour qui me prenez-vous, Monsieur, comment voulez-vous que j'aille dans un milieu pareillement fréquenté ! »

Il y a aussi l'assistance par l'avance au travail. A Lyon existe une Société de ce type qui fonctionne merveilleusement : C'est l'Assistance Mutuelle Lyonnaise. Cette Société prête de l'argent aux indigents qui se plaignent de ne pouvoir gagner leur vie faute d'outils ; on prend des renseignements pour s'assurer si l'indigent à vraiment besoin des outils qu'il demande et on lui dit alors : Vous irez acheter ce qui vous manque et nous paierons la facture. Les indigents auxquels cette œuvre est venue en aide, s'engagent à rembourser les avances qu'on leur a faites, quand ils le pourront, sans échéances proprement dites : eh bien,

73 0/0 de l'argent ainsi prêté est rendu à l'œuvre. Un peintre à qui on avait acheté une palette, des couleurs et des pinceaux, a rendu l'argent et deux ans après l'œuvre a reçu sa visite ; il venait dire qu'on lui avait sauvé la vie.

*
* *

Une autre œuvre sociale très utile, qui est, pour ainsi dire, le complément de l'Assistance par le travail est l'Asile de nuit.

L'Asile de nuit s'adresse au vagabondage. L'origine, on le sait, en est très ancienne. MM. de Gérando et Maxime du Camp nous apprennent que le Ξενοδοχειον des Grecs, l'auberge destinée aux étrangers, était un asile de nuit où régnait une admirable affabilité.

L'Église, à son tour, après avoir fondé des refuges à l'usage des malades et des infirmes, ouvrit des asiles à l'usage des voyageurs sans abri ; certaines chartes mentionnent cette obligation étendue aux valides ; on cite celle de l'hospice Saint-Gervais et Saint-Athanase à Paris au XIIe siècle. Ces premiers établissements hospitaliers étaient adjoints aux palais épiscopaux ou aux basiliques, et le nom générique d'Hôtel-Dieu donné à ces maisons et que quelques hôpitaux conservent encore aujourd'hui, est un témoignage irrécusable de leur origine religieuse et de la généralité des secours qu'on y distribuait.

A l'heure actuelle, malgré les vicissitudes et les modifications profondes que les progrès sociaux ont apportées aux institutions d'assistance, on peut affirmer qu'un grand nombre de nos hôpitaux de province se croient tenus de secourir les voyageurs et que, dans cet esprit, ils réservent une salle plus ou moins spacieuse aux nomades qui viennent frapper à leur porte et demander quelques jours de repos.

Ainsi l'Asile de nuit se rattache à l'assistance hospitalière.

L'assistance à domicile le revendique aussi, puisque certains Bureaux de bienfaisance ont jugé bon d'ajouter à leur distribution habituelle de bons de pain ou de fourneaux, des asiles de nuit. Les municipalités ont eu également souci des nomades et, si les unes ont traité à forfait avec des logeurs, les autres ont créé de véritables Asiles de de nuit. Les départements, à leur tour préoccupés surtout des ennuis que le vagabondage occasionne dans les campagnes, sont intervenus, et, quelques-uns du moins, ont créé des Asiles de nuit qui fonctionnent fort bien. Enfin, l'initiative privée, dont les ressources et le zèle sont inépuisables, a fondé dans certaines villes des établissements de bienfaisance, portant le nom d'hospitalité de nuit, qui rendent de très grands services.

Voici quelques renseignements sur l'Œuvre de l'hospitalité de nuit telle qu'elle fonctionne à Paris.

Cette Œuvre, fondée le 2 Juin 1878, a été reconnue comme établissement d'utilité publique, par décret du 11 avril 1882. Elle a son siège, 59, rue de Tocqueville, à Paris.

Elle comprend actuellement *quatre* maisons.

Elle a dans trois de ces maisons un pavillon indépendant où elle accueille chaque soir des femmes et des enfants.

Le but de l'Œuvre est d'offrir un abri gratuit et temporaire pour la nuit, sans distinction d'âge, de nationalité ou de religion, aux personnes sans asile.

L'entrée des établissements a lieu tous les soirs de 7 à 9 heures.

Le lever a lieu de 5 à 6 heures, suivant l'époque de l'année.

Le pensionnaire, à son arrivée dans l'Œuvre, est reçu dans une salle d'attente.

En attendant l'heure du coucher, on lui donne des livres, des plumes et du papier, s'il veut écrire à sa famille. Les lettres sont timbrées et mises à la poste par les soins de l'Œuvre.

Chaque pensionnaire reçoit le soir une demi-livre de pain.

Avant d'entrer au dortoir, il passe au lavabo, où il trouve de l'eau froide, et de l'eau chaude en hiver, les objets nécessaires à la toilette et des bains-douches.

Les vêtements infectés de vermine sont épurés.

Le soir avant le coucher, et le matin au lever, la prière est dite en commun. On doit, à quelque religion qu'on appartienne, y observer le silence, se découvrir et rester à genoux ou debout.

L'administrateur qui assiste au coucher des pensionnaires leur adresse quelques paroles d'encouragement et de bon conseil.

Les personnes admises ne peuvent passer plus de trois nuits consécutives, à moins d'une autorisation spéciale. Le séjour de la nuit qui précède le dimanche ou les jours de fête n'est pas compté dans ces trois nuits.

A moins de circonstances exceptionnelles, un intervalle de deux mois est exigé entre chaque séjour.

L'Œuvre soulage dans la mesure du possible, les besoins les plus urgents de ses pensionnaires.

Elle s'efforce de leur trouver du travail. Elle les rapatrie, écrit à leurs familles, leur procure des soins en cas de maladies, leur donne des vêtements et des chaussures.

Les résultats de l'Œuvre sont véritablement magnifiques.

Depuis son origine jusqu'au 1er janvier 1900, elle a donné asile à 1 million 481 963 infortunés.

En 1899, elle a reçu 63446 hommes, 1794 femmes et 267 enfants.

Cette même année, elle a distribué aux hommes 868 paletots, 832 pantalons, 1217 chemises, 4577 paires de chaussures, 2368 vêtements divers. Aux femmes, elle a donné 2454 articles d'habillement et aux enfants 621 articles.

Voilà pour le côté matériel ; mais qui dira le bien moral accompli, l'influence bienfaisante exercée sur ces miséreux par le contact des personnes dévouées à l'Œuvre ?

Aussi n'est-il pas téméraire d'affirmer que ceux qui passent par l'Œuvre de l'hospitalité de nuit en sortent, non seulement plus propres et mieux habillés, mais aussi meilleurs.

Ab uno disce omnes, aurait dit Virgile. En effet, tous ou presque tous les Asiles de nuit dont les villes de province sont pourvues, ressemblent beaucoup à l'Hospitalité parisienne.

***

Nous aurions encore à énumérer et à décrire un certain nombre d'Œuvres sociales telles que la « Mutualité maternelle » destinée à nourrir les mères durant quatre semaines après leur accouchement, la « Maison du Marin » qui sauvegarde les intérêts des hommes de mer et leur procure les avantages dont les prive l'absence et l'éloignement du foyer, les « Fourneaux économiques ouvriers », les « Secrétariats du peuple », « l'Œuvre catholique internationale de protection de la jeune fille ». etc., etc. Il faut se borner.

Nous citerons néanmoins, puisqu'on ne peut parler de la mendicité sans penser aux aveugles, l'*Association Valentin Haüy* pour le bien de ces derniers.

On considère trop souvent l'aveugle comme un être inférieur, borné, inutile à la société, fatalement voué à la mendicité s'il est pauvre, à l'oisiveté s'il est riche, dans les deux cas à l'ignorance. C'est là une profonde erreur.

Depuis cent ans, grâce à Valentin Haüy, le fondateur de l'éducation des aveugles, grâce à Louis Braille, l'inventeur de l'écriture des aveugles, et spécialement, depuis quelques années, grâce à l'*Association de Valentin Haüy*, des milliers d'aveugles sont instruits, pourvus d'une profession et gagnent leur vie par leur travail.

D'ailleurs, les exemples ne manquent pas, qui semblent démentir l'opinion qu'on a sur l'infériorité des *emmurés*, comme on les a appelés. Sans parler d'Homère et de Milton, on a connu à l'Université de Cambridge, un professeur de mathématiques aveugle, Nicolas Saunderson. Et, chose curieuse, il professait des lois de l'optique, exposant la nature de la lumière et des couleurs, expliquant la théorie de la vision, traitant de la marche des rayons lumineux à travers les lentilles.

Plus récemment, les Anglais ont choisi pour diriger le ministère des postes et télégraphes, un aveugle, M. de Fawcett, qui est mort depuis, à

Cambridge, en 1884. A vingt-cinq ans, il entrait dans la carrière politique, lorsqu'un accident de chasse lui fit perdre la vue.

C'était un coup terrible pour un homme, mais il prit la résolution de braver toutes les difficultés avec courage et de donner à sa vie le même but, les mêmes aspirations, et on sait comment il y parvint.

Pendant les loisirs que lui laissait sa charge, M. Fawcett montait à cheval, patinait, pêchait le saumon tout comme un autre, et le bonheur voulut qu'il ne lui arrivât jamais de grave accident durant ces imprudentes récréations. Comme ministre des postes, il était très attentif, bien qu'aveugle avait « l'œil à tout », et il a laissé à ses subordonnés le souvenir d'un fonctionnaire très « regardant ».

Mais un exemple encore bien plus étonnant de ce qu'on peut faire sans les yeux devait être fourni par l'aveugle américain Campbell, qui est monté au sommet du Mont-Blanc. M. Campbell, aujourd'hui directeur du magnifique « Royal Normal College » pour les aveugles de Londres, est né en 1834. L'enfant avait trois ans et demi, quand, blessé à l'œil par une épine d'acacia, il devint aveugle. Il fut élevé à Nashville, apprit la musique et devint lui-même professeur.

Dès lors il se dévoua aux enfants aveugles de sa contrée. Puis il vint à Londres fonder son collège.

Mais comme lorsqu'il parlait des capacités physiques et intellectuelles des aveugles, il trouvait beaucoup d'incrédules, il voulut frapper un grand coup sur les imaginations britanniques. Accompagné de son fils et de plusieurs guides, il fit une chose considérée comme difficile aux voyants, impossible aux aveugles. Il tenta l'ascension du Mont-Blanc et réussit à souhait.

Mais si l'on convient qu'il puisse y avoir des « alpinistes aveugles », on n'admet point sans protestation qu'il ait pu exister des sculpteurs aveugles, Cela est pourtant. Un de nos meilleurs « animaliers », Vidal, était tout à fait privé de la vue. Cela ne l'empêcha pas de modeler de petits chefs-d'œuvre : *le Cerf blessé, le Lion, le Taureau.*

Vif, preste, alerte, Vidal était constamment entouré d'animaux ; il les touchait, les caressait, les examinait longuement dans toutes sortes de poses, puis saisissait sa terre et se mettait à modeler. Lorsqu'il étudiait les jambes d'un cheval, par exemple, il s'agenouillait auprès de son modèle, lui parlant sans cesse, le flattant, afin que l'animal ne bougeât pas, et il le tâtait, en disant : « Vois, j'examine tes jambes..... ne bouge pas, j'ai besoin de regarder ton encolure..... mon ami cheval, tiens-toi tranquille ou je vais manquer ton portrait. »

Lorsqu'il s'agissait d'une bête féroce, l'étude d'après nature était plus difficile à réaliser. Vidal s'inspirait alors d'œuvres d'art précédentes, de squelettes, de bêtes empaillées. Un jour, cependant, comme il avait imaginé de sculpter un lion, il sentit qu'il ne pourrait y parvenir sans recourir au « modèle vivant ». Il n'hésita pas devant une entrevue dangereuse et entra dans la cage d'un de ces animaux, accompagné d'un dompteur. Longuement, attentivement, en artiste, il caressa le lion, jusqu'à ce qu'il fût maître de son anatomie. Il fit ensuite le *Lion rugissant*, qui est un de ses plus étonnants morceaux.

Quand il était dans son atelier en train de travailler, on n'aurait pas dit qu'il fût aveugle. Seulement, de temps en temps, lorsqu'il voulait juger de l'ensemble, il se reculait et regardait son œuvre avec ses deux mains étendues, dont les dix doigts semblaient autant d'yeux.

C'est qu'en effet, les doigts sont les yeux des aveugles. Et en prenant la peine de les instruire, on voit les résultats surprenants auxquels on peut arriver.

En 1777, dans un café de la foire de Saint-Ovide, dix aveugles paradaient sur des tréteaux, grotesquement affublés de robes et de longs bonnets pointus. Le nez muni de lunettes de carton sans verre, placés devant un pupitre qui portait des cahiers de musique retournés, ils exécutaient un air monotone sur des instruments baroques. — Un tel spectacle excita l'indignation d'un jeune homme de 26 ans, simple commis aux affaires étrangères, Valentin Haüy. Il résolut de s'occuper des aveugles, de les relever en les arrachant à l'ignorance et à l'ignominie de leur condition.

En 1784, il prit son premier élève et lui offrit à lire. L'aveugle promenait les doigts sur des caractères mobiles en relief, groupés en mots et en phrases.

L'enseignement était trouvé :

Six points ⠿ rangés sur deux lignes verticales lui offrirent 63 combinaisons à l'aide desquelles il représenta tous les signes alphabétiques : lettres, accents, ponctuations, tous les signes algébriques, tous les caractères musicaux.

Instruire les aveugles c'était bien, mais à quoi bon les instruire si on ne leur donnait pas, en même temps, le moyen de gagner la vie.

Des écoles furent fondées où les plus intelligents apprennent à fond la musique. — L'accordage et la réparation des pianos tient le milieu entre l'étude de la musique et l'apprentissage des métiers.

Tous les jours on fait manipuler aux élèves les diverses parties d'un piano, ils apprennent à monter et démonter, remonter cordes, marteaux, touches, etc.

Les travaux manuels sont les suivants :

Balais de jonc, brosses, cannage et empaillage

de sièges, filets et éperviers, grillages en fil de fer, chapelets, objets de tous genres au crochet, tricot, filet, objets en perles (couronnes, fleurs, paniers) ; paillassons, vannerie, tournage d'objets en bois.

Mais ces écoles, qui font d'ailleurs un bien réel, restreignent leur action à certaines catégories d'aveugles.

L'association Valentin Haüy, fondée il y a dix ans par M. Maurice de la Sizeranne, aveugle lui-même, a pour but d'arracher l'aveugle à la mendicité en lui procurant les moyens de s'instruire et d'apprendre un métier.

L'œuvre embrasse toute la question des aveugles et s'occupe sans distinction de tous ces malheureux, elle ne fait pas l'aumône, elle les aide à gagner leur vie, elle propage toutes les machines ingénieuses à écrire, elle fait placer les enfants dans des écoles, suscite des instituteurs dévoués à de pauvres petits négligés par leurs parents, elle sollicite les grands industriels pour leur faire acheter, brosses, balais, objets divers énumérés plus haut, fabriqués par les aveugles, elle a ajouté un métier de plus et qui permet à de nombreux aveugles de gagner leur vie, la fabrication de sacs en papier.

Rien que pour cette branche de fabrication, le budget de 1898 porte 8.724 francs de sacs vendus.

L'Association aide les aveugles en leur avançant

les fonds indispensables à l'achat des matières premières et d'outils nécessaires.

*
* *

L'Œuvre du « Patronage des prisonniers libérés » mérite aussi de fixer particulièrement l'attention. La plupart des chemineaux sont des repris de justice dangereux et toute Société créée dans le but d'empêcher la récidive, d'éviter les nouveaux crimes et les nouveaux délits, devient un puissant auxiliaire pour la disparition de la mendicité professionnelle.

Les Sociétés de Patronage des prisonniers libérés offrent donc un grand intérêt au point de vue de la moralisation des futurs vagabonds et trimardeurs.

Pendant bien des siècles, la société, en punissant ceux qui s'étaient rendus coupables de délits ou de crimes, n'avait vu à exercer à leur égard que la satisfaction d'un sentiment de vengeance. Le Moyen-Age y substitua dans une certaine mesure l'idée d'intimidation. Jusqu'à cette époque, s'appliquaient des châtiments corporels et souvent la peine capitale.

A la Hollande paraît remonter le mérite d'avoir fondé des prisons, dans le but d'entreprendre et de poursuivre l'amendement du délinquant. Le premier de ces établissements s'ouvrit en 1595, à Amsterdam, pour recevoir les hommes, et, l'année suivante, fut inauguré celui qui devait être destiné aux femmes.

De ce moment date l'origine de la science pénitentiaire.

Le système d'incarcération mit fin à un régime cruel et amena l'application d'une moins grande rigueur, surtout à l'égard des enfants.

On put, en effet, constater bientôt les merveilleux résultats obtenus auprès de ces jeunes êtres, en les soumettant à une éducation morale qui leur avait absolument fait défaut. Quelques années après, le Conseil Municipal d'Amsterdam constatait les dangers d'un contact permanent entre tous les prisonniers et décidait de réserver un quartier spécial pour les enfants. On y construisit des chambres destinées à recevoir de quatre à douze enfants, on alla même jusqu'à en réserver pour un seul d'entre eux.

Le principe cellulaire date donc de 1603.

On s'étonnerait à bon droit de constater combien ont été lents et insignifiants les progrès réalisés depuis trois siècles, si on ne savait que fort longtemps les prisons ont manqué d'une direction suivie et intelligente. Bien peu de gens aussi s'intéressaient au sort des détenus. Ce n'est guère que depuis une trentaine d'années que s'est prononcé un mouvement sérieux en faveur d'améliorations à introduire dans le système pénitentiaire.

Puis, à l'application des seules mesures de rigueur poursuivies jusqu'à ces dernières années, est venu s'adjoindre un nouveau facteur, pour encourager et aider le retour au bien de celui qui subit, depuis un certain temps, la détention à laquelle il a été condamné.

Ce nouveau facteur, c'est la clémence.

D'après les dispositions de la loi du 14 août 1885, tout détenu peut, par sa bonne conduite, son zèle au travail, obtenir sa libération conditionnelle. Il peut être libéré arrivé à la moitié de la durée de sa peine, avec un minimum de trois mois d'incarcération.

Mais qu'importe la détention, qu'importe la clémence, qu'importe même la loi de sursis, appelée du nom de son auteur, loi Bérenger, si, au sortir de la prison, le malheureux repoussé par la société, rejeté sur le « trimard », ne peut pas, parce qu'il est marqué au front du stigmate du casier judiciaire, trouver un travail honnête qui l'empêche de mourir de faim. Alors il rôde à l'aventure, traînant comme un boulet sa note d'infamie, il va sur la route mendiant son pain et menaçant la sécurité publique. En effet, par la cruauté des mœurs actuelles, cet homme, qui a accompli sa peine et a payé sa dette à l'humanité, devient un malfaiteur plus dangereux, enrôlé par la force des choses dans l'armée des chemineaux, des chevaliers de la pince, des pick-pockets et autres cambrioleurs émérites.

Heureusement, le Patronage des prisonniers libérés est là. Il recueille le désespéré, lui fournit du travail, le rhéabilite et l'arrache au grand chemin, au suicide ou à la mendicité.

Peut-on espérer que d'ici à quelques années, on arrive à fonder un plus grand nombre de ces Sociétés de patronage ?

On ne saurait trop le souhaiter, car, en outre des services si appréciables qu'elles rendent aux libérés, elles remplissent aussi le rôle important d'assistance, indispensable dans tant de cas pour justifier la répression. Mais, pour mettre les choses au point, il n'est guère malheureusement possible de compter sur les patronages pour les solutions générales tant que cette Œuvre sociale n'aura pas reçu en France une plus grande extension.

C'est, en effet, une question de moralité et de sécurité publique.

Les innovations introduites par la libération conditionnelle et la loi de sursis ont prouvé à ceux mêmes qui n'en étaient pas partisans, que les mesures de clémence étaient bien de nature, dans certains cas, à contribuer au relèvement de celui qui a failli.

Qui sait si ces nouvelles voies ne pourront pas s'agrandir encore, tout en sauvegardant tout autant et peut-être mieux la sécurité publique ? Quel est celui qui pourrait ne pas le désirer ?

On est bien obligé de reconnaître que l'exercice

de la rigueur a été dans bien des circonstances non seulement inutile, mais souvent regrettable, car elle a pu produire de bien funestes effets.

La réforme de la législation sur la mendicité et le vagabondage, depuis si longtemps sollicitée, paraît devoir entrer dans une phase d'exécution assez prochaine.

Une proposition de loi émanant de M. Cruppi, ancien magistrat, député de la Haute-Garonne, modifiée par une Commission des plus compétentes en la matière, a été déposée le 17 mars 1899 sur le bureau de la Chambre des députés.

Sans rappeler tant de pages éloquentes, profondes, consacrées dans le passé à l'étude de la solution de ces importants problèmes, si ardus, si complexes, il convient de citer le discours remarquable prononcé à la rentrée de la Cour d'appel, sur la mendicité, par M. Bonnet, avocat général à Paris.

Le même jour, à Bordeaux, M. Pasteau, substitut du Procureur général, développait des considérations du plus haut intérêt sur les délits de mendicité et de vagabondage, les lois en vigueur, la législation belge et les projets de réforme.

Certes, personne ne se fait d'illusion sur les difficultés en présence desquelles on se trouvera, non pour résoudre, mais pour aborder cette question si grave. De l'avis de tous, l'état actuel n'est plus tolérable.

Aussi imparfaite que puisse être une nouvelle législation, elle sera toujours préférable.

En tout état de cause les Patronages des prisonniers libérés auront rendu à la société des services très appréciables en diminuant, par le travail procuré et la moralisation, le nombre des individus qui, à leur sortie de prison, n'auraient trouvé de ressources que dans la mendicité ou le crime. Avec une nouvelle législation, ces Patronages continueront à rester l'appui du malheureux qui veut reprendre dans le monde un rang honorable et laborieux et à enlever tout prétexte au mendiant professionnel.

*
* *

Certains centres ont aussi un « Secrétariat des Familles ». C'est encore une de ces œuvres sociales qui sans bruit, sans ostentation, rend à la société des services très appréciables.

Le « Secrétariat des Familles » parisien à son siège au n° 93 de la rue de Sèvres : une salle assez vaste avec un crucifix pour tout ornement, des chaises, des bancs occupés par des gens du peuple, hommes et femmes. Dans un angle, un paravent empêche les consultants d'être entendus et vus de ceux qui attendent; car les confidences de certaines misères morales ont leur pudeur.

Deux fois par semaine, derrière ce paravent,

sorte de confessionnal où chacun défile à tour de rôle, deux personnages se tiennent à la disposition de tous ceux qui viennent demander conseil, appui ou protection.

En principe, les demandes d'argent sont absolument rejetées : mais les pauvres sont recommandés aux œuvres spéciales, les démarches sont faites pour eux à l'Assistance publique, aux bureaux de bienfaisance, partout où l'on peut obtenir quelque chose.

Nous avons assisté au défilé lamentable des malheureux qui venaient raconter leurs difficultés et leurs misères. Que de souffrances secrètes, de drames poignants ! Mais il ne faut pas retracer les confidences trop intimes, et d'ailleurs les peines physiques ou morales, la gêne, le heurt des intérêts contraires, les inquiétudes, les angoisses, l'éternelle douleur humaine enfin est partout pareille depuis toujours. La source des pleurs est intarissable, et cette « vallée de larmes » ne sera jamais desséchée.

Le *Secrétariat des familles* est dévoué à tous. Or dernièrement, un homme se mourait sans vouloir accepter le prêtre. Son cœur était touché, et ce cœur était loyal et bon ; mais son esprit, lié par des serments impies, résistait, et il disait : « J'irai en enfer ; mais là encore je vous serai reconnaissant. » Il mourut cependant avec piété, et, pour se conformer à son désir suprême, on plaça dans son humble bière de bois blanc la photographie d'un de ses bienfaiteurs.

Les Directeurs écrivent une moyenne de quatre mille lettres par an. On peut bien dire que leur vie entière se passe en visites, recherches, démarches, sollicitations diverses. C'est qu'il ne s'agit pas seulement de faire le bien en prélevant une somme plus ou moins importante sur son superflu, ni d'aller passer quelques heures dans les mansardes ou dans les hôpitaux ; l'œuvre, telle qu'elle fonctionne, ne laisse pas une heure de repos à ceux qui la mènent ; elle absorbe leur existence. Il est vrai que l'amour dépensé pour les frères souffrants enrichit le cœur, et ceux-là seuls qui ont pris l'habitude de se donner ne sauraient concevoir leur vie loin des détresses auxquelles ils l'ont consacrée.

L'un des bienfaiteurs de cette Œuvre sociale nous disait : « J'ai toujours été frappé de la facilité avec laquelle on obtient la confiance des pauvres gens, et cette confiance, quand ils l'ont donnée, ils ne la retirent plus, parce qu'ils sentent que nous les aimons et pourquoi nous les aimons. »

***

Parmi les grandes questions sociales qui attendent toujours une solution, une des plus intéressantes et des plus dignes d'attirer et de retenir l'attention des gouvernants, est celle qui concerne l'*Assistance des Vieillards et des Incurables.* Il faut bien reconnaitre que dans la dernière moitié de ce siècle, la charité publique et privée a beaucoup fait en leur faveur ; mais que de progrès restent encore à réaliser ! Une société ne sera vraiment digne de ce nom que lorsqu'elle sera en mesure, chacun de ses membres étant pénétré des hautes idées moralisatrices du travail et du respect de l'individu et de la propriété, d'assister d'une façon décente les victimes nécessiteuses de la maladie et de la vieillesse.

Les efforts se sont surtout portés du côté de l'hospitalisation des malades : l'enfance a eu la plus large part dans cette distribution de secours, car le cœur saigne naturellement aux plaintes des petits malades ; la maladie de l'adulte, entraînant le plus souvent après elle la gène et la misère dans la famille, a toujours inspiré la pitié, et des hôpitaux pour adultes nécessiteux et malades s'élèvent dans toutes les villes de quelque importance. Mais le vieillard fatigué, arrivé au terme de sa carrière, et incapable de demander au travail le droit à l'existence, le vieillard en butte aux infirmités de toutes sortes, ont-ils lieu d'être satisfaits de ce que la société a créé pour leur rendre moins pénibles les souffrances de leurs derniers jours ? Hélas ! rebutés l'un et l'autre par leurs semblables, souvent même maltraités par leurs proches, leurs plaintes demeurent sans écho et ils terminent leur malheureuse existence dans des souffrances morales pires que leurs maux physiques. Cette pénible situation d'infortunés arrivés au déclin de la vie, n'a pas été sans émouvoir certains philanthropes à toutes les époques.

Et puis, on l'avouera, le vieillard ne doit pas être mêlé et confondu avec la tourbe misérable des mendiants professionnels. Quoi ! Un homme aurait travaillé durant la plus grande partie de son existence, il aurait fondé une famille, été utile à la société, et cette même société le verrait d'un œil indifférent, peut-être même hostile, tendre la main et mendier ! Cela n'est pas possible. La nature se révolte à cette pensée.

CHAPITRE IV

NOS CONCLUSIONS

Un résultat inattendu, et qui ne laisse pas de surprendre beaucoup l'observateur, c'est le peu d'action réformatrice que la Révolution française a exercé sur l'Assistance publique. Avant la Révolution française, on connaissait le Bureau de bienfaisance appelé parfois la Table des pauvres et quelques établissements hospitaliers ; aujourd'hui, en France, on ne trouve guère que des bureaux de bienfaisance et des hôpitaux ou hospices.

N'a-t-il pas fallu attendre jusqu'en 1899 pour obtenir la loi sur l'assistance médicale gratuite? Mais l'œuvre démocratique et émancipatrice que s'est proposée la Révolution reste presque tout entière à réaliser pour l'Assistance publique. Combien de familles ouvrières sont la proie du paupérisme! Or, ce serait une erreur, ce serait une injustice d'attribuer cette douloureuse situation uniquement à l'intempérance, à la paresse, à l'inconduite, à l'immoralité. Toutes les familles secourues par l'Assistance publique ne peuvent pas, ne doivent pas être accusées de ces graves défauts.

M. le Dr Lancry, membre fondateur de la Ligue française du Coin de Terre et du Foyer, divise ces familles en quatre grandes catégories :

1° *Les infirmes physiques*. Je range, écrit-il (1) dans cette catégorie les enfants, les vieillards, les estropiés, les malades chroniques, en un mot tous ceux qui, physiquement, sont incapables de gagner leur vie ou de subvenir complètement à leurs besoins. Pour ceux-là, le système actuel de l'aumône, de quelque nom qu'on la décore, assistance, philanthropie, charité, sera toujours nécessaire, et le système des bons de pain, de viande, de charbon, de vêtements est réellement le seul pratique, tant qu'on les assiste à domicile.

2° *Les infirmes moraux*. Je désigne ainsi tous ceux qui sont victimes de leur inconduite, que cette inconduite se traduise plus spécialement

(1) *La Justice Sociale*, 6 Janvier 1900.

par la paresse, l'alcoolisme ou l'immoralité. Si on pouvait supprimer l'alcool et l'alcoolisme, je crois que cette catégorie d'indigents verrait singulièrement réduire son importance numérique.

3° *Les résignés*. Ici nous avons affaire à des faibles d'esprit ou de caractère. Nés dans l'indigence, ils s'y trouvent à l'aise, vivant au jour le jour, faisant bombance aujourd'hui, souffrant demain de la faim, confiants dans l'assistance publique et la charité privée pour parer à toutes les éventualités, et sans souci de la maladie ou de la vieillesse: l'hospice n'est pas fait pour les chiens.

4° *Les accablés*. Il est des indigents qui souffrent physiquement et moralement de leur situation, qui ont conservé fierté et amour-propre, qui luttent, qui se raidissent contre leur mauvaise fortune, qui s'efforcent d'élever convenablement leurs enfants, de les placer, de leur apprendre un métier ; mais le chômage, la maladie, les charges d'une famille trop nombreuse les accablent et les écrasent. Pour cette dernière catégorie tout au moins, le système actuel des bons de pain, de viande, de charbon ne peut réellement constituer qu'un pis-aller. Ce qu'ils désirent, ce qu'ils voudraient, ce qu'ils demandent, c'est l'assistance par le travail, assistance qui s'adapte aux forces débiles des vieillards et des enfants.

Ah ! l'assistance par le travail, c'est l'idéal de tous les cœurs généreux, c'est le but poursuivi par toutes les personnes charitables ; pourquoi les ateliers nationaux de 1848 ont-ils jeté un tel discrédit sur elle ? Pourquoi est-elle si difficile à réaliser ?

A côté d'un état de vie dans lequel on possède le nécessaire, sans jouissance du superflu, et qu'on pourrait appeler la pauvreté absolue, il en est une autre plus douloureuse, plus difficile à soulager, et à laquelle on pourrait donner le nom de pauvreté relative ; M. Boyenval l'a très heureusement définie.

La pauvreté relative, dit-il, est la résultante d'une série de comparaisons inévitables : d'un côté, des palais, tous les raffinements du bien-être, les fanfares du plaisir et l'ostentation du luxe dans l'oisiveté ; de l'autre, des taudis sans air et sans lumière, l'exaspérant souci du loyer, les journées trop longues, les salaires trop maigres, les bénéfices du patron grossis par les féeries de l'imagination, la mauvaise qualité des aliments, la misère physiologique, les suggestions du cabaret, les fumées de l'alcoolisme, l'huile bouillante de la presse sur des appétits enflammés. Toute la question sociale tient dans ces rapprochements. Or, les caisses de retraite, les diverses formes de l'assurance, les institutions de prévoyance, qui sont l'honneur de notre temps, réussiront à conjurer, dans une large mesure, les efforts de la pauvreté absolue ; ils n'auront pas, je le crains, autant de prise sur la pauvreté relative, qui est un sentiment plus qu'un fait matériel (1).

Et puis les malheureux, les *accablés* ont droit à la justice.

Or, qu'est-ce que la justice ?

C'est, d'après saint Thomas, la volonté constante et perpétuelle de rendre à chacun ce qui lui est dû. Nous pourrions la définir, dit l'Abbé Naudet (2) la vertu protectrice du devoir et du droit. Et si ceux qui produisent la nourriture ont faim, si ceux qui produisent les vêtements sont nus, si ceux qui bâtissent les maisons n'ont pas de logis, quoique la terre soit assez féconde, le sol assez riche, les machines assez nombreuses, les carrières assez exploitées, n'y a-t-il pas lieu de songer à faire intervenir une forme de la justice que l'on pourrait appeler la *justice réparatrice*, pour apporter une compensation à ceux qui sont ainsi deshérités ?

Et, nous disons justice, nous ne disons pas aumône ; car il s'agit de choses dues.

« Si les classes dirigeantes, écrit Mgr Bagshawe, évêque de Nottingahm, voulaient seulement rendre aux pauvres ce qu'elles leur doivent en stricte justice, les sommes ainsi payées seraient infiniment plus considérables que tous leurs dons et

(1) *La Réforme sociale*, 1er Juin 1891.

(2) La justice et la charité, conférence faite à l'École Normale.

toutes leurs charités réunies » (1). Sans doute, la formule est hardie et on a le droit de la discuter; mais il n'est peut-être pas très difficile de la défendre et Mgr Bagshawe l'a écrite sans hésiter.

Souvent, en effet, nous appelons charité ce qui n'est vraiment que justice, étant la reconnaissance ou la protection d'un droit absolu du prochain. Les deux vertus sont d'ailleurs très intimement unies :

« Il faut s'entendre, une bonne fois, sur les relations entre la justice et la charité, dit M. Ollé-Laprune. D'abord, la charité est plus que l'aumône ; mais, même la charité, prise dans le sens du mot, suppose la justice ou l'implique ; jamais elle ne peut la remplacer. Ainsi, il faut respecter la vie du prochain ; c'est un devoir de justice stricte. Mais voilà un homme qui meurt de faim devant moi : l'assister est-ce charité ou justice ? C'est justice. » (2)

Le Cardinal Vaughan a écrit : « Les masses demandent la justice, bien plutôt qu'une charité intermittente, et elles ne seront satisfaites que lorsqu'elles l'auront obtenue. Elles réclament, avant tout, une généreuse et impartiale reconnaissance de leurs droits. Un homme qui se respecte ne peut aimer à demeurer dans la situation d'un

(1) *La réforme sociale*, 1er Juin 1891.

(2) Cité par Gaston Guizard : *Sociologie catholique*, 1er Avril 1895. P. 231.

mendiant perpétuel. Il est ridicule de demander à un créancier d'être reconnaissant pour un don de cinq ou six livres, quand on lui doit le double ou le triple. — Si donc nous voulons améliorer le sort de nos frères malheureux, il nous faut commencer par connaître leurs revendications. Si, dans cet examen, nous laissons de côté les préjugés, il est bien possible que nous arrivions à découvrir que ce que nous avons regardé jusqu'ici comme la plus large charité est en dessous de la plus mesquine justice. » (1).

Et l'Abbé Naudet ajoute : « J'ai travaillé durant quarante années, me dira un vieil ouvrier, mon travail s'est incorporé au corps social, il a contribué ainsi au bien-être de tous. Or, mon salaire, suffisant à peine pour me faire vivre au jour le jour, je me trouve sans ressources, alors que la société continue de jouir du fruit de mon labeur. Est-ce normal ? Trouvez-vous équitable que ma vie dépende d'un caprice ou d'un accès de sensibilité de mon voisin ? Et si ce voisin qui jouit du bien-être social, du fruit de mon labeur qui a passé dans la masse, me vient en aide, de quelle vertu doit-il se réclamer ? Là encore, certains diront : de la Charité, nous croyons que Mgr Bagshawe et le cardinal Vaughan auraient dit : de la Justice.

« Messieurs, on peut même aller plus loin, dût

(1) Dr Vaughan. *La question sociale. Association catholique*, sept. 94, p. 287.

cette thèse paraître bien hardie à plus d'un, et se demander si l'aumône faite à un infirme, à un impotent, à un de ceux qui sont incapables et ont toujours été incapables de travail matériel, ne revêt pas aussi ce caractère de justice que nous venons d'indiquer? Car enfin la richesse de l'humanité ne repose pas uniquement sur un capital matériel; il y a aussi des biens d'ordre moral qui constituent une partie — et n'est-ce pas la plus belle? — de son patrimoine. L'exemple de la patience, de la résignation dans les épreuves, l'habitude de la prière, tout cela est nécessaire à une société; tout cela entre dans le grand courant de sa vie morale; et qui oserait soutenir qu'il n'y a pas là un travail aussi précieux, aussi nécessaire que la production des rails de chemin de fer, des tapis de salon ou des confections? Alors n'est-il pas juste que la société rémunère ce travail? »

Il faut donc remplir à l'égard des malheureux les grands préceptes de justice et de charité. Mais il faut éviter que cette justice ne s'égare et que cette charité trompée par les apparences d'une fausse pauvreté n'atteigne pas le but et ne prodigue ses bienfaits sur les parasites et les exploiteurs.

La mendicité est une plaie sociale; la loi en ordonne la répression, mais toutes les lois du monde n'en viendraient pas à bout. Il y a trop de misère, et vraiment c'est bien dur et bien injuste de punir un pauvre diable parce qu'il a tendu la main ; s'il est réellement malheureux, s'il a tenté tout ce qu'on peut tenter pour sortir d'embarras ; si, mourant de faim, de froid, de désespoir aussi, le misérable, la honte au cœur, s'est résigné à mendier un morceau de pain, de quel droit la société lui est-elle impitoyable et l'accable-t-elle encore davantage ?

Pourquoi châtier sa détresse, s'il n'a rien fait pour la mériter, s'il a toujours été travailleur et honnête, si la fatalité seule est coupable ? Cela n'est point si rare, et les faibles secours qu'accorde si parcimonieusement l'assistance publique arrivent souvent trop tard et, en tout cas, ne durent pas toujours, car il ne faut pas revenir fréquemment à la charge : on vous envoie promener, et durement !

Quelqu'un a écrit cette juste et jolie définition : « La misère est comme la neige ; de quel côté que l'on se tourne, elle vous frappe toujours en plein visage. » Bien des pauvres en ont fait la triste expérience, et vraiment l'âme est douloureusement angoissée à la vue d'une main tendue, d'une figure implorante ; on ose refuser l'aumône, et l'on se fait complice du délit dont le miséreux va peut-être répondre en correctionnelle.

Cela est d'autant plus une cause de perplexité, que souvent on aperçoit, ou l'on apprend après le coup, que l'on a eu affaire à un faux pauvre, à un fainéant pour qui l'humiliation de mendier n'existe pas, et qui vit de la charité publique, qui exploite la bonté et la pitié des gens, et l'on regrette ce que l'on a donné, en songeant surtout que, ne pouvant donner à tous, on sera peut-être tout à l'heure obligé de refuser à un vrai malheureux le secours réellement nécessaire.

M. Georges Berry raconte que passant un jour sur un pont de Poitiers, il fut importuné par les récriminations d'un « aveugle » qu'il appela, sans savoir pourquoi, *faux-aveugle*. Aussitôt celui-ci oubliant son rôle et ouvrant des yeux bien sains se rua sur le prétendu insulteur. M. Berry eut toutes les peines du monde à éviter les coups de bâton qu'essayait de lui porter ce forcené.

Ce faux aveugle n'est pas resté à Poitiers. Il a depuis cette aventure séjourné a Bordeaux où le public a pu le voir, sur la place des Quinconces, installé dans une voiture qu'un jeune garçon traînait. Celui-ci bien stylé suppliait les promeneurs d'avoir pitié de son père aveugle et infirme.

Cet individu paraissant suspect, la police ouvrit une enquête et acquit la certitude que ce faux aveugle était le chef d'une bande de cambrioleurs. Il fit des aveux, et, ses complices ayant été arrêtés, tous passèrent en cour d'assises.

On releva contre le chef trente condamnations pour vols avec effraction. Alors, dépouillé de ses lunettes bleues et les yeux brillant d'audace, il présenta une défense très habile. Il ne put cependant pas éviter une condamnation à cinq ans de réclusion.

Autre exemple. Une femme promenait, à la sortie des messes, dans une petite voiture, un aveugle grand et gros possédant une superbe voix de basse. L'un chantait, l'autre tendait la main. Cette association ne dura pas, les deux complices se brouillèrent. A la suite d'un copieux repas trop généreusement arrosé d'un vin très capiteux, ils se séparèrent, non sans s'être livrés à une scène de pugilat pendant laquelle l'aveugle avait recouvré la vue.

Le dimanche suivant, on vit la vieille conduire de la même façon, et dans les mêmes endroits, un tout petit aveugle à la voix de ténorino. Il va de soi que les fidèles sortant des messes donnaient au petit aveugle, comme ils avaient donné huit jours avant au grand aveugle. Rien ne fut changé, ni la générosité des uns, ni la sincérité des autres.

Depuis, la vieille a changé plusieurs fois d'aveugle, car les partages des bénéfices ne s'effectuent pas longtemps sans troubler l'entente de pareils complices.

Quelques manchots, qui font profession de tendre la seule main qu'ils disent leur rester, ne sont pas plus sincères que certains aveugles, le morceau d'os qui s'agite dans une des manches de leur paletot, n'a rien de commun avec le corps de celui qui demande l'aumône.

. Un soir, un grand garçon, se prétendant ancien militaire ayant perdu son bras au Tonkin, se fâcha parce qu'une bande d'étudiants, déjà très généreuse à son endroit, répondait mal à ses nouvelles sollicitations.

Alors, la bande joyeuse se mit à danser autour du mendiant, mais elle avait à peine commencé sa ronde, que la main coupée s'abattait sur la figure d'un des danseurs.

On juge de l'effet produit sur la foule déjà amassée. Elle entoura, hua le faux manchot qui n'avait pas su jouer son rôle jusqu'au bout, et la police intervenant à son tour le conduisit au poste.

On doit avoir égard non seulement à l'intérêt des indigents qui demandent l'assistance, mais se préoccuper surtout de celui de la famille. Les enfants des indigents ne doivent pas devenir des indigents ; c'est une économie pour la société que de faire des sacrifices pour éviter le paupérisme héréditaire. Voici à ce propos un calcul de M. Dugdale rapporté par M. Teissier du Cros : une famille Margaret de New-York, dont tous les descendants ont été indigents pendant cinq générations, a coûté à la société l'énorme somme de sept millions et demi de francs.

M. Gaufrès cite aussi l'exemple d'une certaine Ada Jukes qui fut inscrite sur les listes de l'assistance municipale de New-York au commencement du dernier siècle. Cette femme fut la mère d'une dynastie de Jukes qui a coûté à la municipalité de New-York six millions de francs. A la troisième génération, les petits enfants d'Ada, au nombre de cinquante comptaient vingt assistés tant à l'hôpital qu'à domicile ; à la quatrième génération ils étaient 176, dont 77 assistés ; à la cinquième 368, dont 99 assistés. Les Jukes se sont d'ailleurs acquittés généreusement envers la ville ; à eux tous, ils ont commis un total de 108 crimes ou délits.

Toute assistance doit avoir pour but principal de réveiller et de faciliter les efforts personnels de l'indigent pour l'amélioration de sa condition. Lorsque l'indigent ne fait pas d'efforts suffisants pour se dépaupériser, l'assistance doit lui être impitoyablement refusée. Le droit au secours ne doit être considéré que comme une dernière ressource réservée aux cas désespérés.

Il est désirable qu'on puisse intéresser à chaque indigent un visiteur volontaire qui lui serve en quelque sorte de parrain, qu'on attire l'aide des parents et amis au lieu de l'éloigner.

Une demi-assistance est plus nuisible que l'absence complète d'assistance. Le danger de l'assistance mal comprise est l'affaiblissement de l'indigent, de sa confiance en lui-même et de ses sentiments de prévoyance. Une forte somme donnée opportunément en une fois peut sauver une famille, tandis que la même somme répartie en plusieurs versements risque de la paupériser complètement. L'assistance doit-être poussée jusqu'au bout. L'indigent ne doit être abandonné que lorsqu'il a repris son travail et qu'il s'est fait inscrire à une Société de secours mutuels.

Il vaut mieux avoir à trouver l'argent nécessaire à chaque cas qui se présente et chercher de préférence à l'obtenir chaque fois de ceux auxquels l'assisté est naturellement fondé à le demander, que de réunir d'avance pour l'assistance un capital dans lequel on puise à mesure des besoins.

Voici d'ailleurs les raisons qui font donner la préférence à cette méthode : les secours officiels, ou ceux qui sont prélevés d'un fonds commun, sont un péril pour la bienfaisance éclairée. A mesure qu'une société entreprend l'assistance d'un genre de misère, les particuliers ont tendance à s'en désintéresser ; rien n'est plus simple que de se libérer par une souscription annuelle. L'assistance faite par une collectivité supprime la bienfaisante influence des rapports personnels entre les classes aisées et les classes pauvres et semble décharger de leurs devoirs les amis naturels des indigents. De son côté, l'indigent ne regarde pas le secours qu'il doit au vote d'un comité de la même manière que celui qu'il recevrait d'un visiteur ami ; il lui vient facilement à l'esprit qu'il a comme un droit sur les fonds qui ont été souscrits pour la bienfaisance ; enfin en ce qui concerne spécialement la distribution des secours de l'assistance publique l'expérience a montré qu'elle ne provoque aucun des sentiments de gratitude et de sympathie qui réhabilitent l'indigent à ses propres yeux.

D'autant que, si on cherchait bien, on finirait par trouver que parfois, loin de donner l'aumône, certains charitains font de la bienfaisance comme ils feraient du sport. Le peuple qui a percé à jour leur égoïsme et leur orgueil, ne se sent nullement attiré vers de tels pharisiens.

Louis Veuillot qui n'était pas tendre pour ce qui sentait le pharisaïsme, a tracé de certaines « dames de charité » un portrait malheureusement trop vrai.

Quelques bourgeoises, « subitement enrichies ou vieillissantes, recherchent fort ce titre. Il annonce une certaine fortune régulière, une vie décente, des relations honorables ; il vous fait figurer dans les journaux à côté de beaucoup de noms distingués. Le mari, qui n'est point bigot et qui hait les tartufes, ne laisse pas de voir avec plaisir sa femme devenir dame patronnesse : sa caisse en paraît plus sûre. — Ces auxiliaires de la charité ont leur côté défectueux ; ce serait aux curés et aux confrères de Saint-Vincent de Paul d'y prendre garde. Mais quoi ! Les patronnesses sont si rares ! Il en faut tant ! Un pauvre curé ferait quêter le diable, pour peu que le diable voulût bien ganter ses griffes et promît de ramasser cent francs. Nos Célimènes pourraient s'employer à quelque chose de pire. J'en connais une, des plus délurées, qui se mit en campagne un jour, pleine d'ardeur, pour une Œuvre qu'elle ne connaissait pas bien. Elle nous rapporta de quoi renvoyer à son village une petite paysanne qu'elle avait, six mois auparavant, à peu près perdue. Ces dames de charité-là sont chères aux bas-bleus. La satire les ménage ».

La charité a-t-elle un rôle économique dans le monde ? On ne saurait le nier. Toutes les Sociétés d'études économiques et sociales proclament ce rôle et s'efforcent d'en démontrer sa nécessité utilitaire.

La misère est la punition fatale et nécessaire et par conséquent, le remède de la paresse et de l'imprévoyance. Cette pensée, quoique froide et glacée comme la lame d'un poignard, de l'économiste anglais, Spencer, est donc malheureusement juste : « La pauvreté des incapables, la détresse des imprudents, l'élimination des paresseux et cette poussée des forts qui met de côté les faibles, est le résultat nécessaire d'une loi générale, éclairée et bienfaisante. »

Il faut donc qu'il y ait des pauvres, il y en aura toujours ; une grande voix l'a dit : « Il y aura toujours des pauvres parmi vous. » Ceci est l'explication économique de la nécessité de la charité. Mais la société a le devoir de travailler avec courage et persévérance pour alléger cette situation, pour en atténuer les désastres, en soulager les souffrances, lui apporter les remèdes les plus efficaces.

Au cours d'une Assemblée générale de l'Office central des Œuvres charitables de Paris, M. d'Haussonville s'est exprimé en ces termes :

« Le rôle économique de la charité. Cette association de mots peut vous paraître étrange, mais je tiens à m'en servir. C'est, en effet une erreur et un tort d'opposer l'une à l'autre l'économie politique et la charité, comme si elles se contredisaient. Elles se complètent au contraire et se confondent dans l'harmonie supérieure de l'économie sociale et de ce que nous aurions le droit d'appeler l'économie chrétienne. C'est malheureusement un de ces faits constants, universels, indéniables, dont l'économie politique est bien obligée de tenir compte, que dans les sociétés à organisation complexe, il y a toujours un grand nombre de pauvres et de misérables. Sans doute, on peut espérer une lente amélioration de la condition humaine, qui diminuera, dans une certaine mesure, l'acuité de leurs souffrances. Mais il ne faut pas se dissimuler qu'il y aura toujours un certain nombre d'invalides, de mal doués, de mal chanceux, d'imprévoyants même, qui végèteront dans la misère, sans parler de ceux que la maladie, les accidents, les révolutions économiques ou politiques peuvent accidentellement y plonger. Vis-à-vis de ceux-là, un devoir incombe à la société — remarquez que je ne dis pas à l'État — c'est de les secourir. Il n'y a que la charité qui puisse le faire. C'est là ce que j'appelais tout à l'heure son rôle économique, et je tiens que c'est rendre un véritable service social, que de proclamer tout à la fois ce rôle, et de l'aider à le remplir. »

Comment faut-il exercer la bienfaisance, devoir social, devoir impérieux, toujours doux devoir? Comment faut-il la pratiquer pour qu'elle évite d'encourager la paresse et l'exploitation des personnes charitables? Comment enfin la société lui fera-t-elle atteindre son but, qui doit être de dépaupériser?

Un Américain a dit : « Un homme fait ce pourquoi vous le payez. Payez-le pour mendier, il mendiera. Payez-le donc pour travailler. »

La charité, c'est-à-dire au sens étroit qu'on lui donne aujourd'hui l'aumône et les œuvres de bienfaisance, n'est pas toujours le moyen d'arriver à l'âme du peuple. La chose n'est pas très difficile à démontrer.

Dans un livre, *Mes Souvenirs*, l'abbé Naudet raconte le fait suivant :

Parmi nos amis, il en est un, très dévoué, très intelligent, très érudit et très avancé sur le terrain social, que j'aime tout particulièrement. Un jour, comme je causais familièrement avec lui, je lui exprimais mon étonnement de voir que lui né dans l'opulence, au milieu d'un monde essentiellement bourgeois, avait des sentiments si nets, des idées si hardies sur la réforme et sur la justice à rendre aux ouvriers.

—Oh ! me dit-il, c'est tout une histoire.

Et comme j'insistais, voici ce qu'il me raconta :

« J'avais seize ans, j'étais membre de la conférence de Saint-Vincent-de-Paul de ma paroisse et j'en étais très fier. Je dois dire aussi que j'étais dans toute la splendeur du terme, un petit philistin. Et, lorsque j'allais dans les mansardes porter les secours ordinaires et visiter les malheureux, il me semblait que ces pauvres gens devaient m'avoir une grande reconnaissance et professer pour moi une profonde admiration.

Un jour que je faisais ma tournée coutumière, je montai au sixième étage d'une maison quelconque et j'entrai chez une famille que je visitais depuis déjà longtemps. Par extraordinaire, l'homme que je ne rencontrais jamais, se trouvait là, soit que le travail eût manqué, soit pour toute autre raison. Assis près de la table, la pipe à la bouche, il lisait je ne sais plus quel journal. A mon approche, il ne daigna ni se lever, ni saluer, ni même oter de sa bouche le tuyau de terre qu'il paraissait mâchonner rageusement.

« A vrai dire, je trouvai l'accueil un peu étrange, car enfin je me dérangeais, je lui venais en aide et il me semblait que cela valait au moins un coup de casquette ou un bonjour.

« Quand j'eus échangé quelques paroles avec sa femme, je m'avançai vers lui pour l'entretenir un instant, afin d'opérer le fameux rapprochement des classes que l'on nous a si souvent recommandé.

— Bonjour, mon ami.

« Et l'homme, sans desserrer les dents, sans quitter sa pipe, sans même lever les yeux :

— Bonjour.

« C'était sec, mais je ne me décourageai pas.

— Vous n'êtes pas au travail aujourd'hui, seriez-vous malade ?

— Qu'est-ce que cela vous f.....ait ?

« Comme chez Nicolet, c'était de plus fort en plus fort et je commençais à la trouver mauvaise. Je ne m'en tins pas pour battu cependant.

— Si je vous demande cela, c'est par pur intérêt; mais vous n'avez pas l'air content, je vous assure que je vous suis bien dévoué ; pourquoi me recevez-vous ainsi ?

« Alors lui me regardant fixement et posant sa pipe sur la table :

— Pour vous faire payer le plaisir que vous avez à me donner votre charité.

« Cette réponse fut pour moi comme une révélation Le petit philistin que j'étais, disparut comme par enchantement et, à mon tour, regardant l'ouvrier :

— Eh bien ! vous avez raison ; vous venez de m'ouvrir les yeux, je vous en remercie de tout mon cœur.

« L'homme alors se leva. Sa physionomie s'était éclairée ; il me tendit la main.

— Ma foi, dit-il, je vous estime, vous. Au moins vous êtes franc ; mais avouez que je ne me trompe pas.

« Dès ce jour, mes idées changèrent et je compris qu'il y avait quelque chose que l'on ne m'avait pas enseigné, mais qui devait être dans l'Évangile. Jésus-Christ étant venu apporter ici-bas tout ce qui est nécessaire à l'humanité. Je compris combien il est dur pour un vaillant qui peut travailler d'être réduit à l'aumône et quels orages peuvent se former dans l'âme d'un homme fort, ainsi réduit à la mendicité. »

Cette histoire paraît bien suggestive. En y réfléchissant, peut-être pourrait-on trouver que les hommes ont mis en leurs œuvres de bienfaisance, si nécessaires cependant, une confiance exagérée.

On vient de publier, en volume, le recueil des jugements du président Magnaud. Le président Magnaud est ce magistrat qui fut l'objet de tant d'éloges d'une part, et, d'autre part, de tant d'attaques, pour avoir compris une façon particulière ses devoirs de juge. Il estime que les victimes de la misère et des préjugés sociaux : les vagabonds, les filles-mères, les mendiants par nécessité et les voleurs d'aliments, entre autres, ont droit à l'indulgence et souvent même au pardon ; il croit, en revanche, que les diffamateurs, les séducteurs sans scrupules doivent être frappés sévèrement. Quand la loi qu'il est chargé d'appliquer lui paraît frapper à faux, il n'hésite pas à le dire, et il cherche les moyens d'amortir le coup.

Bien entendu, il s'est trouvé des gens pour crier au scandale, et pour poursuivre M. le président Magnaud de leurs colères et de leurs sarcasmes. Cela n'empêche pas des gens de regretter, en certaines circonstances, que tel ou tel procès n'ait pas été, ou ne puisse être soumis au président Magnaud.

Tel est, par exemple, le cas de ce malheureux cul-de-jatte dont les journaux parisiens ont raconté la lamentable histoire. Ce pauvre diable a été amputé des deux jambes, à la suite d'un accident de chemin de fer. Quel accident et dans quelles circonstances, on ne le dit pas, mais il est permis de supposer que c'est dans des circonstances telles qu'aucune indemnité ni pension ne lui fut allouée. Peut-être aussi, ayant reçu quelque indemnité, l'avait-il dépensée en peu de temps. Au fond, cela n'importe guère. Le fait est qu'il est resté sans le sou, et titulaire de deux jambes de bois.

Ainsi accommodé, notre homme ne pouvait travailler. Il obtint un permis de chanter dans les cours ; mais ses recettes étaient maigres, et il demanda secours à l'Assistance publique. On lui opposa un refus catégorique : il avait trente ans, il était *trop jeune* pour être secouru. Ce « *trop jeune* » est admirable ! Ne semble-t-il pas qu'à ce point de vue, les années de jambe de bois devraient compter double, comme les campagnes pour les soldats ?

L'homme aux deux jambes de bois, n'ayant que trente ans, ne recevait donc point de secours de l'Assistance publique. Il eut alors recours à l'assistance privée, c'est-à-dire qu'il demanda l'aumône... Ça ne traîna pas : on l'arrêta une fois, deux fois, six foix, et on lui infligea quelques jours de prison. A la sixième fois, il en fut pour sa quinzaine.

Quinze jours de prison, même plusieurs fois répétés, n'enrichissent point leur homme. Quand celui dont nous parlons fut libéré, il se trouva non pas aussi avancé, mais bien moins avancé qu'auparavant. Il était aussi dénué d'argent, son estomac criait encore famine et, pour comble d'infortune, son logeur l'expulsa, en retenant ses habits, ses béquilles et ses deux jambes de bois.

C'est donc en se traînant sur les mains qu'il se rendit au Palais-de-Justice pour réclamer au parquet son permis de chanteur, qui lui avait été saisi au moment de son arrestation. Hâtons-nous de dire que ce permis ne lui fut point restitué. Peut-être les réglements administratifs s'y opposent-ils.

Et alors ? La suite est facile à prévoir : le cul-de-jatte se remet à mendier, et on se remet à le condamner. Or de quel côté sont les torts les plus graves ? Du côté du cul-de-jatte ou du côté de la société ?

Le président Magnaud ne manquerait pas de

dire que la société est la plus coupable. N'aurait-il pas raison ?

On reprochera peut-être de mépriser la charité et de ne vouloir reconnaître que la justice. Il y a là une erreur. D'autant plus que les accusateurs s'obstinent à confondre la charité qui est une vertu avec l'aumône qui n'en est qu'une manifestation.

Ceux qui gardent au mot de charité sa signification propre, et à la vertu elle-même toute son ampleur, ne veulent ni la supprimer, ni la diminuer au profit de la justice ; mais demandent que chaque chose soit mise à son rang.

Le propre de la justice est de régler les actions des hommes dans leurs rapports avec leurs semblables, tandis que la charité et les autres vertus ont plutôt pour objet de perfectionner l'homme dans ce qu'il se doit à lui-même. Voilà pourquoi ces vertus ne peuvent pas être imposées par la loi. Il est évident que beaucoup, de très bonne foi d'ailleurs, confondent ces notions, ignorent la vraie nature de la justice, et, par suite, sont moins coupables.

Un ouvrage remarquable et trop peu connu qui a pour titre : *Questions sociales et ouvrières*, développe cette thèse dans cette page excellente :

« Supposons, le premier industriel qui ait imaginé la fameuse maxime de « *Chacun pour soi* ».

« Le droit de ses subordonnés à sa paternité est un droit réel mais non strict, non défini et un peu vague dans le détail pratique ; ce droit est violé pour la première fois ; admettons que cette première violation n'ait pas causé beaucoup de détriment à ses ouvriers ; mais l'exemple mauvais se généralisant, la violation du droit d'autrui par le manquement du patron à son devoir se change en la violation d'un droit social, car elle doit être considérée non seulement au sujet du droit, mais par rapport au milieu, à la communauté elle-même ; et, en effet, l'état aigu se manifeste bientôt, la guerre s'allume acharnée entre le capital et le travail...— dira-t-on que cette influence sociale n'aggrave pas la violation première? et l'industriel, par une sorte d'effet rétroactif, ne devient-il pas plus coupable?.. Il n'y a pas seulement offense au sujet du droit, mais à la société toute entière. Et l'on voit ainsi comment un droit ou un devoir non déterminé dans sa portée et dans sa rigueur, se change en un droit ou un devoir social que l'autorité peut et doit définir et rendre rigoureux ; car la violation de ce droit et de ce devoir porte dans tout l'ordre social un élément mauvais et pernicieux. »

Cette page est tout entière à méditer ; on y voit comment on peut violer la loi de justice quand on croit ne violer que la charité.

Cependant avec raison Victor Hugo a pu écrire ces vers :

Heureux ceux que mon zèle enflamme !
Qui donne aux pauvres prête à Dieu :
Le bien qu'on fait parfume l'âme,
On s'en souvient toujours un peu !

A ce propos voulez-vous une historiette; une histoire empreinte de la plus douce charité ? C'est Jean Paul qui la raconte. Elle est intitulée « A la porte d'un Cimetière. — Histoire vraie..., pour le jour des morts. »

« J'étais devant, sur la plate-forme d'un tramway....

« Pas loin de moi, deux enfants : une petite fille d'une dizaine d'années, un petit garçon son frère, de six ou sept ans..., en deuil tous les deux..., en grand deuil de pauvres..., un deuil de rencontre, d'occasion, de charité peut-être, mais décent, propre, raccommodé. Une affection restante, une pitié chrétienne avait veillé sur leur solitude toute fraiche. Peut-être, les souliers de la petite fille étaient un peu grands pour ses pieds mignons, et son chapeau avait coiffé une autre tête avant la sienne. Mais il avait été adapté à son âge, avec goût ; il n'avait pas l'air — cet air affreux, — d'un chapeau de dame installé par erreur sur une tête d'enfant pauvre. Sous son chapeau noir, d'où s'envolaient au vent des mèches folles que cardait le soleil d'un fin peigne d'ambre blond, la petite fille était jolie, jolie plus encore de cette tristesse vague et presque inconsciente que la Mort, en passant tout près d'elle, avait laissée dans ses yeux bleus.

« Le petit garçon était tout son portrait... en miniature, avec quelque chose de souffreteux que n'avait pas la petite fille.

Il la tenait par sa robe..., de ce même geste d'habitude qu'il n'avait pas désappris. La robe était plus courte, mais ses petites mains s'y accrochaient dans le même geste d'appel à une protection.

« ... Deux petits êtres tout seuls qui s'en allaient dans la vie dont ils ne savaient pas le chemin, en se tenant par la main... C'était triste !

« La petite avait conscience de son rôle nouveau pour elle de « petite maman. » D'une tape menue elle mettait d'aplomb le béret du petit frère, alors même qu'il était bien en place..., renouait autour de son cou le petit foulard qui n'était pas dénoué..., rajustait quelque chose..., enfin s'occupait de lui en ces mille petits riens qui voulaient dire : « Ne crains rien, petit..., c'est moi ta grande sœur..., je suis là. »

« C'était joli à regarder !

« La petite portait un bouquet fait avec des fleurs d'un jardin de campagne, celles que l'été prodigue laisse avaricieusement à l'automne. Le dahlia simple y dominait entouré de quelques roses agrestes lasses de vivre et de chrysanthèmes campagnards... Quelque grand'mère, qu'on était allé voir la veille à la campagne, pour le dimanche du père..., et qui avait donné ce bouquet à la petite pour qu'elle le portât sur la tombe de la maman qui reposait dans le triste cimetière de la ville...

« Ces deux enfants ainsi blottis dans le malheur tout neuf allumaient en pitié les regards des quelques voyageurs de la plate-forme et surtout d'une grande fille de quinze ans, en deuil aussi, mais en deuil riche..., et qui se serrait contre sa mère sans cesser de regarder les orphelins. Ses yeux semblaient dire : « Qu'il fait bon avoir sa mère ! »

« Le tramway vida son deuil sur un champ de foire... En face la porte du palais des morts, la vie tenait marché en plein air. Le cri des marchands se heurtait aux mélopées traînantes des mendiants professionnels. Tout un monde, un pauvre petit monde prétendait vivre pour quelques jours du voisinage des morts.

« Et ce remous de vie populaire battant les murs du cimetière, ces bruits confus faisant brèche dans le royaume du Silence avaient quelque chose de poignant à la façon des drames de Shakespeare.

... « Un sou la pièce..., trois pour deux sous ! » glapissait une marchande d'oranges au nez violet.

« Les gaufres, les gaufres toutes chaudes ! » clamait un vieux d'une voix ébréchée, en promenant sa pâtisserie ambulante...

« ... Et dominant cet appel à la gourmandise, un aveugle criait sa plainte : « Ayez pitié, bonnes âmes ! » Un aveugle sans doute qui avait appris que Pitié, en ces jours, se plaît au voisinage des cimetières où se crie la grande plainte de la Vie à la Mort.

« Je ne perdais pas de vue dans la foule les deux petits du tramway.

« Ahuris d'adord de tout ce bruit, comme des hirondelles qui seraient entrées dans une église où chanteraient les grandes orgues, le petit, toujours accroché à la robe de sa sœur, ils errèrent quelques instants, puis se dirigèrent vers la marchande d'oranges...

« ... Elles étaient tentantes, les pommes rouges ! ... Et la petite compta ses sous... Trois pour deux sous..., le compte y était..., une pour chacun ; on partagerait l'autre... Et cependant, elle ne se décida pas.

... « Ayez pitié d'un pauvre aveugle ! »

« La voix lamentable s'élevait tout à côté des oranges. Ils regardèrent longtemps l'aveugle ; et le pauvre chien qui tenait une sébile à ses dents parut les intéresser vivement. Il y eut entre les deux enfants un petit palabre que je ne saisis pas.

« C'était, probablement, trop difficile à faire ; car ils s'éloignérent vivement du côté où la senteur de la pâte chaude faisait une réclame aux gaufres... Pour sûr, les gaufres allaient avoir raison ; car elles étaient puissamment séductrices avec ce parfum qui chatouillait les narines, ce sucre en poudre fine qui piquait les yeux... Il y eut, en effet, longue pause devant la pâtisserie ambulante... Mais ça n'était pas ça encore.

« Les voilà, deux pas plus loin, en arrêt devant un étalage de pain d'épice découpé en formes bizarres, déguisé même en bonshommes et en polichinelles. Ce pain d'épice réveille quelque sommeillant souvenir de gourmandise... C'est lui, décidément, qui aura les sous.

« Ayez pitié d'un pauvre aveugle! ayez pitié, bonnes âmes!... » Le geste commencé pour l'achat ne s'achève pas... Un petit retour..., un court conciliabule... une entente signée d'un coup de tête bien décidé..., et les sous destinés au pain d'épice tombent en riant clair dans la sébile du chien de l'aveugle produisant aussitôt, en déclic, comme dans un distributeur automatique, le: « Merci, bonnes âmes, Dieu vous le rende! »

« Deux bonnes âmes d'enfants, en effet; deux bons petits cœurs qui faisaient un geste joli..., sans le savoir.

« Il est rare que la vertu soit dans ce monde aussi promptement récompensée qu'elle le fut dans cette occasion.

« La grande fillette en deuil, qui avait suivi ce drame d'envie et de sacrifice, dit quelques mots à l'oreille de sa mère, et prompte comme une fée déposa dans les mains de chacun des deux enfants les plus gros des bonshommes de pain d'épice.

« C'était la réponse du ciel au geste joli des orphelins... Ils parurent à peine étonnés, les deux petits et ne dirent pas merci ... C'était un ange évidemment... on ne remercie pas les anges.

« Les deux groupes disparurent dans le cimetière ... le frère et la sœur se dirigeant vers le quartier pauvre ... , la fillette et sa mère vers les mausolées riches.

«Et moi, longtemps après que les visions enfantines eurent disparu, je gardais dans les oreilles la musique claire qu'avaient faite en tombant dans la sébile, les petits sous des enfants pauvres. S'il y a au ciel un phonographe, pour sûr il y a dû enregistrer le son joli. »

La charité, nous la trouvons glorifiée, d'une façon définitive et magnifique, dans un livre qui résistera à l'écroulement des religions et de la foi, dans le livre éternel qui survivra à toutes choses et qui se nomme l'Evangile :

« Quand même, dit saint Paul, je parlerais toutes les langues des hommes et des anges, si je n'ai point la charité, je ne suis que comme l'airain qui résonne et comme la cymbale qui retentit.

« Et quand même je connaitrais tous les mystères et la science de toutes choses, et quand même j'aurais la foi jusqu'à transporter les montagnes, si je n'ai point la charité, je ne suis rien.

« Et quand même je distribuerais tout mon bien pour la nourriture des pauvres, et que je livrerais mon corps pour être brûlé, si je n'ai point la charité, cela ne me sert à rien. »

Il y a un danger qu'il faut éviter. Tout en n'allant pas aussi loin que Chateaubriand lorsqu'il disait: *La charité est une vertu désordonnée*, il faut prendre garde que les sources vivifiantes de l'initiative privée en matière charitable, toujours si laborieuses à capter, ne soient pas taries par l'abus a l'excès de la réglementation officielle.

Que l'Etat, s'il le juge indispensable, organise un contrôle de surveillance morale et hygiénique sur les Confraternités de la charité privée, nul ne peut songer à lui contester l'exercice de ce droit régalien, mais il ne saurait en être de même si, par une méconnaissance inexplicable des susceptibilités si faciles à effrayer de la vie intime des œuvres particulières, il voulait imposer aux libéralités spontanées des obligations onéreuses qui, en froissant leur liberté d'action, seraient pour la généralité de leurs assistances, l'avant-coureur de la dissolution.

Voici, à ce sujet, quelques souvenirs d'autrefois qui n'ont pas perdu leur actualité.

Le Consulat voté, Bonaparte, ne voulant prendre la succession du passé que sous bénéfice d'inventaire, envoya, quelques jours après le 18 Brumaire, des Conseillers d'État, chargés de parcourir les départements pour *établir* le bilan moral et matériel de la France directoriale.

Des rapports de ces véritables *Missi Dominici*, dont les originaux, qu'a si impartialement publiés

M. Recquin, sont aux Archives nationales, il résulte que la République, au point de vue charitable, était dans une situation des plus lamentables. Ce n'étaient pas seulement les œuvres privées qui avaient disparu, mais encore les institutions officielles qui n'assistaient plus rien ; la négation était la règle du moment.

Aussi, l'un des Envoyés consulaires n'hésitait pas à dire que cet état de choses était dû « *aux fausses mesures législatives de la Révolution, qui avait ainsi transformé les refuges de la bienfaisance en Asiles de mort.* » Un autre, rendant un hommage tardif à la charité privée, réclamait pour la circonscription qu'il inspectait « *le rétablissement des Dames de la miséricorde.* »

Enfin, pour compléter ce noir tableau, le 17 frimaire an VII le Commun des hospices de Bordeaux écrivait au Conseil des Cinq-Cents un rapport des plus alarmants où on lit la phrase suivante : « *Les 1800 infirmes qui gémissent dans les Hospices de Bordeaux et les 500 Enfants de Patrie (c'est ainsi qu'on nommait alors les Enfants Trouvés) vont périr de faim si vous ne venez à leur secours.* »

Ces citations semblent suffisantes pour bien faire comprendre qu'en toutes les choses humaines, abstraction de toute formule politique, **LE SOUVENIR EST LA SCIENCE MÊME.** L'État doit donc être heureux de ne pas fournir aux Commissaires de l'avenir la patriotique douleur de constater un état aussi misérable que celui-là.

En parcourant, il y a quelques semaines déjà, les journaux de Paris, nos yeux tombèrent sur un petit « fait divers » d'une poignante éloquence dans sa simplicité. Nous nous attendions à voir ce modeste entrefilet relevé et commenté comme il l'eût mérité ; mais le pauvret passa inaperçu et n'eut pas l'honneur d'attirer sur lui l'attention publique.

Il est pourtant bien suggestif dans sa triste banalité. Le voici textuellement :

Mort de faim. — Quelques incrédules que puis-
« sent se montrer certains esprits optimistes, il est
« absolument évident qu'à notre époque il y a encore
« des malheureux qui meurent de faim. C'est ainsi
« qu'un vieillard de soixante-dix-neuf ans, nommé
« Denis Vandescalle, vivait depuis longtemps
« de la charité des voisins. Il logeait au fond d'une
« cour de la rue Grégoire-de-Tours, dans une pièce
« sans air et sans lumière. L'âge et la maladie le
« retenant toute la journée dans son misérable lo-
« gis, il ne put bientôt plus aller solliciter les bonnes
« dames qui l'avaient aidé jusqu'alors. Hier ma-
« tin, le pauvre vieux a été trouvé mort dans son
« taudis. A l'examen de son cadavre, réduit à l'état
« de squelette, le médecin a déclaré que Denis Van-
« descalle était mort d'inanition. »

Essayez de penser à la terrible agonie de ce malheureux vieillard sans que les larmes vous viennent aux yeux. Si vous avez du cœur, nous vous en défions.

Songez qu'à quelques mètres de votre demeure, à quelques kilomètres tout au plus, un de vos semblables, arrivé à un âge où de par les lois naturelles, tout homme devrait avoir droit à l'aisance et au repos, subissait les cruelles tortures de la faim, sans qu'une main charitable lui apportât la misérable bouchée de pain qui aurait suffi à sa subsistance.

Et l'on a laissé ce malheureux mourir sans venir à son aide. On éprouve comme un remords de faire partie d'une société où pareil crime s'est accompli.

Il est donc prouvé, une fois de plus, que, malgré l'Assistance publique, malgré les nombreuses sociétés de bienfaisance, malgré toutes les manifestations de la charité publique et de la charité privée on meurt encore de faim à Paris.

Les ressources dont disposent les institutions de bienfaisance sont-elles à ce point épuisées, qu'on n'ait pu venir au secours de ce pauvre homme? Evidemment non, et le fussent-elles qu'on connait l'empressement du public à apporter son obole dès qu'on fait appel à son cœur.

C'est donc dans l'organisation de la charité qu'il y a un vice. Et ce vice, la société ne doit avoir de repos qu'elle l'ait découvert et fait disparaître.

Voilà un grave problème qui exige d'urgence une étude approfondie, un vaste débat où toutes les personnes compétentes seraient appelées à donner leur avis, car les faits-divers dans le genre de celui que nous avons reproduit, doivent à jamais disparaitre des colonnes de nos journaux.

Certains ont formulé déjà une opinion, et nous la répètent aujourd'hui, non pas comme un axiome, mais simplement comme un des points sur lesquels pourra porter la discussion.

Ce qui manque aux sociétés de bienfaisance, c'est un lien entre elles qui leur permette de se renseigner mutuellement pour la recherche des misères à soulager et pour la juste répartition des secours. Ce qui leur manque également, c'est un contact plus direct avec le public.

Le proverbe : *Pour être heureux, vivons cachés,* peut être vrai pour les individus. Il est mauvais pour les Sociétés de bienfaisance, que malheureusement le public ne connait pas assez. Elles sont ignorées aussi bien du donateur bienveillant que du nécessiteux. Nous ne parlons naturellement pas du mendiant de profession qui sait, lui, où s'adresser, et réussit généralement à émarger à plusieurs budgets à la fois. Mais le vrai pauvre, le seul intéressant, celui que l'âge ou la maladie obligent à tendre la main, n'a ni la hardiesse, ni les connaissances voulues pour se faire secourir. Il ne connait pas le métier.

Celui-là meurt de faim.

Il faut donc avant tout que les Sociétés de

bienfaisance se fassent connaître *urbi et orbi*, et plus, qu'elles se groupent et se sentent les coudes. Elles formeront un faisceau qui pourra seul lutter efficacement contre la misère.

On a timidement, il y a quelques années, esquissé un projet qui pouvait donner de bons résultats. On s'occupait à ce moment de la destination future du Palais-Royal dont les boutiques autrefois florissantes sont tombées en défaveur et se sont vues abandonnées par le commerce de la bijouterie que rien n'a remplacé jusqu'ici.

Il nous avait semblé que c'eût été donner un digne pendant à son antique splendeur que d'en faire le domaine de la charité.

Le jardin restait ce qu'il est aujourd'hui, un lieu de promenade ouvert au public, mais les boutiques devenaient, chacune, le siège, ou la simple succursale d'une Société de bienfaisance. De toutes ces boutiques, une était réservée comme siège de l'union centrale des Sociétés. C'était le lien désiré.

Le public avait ainsi sous les yeux et réunis en un même point, tous les éléments propres à lui permettre d'exercer la charité. Le pauvre y trouvait lui aussi tous les renseignements qui pouvaient lui être utiles.

Et le siège central permettait aux Sociétés de se concerter pour l'action commune, de joindre leurs efforts ou de se partager la tâche, suivant les cas et la nature des misères à soulager.

Quel sera le sort de ce projet? peu importe. L'essentiel est qu'on agisse et qu'à l'aurore du vingtième siècle, il ne puisse plus être dit qu'un vieillard est mort de faim à Paris.

*
* *

La mendicité continue à être interdite dans tous les départements de France et cependant le nombre des mendiants et des vagabonds est en constante croissance.

De nombreuses Sociétés philanthropiques recherchent le moyen d'enrayer le mal.

Les diverses maisons de travail organisées dans les arrondissements de Paris et l'Office Central du travail rendent de réels services, mais cela n'est pas suffisant.

Dans la répression et dans la prévention, il faut distinguer les mendiants et les vagabonds d'occasion des mendiants et des vagabonds de profession. Plusieurs systèmes sont en présence, entre autres ceux de MM. Desclosières, de Vence et Drioux.

M Gabriel Joret-Desclosières, membre du conseil de la société des prisons, estime qu'aux mendiants d'occasion il faut donner le secours et le travail, aux mendiants d'habitude, une répression sévère, la prison cellulaire avec renvoi, à l'expiration de la peine, dans une maison de travail pour un certain temps.

Comme moyens pratiques, il voudrait, à côté des Sociétés urbaines d'assistance par le travail, des maisons de travail établies sous l'œil vigilant des gendarmes. M. Desclosières désire, en un mot, conserver pour le mendiant d'habitude le système appliqué par le Code pénal et organiser pour le mendiant d'occasion un régime d'assistance par le travail.

Déjà des maisons de travail ont été créées dans ce but à Lyon, à Marseille, à Nantes, à Caen, à Bordeaux, beaucoup d'autres villes auront bientôt la leur.

Pour M. Camoin de Vence comme pour M. Desclosières, il y a confusion entre la répression et l'assistance. Il estime ainsi que pour ceux qui ne peuvent pas travailler il faut accorder l'assistance publique et privée, et pour ceux qui ne veulent pas travailler, une répression sévère.

Le système de M. Camoin de Vence diffère, d'ailleurs, du précédent.

Les maisons de travail y sont considérées comme des lieux de répression. Ce sont les stations des prestations en nature établies avec succès en Autriche, ce sont les maisons des pauvres de Hollande qui, combinées avec les secours à domicile, font la part de l'assistance.

L'obligation de mettre en cellule tous les vagabonds et tous les mendiants ne serait pas réalisable. En Allemagne c'est le travail en commun et surtout agricole qui a réussi. C'est ainsi qu'à Berlin les champs d'épuration, en Suisse, à Anet, l'exploitation du Grand Marais, ont donné d'excellents résultats. Ici, les vagabonds et les mendiants sont condamnés à trois, quatre ou cinq ans de déportation dans la colonie agricole; les infractions sont punies par la cellule.

M. de Vence souhaite que pour les invalides on réalise la création d'asiles départementaux; mais il croit que pour les malheureux désireux de gagner leur vie par leur travail, c'est surtout l'assistance privée qui créera des établissements de secours analogues à ceux d'Autriche et de Hollande.

Pour les mendiants professionnels, il croit qu'il faut une répression rigoureuse dans les maisons de travail, colonies pénitentiaires, agricoles ou industrielles.

Comme les auteurs des systèmes précédents, M. Drioux constate que les réformes n'ont été appliquées jusqu'à présent que par des particuliers.

Tout d'abord, il estime que les moyens préventifs doivent être distincts des moyens répressifs.

D'après M. Drioux les moyens préventifs doivent comprendre 1° L'organisation des offices du travail; 2° Les œuvres de l'assistance par le travail; 3° L'organisation plus systématique de la charité.

L'idée générale est qu'il ne faut pas encourager l'oisiveté par une charité mal entendue, mais aider par le travail les individus nécessiteux.

M. Drioux juge que les moyens répressifs sont insuffisants ; les vagabonds surtout doivent être selon lui, assimilés aux mendiants d'habitude. Il propose deux systèmes de répression. Le premier consistant dans l'application du système cellulaire à la répression de ce genre de délit ; le second dans la création de maisons de travail spéciales, ou de quartiers spéciaux avec travail obligatoire et pénible.

Les trois systèmes que nous venons d'étudier recommandent la réforme qui confierait au juge de paix la répression de la mendicité et du vagabondage.

Quoi qu'il en soit, le besoin se fait sentir de porter secours aux malheureux pleins de bonne volonté et du désir de travailler, et de châtier sévèrement les professionnels de la mendicité qui, trop souvent, ne sont que des détrousseurs de grand chemin ou des espions.

On rencontre cependant des situations très délicates, tel le cas de Florentin S..., dit « la mort trompée. »

Un commissaire de police, chansonnier-poète en privé, a reçu dernièrement dans son bureau, présenté par deux agents, un mystérieux personnage, qui se disait — l'enquête a prouvé qu'il ne mentait pas, — M. Florentin S..., ancien agent de change. Le jeune fonctionnaire et le vieux vagabond se mirent à causer. Ils étaient assis depuis deux heures que l'ex-agent de change parlait encore.

Son histoire peut se résumer en ces quelques mots : M. S... fut un viveur qui dissipa froidement quatre millions de fortune et arrêta ses affaires au moment où elles allaient devenir malhonnêtes. Un matin de l'année 1897, il se réveilla dans une chambre d'hôtel avec dix-huit francs soixante centimes dans le gousset.

— Voici l'heure d'acquitter la dernière note, pensa-t-il.

Un peu courbaturé, il se leva. Mais au moment d'appuyer sur le revolver :

— La journée, se dit-il, est fraiche ; si je ne partais que demain....

Le lendemain, il dina confortablement, et choisit un pont pour alcôve. La nuit était si douce que le réveil fut gai. Un répit. Moins bien que la veille, il déjeuna. Mais on s'accommode à tout. Trois semaines de jeûne. Au bout de ce temps il mendia.

Trois années passèrent. Un jour qu'il abordait une dame rue de Rivoli, le chapeau d'une main et l'autre tendue, un agent de police le pinça. Epilogue :

— Ne m'humiliez point inutilement, dit S.... au commissaire ; mon revolver a eu beau rater, ma vie n'est qu'une apparence, je suis véritablement mort depuis trois ans.

La singulière histoire.

Si on savait les découvrir, on rencontrerait de ces drames un peu partout. Prodigues de fortune, prodigues de vie, le monde en est plein. Généreux d'eux-mêmes, ils font beaucoup de bruit un instant, puis disparaissent, les uns tout à coup, les autres lentement, et certains parfois sont ressaisis par la société qui les aide à recommencer une autre existence.

Qu'est-il advenu de l'ex-agent de change ? Peut-être que la correctionnelle lui a été un avertissement ; il n'était pas trop vieux et a pu mendier, une fois libre, une heure de travail et une noble fin de vie. Laissons-le.

N'est-ce pas pour les pouvoirs publics une obligation étroite de soutenir dans leur effort les associations qui se donnent pour but, en facilitant à l'homme la recherche du travail normal, de le sauver de mourir de faim ? Ces sociétés lui procurent, en attendant qu'il ait trouvé, au lieu de déprimantes aumônes, le moyen de recevoir la tête haute un salaire virilement gagné.

Pour ces associations aussi, il serait exact de dire qu'elles représentent des notions neuves, ou plutôt anciennes et oubliées ou altérées, que trop de régions en sont dépourvues, que leur tâche est épineuse, que les pouvoirs publics doivent les seconder dans la plus large mesure du possible.

La conclusion naturelle est que tous ceux qui s'intéressent aux progrès de l'assistance bien comprise désireraient voir le pouvoir central, les départements, les communes, soutenir plus énergiquement l'initiative privée dans les efforts d'assistance par le travail.

Que de moyens il y aurait!

Il est curieux de retrouver les principes d'assistance par le travail dans ce passage peu connu de St-Clément : « Procurez de l'ouvrage aux ouvriers ; pour ceux qui n'ont aucun métier, cherchez leur d'honnêtes occasions de gagner le nécessaire ; à ceux qui sont incapables de travailler, vous ferez des aumônes ».

On le voit, l'assistance par le travail puise son principe dans la pure doctrine du christianisme. Le proverbe si connu : « Il n'y a rien de nouveau sous le soleil » trouve encore ici son application.

Mais ce n'est pas assez d'étaler une belle doctrine, il ne faut pas rester dans le domaine de la théorie.

Des hommes dévoués ont compris cela et dans cet ordre d'idées, ont fondé l'œuvre de l'Assistance par le travail.

Les faits historiques et les documents les plus précis établissent que l'idée de l'Assistance par le travail, dont le monde charitable s'occupe en ce moment avec une si louable activité, n'est pas nouvelle en France. Saint Vincent de Paul l'a conseillée, Turgot l'a mise en pratique et les cahiers du Tiers État bordelais, de 1789, en ont réclamé l'application. C'est une œuvre très recommandable;

signalée de nos jours à l'attention publique du devoir social.

Cependant en préconisant la manière d'assister les besogneux par le travail au lieu d'y employer l'aumône, nous avons peut-être négligé de regarder cette question sous les deux faces qu'elle présente et de la traiter concurremment à son double point de vue. Après avoir dit « l'Assistance par le Travail », nous sentons que nous aurions dû ajouter aussitôt, et « travail par l'Assistance ».

L'idée réussit partout au-dessus de toute espérance. A voir les nombreuses œuvres qui s'élèvent de toutes parts pour mettre en pratique cette façon de combattre la misère, on est convaincu que le principe en est aujourd'hui irrévocablement accepté. Il est même si universellement adopté que chacun se met d'enthousiasme à l'appliquer sans s'assurer au préalable les moyens de faire fonctionner l'œuvre d'une manière régulière et soutenue.

Pour assister par du travail, que faut-il ? Deux choses: 1° Des gens à assister ; 2° du travail.

Ces deux conditions paraissent particulièrement simples et naturelles, mais c'est surtout à la dernière qu'il faut s'arrêter. Or, nous avons indiqué un remède salutaire ; mais à quoi sert un remède, si on ne possède pas l'instrument nécessaire à son efficacité.

Cependant, un problème social ne doit jamais être considéré comme insoluble, depuis que le

Fondateur de la société chrétienne a dit : Venez à moi vous tous qui souffrez et êtes accablés, et je me charge de vous soulager.

Esquissons ce qui arriverait si l'on voulait.

Selon l'essence même du christianisme, pour aider les petits, on s'efforcerait de former des patrimoines communs, de susciter les patrimoines nécessaires des collectivités, telle que : la Commune, les diverses corporations, les institutions de secours, l'évêché, la paroisse, et surtout on susciterait le fonds immense de la charité chez un peuple à qui l'on enseignerait qu'il faut sacrifier en grand son superflu.

Saint Vincent de Paul, dont nous évoquions le souvenir, puisait de nombreux millions dans ce fonds commun des aumônes volontaires, fonds créé par les leçons de l'Eglise.

Mais, pour ne prendre que la Commune, on sait par l'expérience que son patrimoine grossissait vite quand chacun se faisait un devoir de lui abandonner quelque chose par testament. Cela se voyait notamment en Savoie, avant l'annexion: on laissait toujours une petite part à la Commune ou à la paroisse. Or, si la Commune avait des ressources, elle offrirait à ses administrés des avantages divers qui les retiendraient souvent, car en partant ils y renonceraient.

Ainsi une Commune qui donnerait le chauffage à tous, des droits de pâture, les remèdes, le médecin, voire même, en ces derniers temps, l'éclairage électrique et l'eau, certaines faveurs pour les enfants de nombreuses familles, et le reste; une Commune qui n'aurait pas trop, d'ailleurs, de centimes additionnels, attacherait son peuple au sol.

Le cas échéant, ont pourrait imposer à cette Commune, ainsi qu'en Russie, le rapatriement chez elle de ses administrés qui ont échoué dans les grandes villes et s'y trouvent sans ressource. Ce serait plus humain que de les pousser aux bagnes de la débauche, ou aux dépôts de la mendicité... qu'il faut bien, d'ailleurs, faire payer par les contribuables, c'est-à-dire par les Communes.

Tout se traduirait par mille autres moyens : dots, bourses, pensions, maisons de retraite, mais surtout par la pratique de la parole : « Aimez-vous les uns les autres. »

* * *

« Un ingénieur, dit M. Paulian, chargé d'amener l'eau d'une source à une ville, construisit une canalisation. Le travail terminé, on ouvrit les écluses, l'eau s'engouffra à gros bouillons dans le conduit mais ne sortit de l'autre côté que goutte à goutte.

Assurément, dit l'ingénieur après avoir réfléchi sur ce phénomène, il s'est produit une fuite ».

Voilà l'image exacte de la situation au point de vue de l'assistance publique et de la bienfaisance privée en France. Tous les ans des sommes énormes sont souscrites, versées et dépensées au profit des malheureux, tous les ans voient éclore une ou plusieurs œuvres charitables ; il semblerait en conséquence que la misère devrait diminuer, que la mendicité devrait disparaître. Il n'en est rien cependant. Que penser ? Que faire ? Décidément, il y a une fuite.

Les citoyens ne sont plus en sûreté dans les campagnes. Les incendies, les vols, les crimes de toutes sortes augmentent, se généralisent d'inquiétante façon. Il semble vraiment que les repris de justice, les forçats évadés, les libérés du bagne, bénéficiant largement de la trop facile indulgence des jurys complaisants et des magistrats apeurés, se sont syndiqués pour jeter l'effroi, semer la ruine et la désolation jusqu'au fond des villages les plus reculés.

On les rencontre, ces mendiants, ces ouvriers sans travail, tous robustes gars aux formes athlétiques, sur les routes désertes, à la nuit close. Ils frappent hardiment aux portes des plus modestes chaumières ..... et malheur aux pauvres familles sans défense qui hésitent à subir les impérieuses exigences de ces terroriseurs !....

L'effectif de cette armée errante, en proie à toutes les suggestions perverses, est évalué à cent mille hommes.

En 1845, les statisticiens comptaient 12,474 vols

restés impunis, les auteurs en étaient inconnus. En 1895, ce chiffre a quintuplé et s'est élevé à 86,874.

Pendant la même période, les assassinats restés impunis se sont élevés de 119 à 225.

Durant ces cinq dernières années la proportion progressive a suivi une marche ascendante.

N'est-ce pas terrifiant ?

Et tous ces criminels étaient, pour la plupart, des vagabonds. On a remarqué, en effet, que le chiffre des infractions réprimées monte ou descend en proportion du nombre des vagabonds signalés dans une région.

Cette situation soulève parmi le peuple de nos paisibles campagnes les préoccupations les plus légitimes. Il y a déjà longtemps, hélas! que la crainte de Dieu et de sa souveraine justice s'en est allée avec tant d'autres vertus non moins nobles, du cœur de ces dévoyés, de ces déclassés, de ces décavés parfois.... Et aujourd'hui la peur du gendarme, le souci de la geôle humide, les rigueurs du cachot n'inquiètent même plus ces chevaliers errants. Ils se disent que la prison est rare à notre époque de douce liberté, que les juges sont cléments..... Et puis, du reste, la maréchaussée n'est pas là..... elle habite si loin.

L'insuffisance des mesures de surveillance et de répression, voilà bien, en effet, une des principales causes de cette recrudescence inouie d'actes criminels au sein des campagnes.

Tandis que bravement bottés, éperonnés, reluisant comme un sou neuf, les rigides Pandores arpentent bruyamment les trottoirs des villes, les quais des gares, ou surveillent, en quelque veillée de fête, d'incorrigibles ivrognes attardés dans une taverne quelconque, les mendiants professionnels, les vagabonds, les escarpes avisés courent les grands chemins et fréquentent les villages d'alentour.

« Ils sont trop et nous ne sommes pas en nombre» répondent les gendarmes des brigades voisines lorsqu'ils sont mandés — ô suprême ironie ! — pour constater le crime et dresser leur rapport...... Et le criminel est déjà loin en quête de quelque nouvelle aubaine.

Plusieurs conseils généraux se sont émus des plaintes et des alarmes des villageois. Des vœux demandant que l'effectif de la gendarmerie fût renforcé, ont été transmis au ministre de l'Intérieur. Et M. le ministre a répondu que « le défaut des ressources budgétaires ne permettrait pas d'adopter la mesure réclamée, même si l'utilité en était reconnue par l'autorité militaire. »

Mais enfin, on compte annuellement : 16,000 condamnations pour vagabondage, 80,000 vols et 150 assassinats impunis de plus qu'il y a 50 ans.

Qu'on trouve le moyen de supprimer les mendiants professionnels, les vagabonds et les chemineaux, alors le nombre des crimes diminuera très sensiblement.

Un jour, sacrifiant au mode d'information courant, nous avons fait des pieds et des mains pour être mis en rapport avec le doyen des chemineaux, et c'est auprès d'un vagabond qui ne compte plus ni les kilomètres parcourus ni les condamnations encourues, que nous avons recueilli les renseignements suivants.

C'est quelque chose comme le président du syndicat des vagabonds qui parle.

Un bel homme! D'une voix creuse, il s'explique en ces termes:

— J'aime autant vous dire cela, vous avez des amis à la campagne qui nous connaissent et d'autres aussi qui ont vu jouer le *Chemineau*, une pièce qui nous a fait bien du tort. Depuis qu'on est allé raconter que les *voyageurs* travaillent de temps en temps, on ne peut plus demander deux sous sans qu'on vous offre aussitôt de piocher un coin de terre. Or, nous marchons, mais nous ne travaillons pas : voilà qui est net, et voilà ce qu'il faut qu'on sache. Nous ne travaillons pas plus que nous ne volons — adopter une poule égarée ne peut être considéré comme vol — pas plus que nous ne tuons. Les assassins des campagnes sont des dévoyés des grands chemins.

Tel est le document.

Passons à l'analyse :

Il parait que le vagabond, digne de ce nom, était jusqu'à présent assez facilement parvenu à diviser, suivant son rêve, sa vie en deux parts : l'hiver en prison, l'été au plein air. Une forte étude de la législation, transmise au hasard des rencontres de chevronné à néophyte résolvait facilement ce problème : se faire condamner juste assez pour être assuré d'un abri pendant les mauvais mois et recouvrer sa liberté au premier bourgeon. Une liste des prisons, dressée par les soins des anciens, mettait les débutants au courant des différentes hospitalités que l'administration est en mesure de leur offrir. Telle prison est une prison de tout repos, peu fréquentée, bien tenue, de régime doux et paternel. Avec un peu de tenue, pour peu qu'avec cela il soit bien de sa personne, un vagabond adolescent aurait presque des chances d'épouser la fille de la maison. Ce sont là généralement prisons de petits arrondissements, auberges intimes d'hospitalité plus discrète que celle des caravansérails du crime qui assombrissent les chefs-lieux.

Or, la récente application d'une loi qui date de cinq à six ans est venue inopinément bouleverser les habitudes chères aux vagabonds. Il s'agit de ce texte législatif qui ordonne d'imputer la durée de la prévention sur le temps de la peine. Le chemineau joua de cette disposition avec une telle adresse que les magistrats, cependant gens d'astuce, durent s'avouer vaincus et furent réduits à se défendre contre la gent vagabonde par un procédé d'une régularité douteuse.

A peine en possession de son billet de logement octroyé par les soins d'un tribunal de première instance, le vagabond s'empressait de faire appel de la condamnation, formalité qui nécessitait son transfert devant le chef-lieu de la cour d'appel. La seconde juridiction confirmait, comme s'entend, la décision des premiers juges, mais l'hospitalisé, pendant tout le temps de l'instance d'appel, avait bénéficié des douceurs du ré_ime de la prévention.

Une distraction entre autres l'attendait : un voyage en chemin de fer, l'idéal, parait-il, pour l'habitué des grands chemins. Tel vagadond, en effet, arrêté par exemple à Reims et condamné par le tribunal était, pour voir statuer sur l'appel qu'il avait interjeté, amené à grands frais et en chemin de fer devant la cour de Paris.

— C'est généralement à l'automne, nous explique le vénérable du plein air, que l'administration se voyait jusqu'à présent contrainte de prendre notre billet, et ce n'était pas pour nous, je vous assure, médiocre satisfaction que de refaire, trainé par le charbon des riches, le chemin si souvent parcouru par nos malheureux pieds. Aux stations, à travers les barreaux de la fenêtre grillée du compartiment, nous pouvions voir voyageurs opulents et voyageuses avenantes. Un vrai régal, monsieur.

Marâtre, l'administration vient de mettre fin à ce régime; lorsqu'un vagabond s'est assuré son logement d'hiver et, pour prolonger son existence de prévenu, fait appel du jugement qui l'a condamné, on lui envoie maintenant un médecin et un cordonnier. Le premier certifie qu'il est en état de faire le voyage à pied et le second que ses chaussures supporteront la route. Cette formalité accomplie, on case l'appelant entre deux gendarmes et on met le tout en route. Les gendarmes, le plus souvent, sont à cheval, mais entre les deux croupes le chemineau voyage à pied.

C'est contre cet abus, destiné à dégoûter de l'appel abusif, que s'élève aujourd'hui la corporation. « Nous avons droit au chemin de fer et on nous le rendra, dussions-nous mettre en branle un député ou plutôt un candidat», nous assura le doyen des campagnes rendu depuis quelques jours à peine aux douceurs de la villégiature.

Et comme nous tentions une timide exploration dans la mentalité du vieux, il nous offre cette anecdote :

— Le magistrat, le gendarme et le chien de ferme, ce sont là nos trois ennemis. Quelquefois cependant l'adversaire s'apprivoise. Le président d'un tribunal de province, aujourd'hui à Paris, pourquoi ne pas le nommer ? M. Paul Bernard, étonné de la fréquence de mes apparitions devant son comptoir, un jour me proposa :

» — Encore arrêté, et encore pochard ! Le tribunal va vous condamner — c'était, si je me rappelle, la seizième fois — mais la première fois que vous repasserez par notre ville, si vous n'êtes pas pochard, venez sonner à ma porte. Je vous donnerai quarante sous et un verre de vin.

« Ma peine faite, j'allai agiter la sonnette du président. Il me remit quarante sous. « Et le verre de vin ? » réclamai-je. On me le donna.

« J'estimai que le lendemain il y avait lieu d'en faire une bien bonne au magistrat.

« — Cette fois encore, lui dis-je, je ne suis pas pochard, et je viens réclamer mes quarante sous et mon verre de vin, celui d'hier ne m'ayant pas grisé.

« Le président s'exécuta, et j'aurais peut-être pu revenir comme cela tous les jours.

« Eh bien ! monsieur, vous me croirez si vous voulez, au troisième, c'est moi qui me suis fatigué. Je l'ai lâché. Il me dégoûtait, cet homme, avec ses quarante sous. Tout ce que j'ai pu faire pour lui, c'est d'aller me faire condamner autre part. »

Tel fut le récit du doyen des « voleurs des pauvres » dans les campagnes.

Or, quelle est la conséquence du passage incessant des « professionnels » dans les communes rurales ? Elle est aussi fatale que terrible. Les habitants des campagnes intimidés parfois par l'arrogance des vagabonds sans aveu, lassés de donner à des fainéants pleins de vigueur, obligés de restreindre leurs aumônes, laissent passer sans le secourir le malheureux qui, honteux de sa misère, vrai pauvre, vieux ou infirme, incapable de gagner son pain, marche, se contentant de tendre la main sans pousser l'insistance jusqu'à l'obsession ou la contrainte.

Et alors ?.....

Alors, le 12 Octobre 1900, à cinq heures, dans le département de la Gironde, M. Pujol, marchand ambulant, suivait le chemin n° 101, qui va de Lormont au Carbon-Blanc, lorsque, arrivé à la limite de ces deux communes il aperçut, étendu le long du fossé et ne donnant plus signe de vie, un homme qu'il avait souvent rencontré mendiant dans les communes des environs.

A côté de cet homme se trouvait un chien semblant implorer du secours pour son malheureux maître, un aveugle bien connu des habitants du Carbon-Blanc, de Lormont et de Bassens. Il s'approcha aussitôt, l'appela et le secoua fortement, mais ne recevant aucune réponse, et pour cause, M. Pujol courut en toute hâte prévenir le garde champêtre de Lormont. Ce dernier arriva bientôt et reconnut également le malheureux pour être celui qu'il avait souvent rencontré accompagné d'un chien, mendiant sur le territoire de sa commune.

Comme le corps se trouvait sur le territoire du Carbon-Blanc, le garde champêtre alla immédiatement prévenir la gendarmerie et l'adjoint au maire, qui, en compagnie d'un docteur, se rendirent, à leur tour sur les lieux.

Ils fouillèrent les vêtements de l'aveugle et les papiers qu'ils y trouvèrent permirent d'établir sont identité.

C'est un nommé Gabriel B..., ancien agent-voyer, né en 1864, à Limoges. Il habitait à Bordeaux, 12, rue du Parlement-Saint-Pierre.

Le docteur procéda ensuite aux premières constations légales. Il reconnut que B... était mort d'épuisement, de misère.

Il n'avait pas mangé depuis de longues heures.

Le cadavre du malheureux a été transporté au dépositoire du Carbon-Blanc. Quant au chien, il a été recueilli par une personne de la commune.

Cette mort, disent les journaux, a produit une profonde émotion sur les habitants du Carbon-Blanc et des communes environnantes.

La moralité est facile à tirer de cette catastrophe. Si les « professionnels » n'existaient pas, si les « voleurs des pauvres » étaient inconnus ou supprimés, les aveugles, les vrais pauvres recevraient des aumônes assez abondantes pour soutenir leur existence.

M. Paulian, après avoir précisé le mal, propose un remède.

Pour enrayer les progrès de la mendicité, il demande au public de ne plus faire l'aumône dans la rue. « La première réforme qui s'impose, dit-il, celle sans laquelle il sera toujours impossible de diminuer le nombre des pauvres, consiste dans la suppression totale, absolue, radicale, de l'aumône dans la rue. » Il est bien entendu que l'auteur de *Paris qui mendie* parle ici de l'aumône non éclairée, du gros sou jeté au hasard. Certes, il ne veut pas, comme fit la Convention, punir d'amende et d'emprisonnement celui qui cède aux sollicitations d'un mendiant.

Or, le public peut-il dans la rue se livrer à une enquête ? Non.... Et alors ?.... Alors organisons la charité. Délivrons au mendiant un bon représentatif de la somme que nous lui destinons, un bon payable chez un agent spécial du voisinage, un bon qui n'acquerra de valeur qu'après travail.

M. Paulian demande ensuite la création d'une brigade spéciale d'agents chargés de suivre l'existence et de paralyser les escroqueries des mendiants professionnels ; puis, l'arrestation des exploiteurs ; enfin l'interdiction de mendier aux porches des églises, comme sur la voie publique.

Ne serait-il pas utile, afin de créer des distinctions qui s'imposent et sévir avec plus de rigueur contre les individus qui exploitent la charité, de définir ainsi la mendicité : « Le fait de demander par une manœuvre dolosive quelconque, un secours dont on n'a pas besoin ou qu'on pourrait se procurer par un travail honnête. » Cette définition jointe à un nouveau texte de loi, permettrait aux juges de prélever sur le contenu des paillasses, bosses artificielles et autres coffres-forts *ad usum mendicorum*, l'importance d'une grosse amende.

M. Paulian réclame enfin la « création d'un *Ministère de la bienfaisance et de la charité publique*, au moins une Direction générale de l'Assistance publique autonome ». Certes, l'idée ne manque pas d'originalité et d'à propos. Mais est-il besoin d'une institution officielle ? Multiplier les rouages administratifs n'a jamais été en France, un moyen très efficace de réformer un abus et de le réduire à l'impuissance. En théorie la pensée de M. Paulian a du bon, mais en pratique les Français savent par expérience ce que produisent les bureaux officiels.

Est-ce tout ? Pas encore. Il faut aussi songer aux frais énormes qu'entrainerait une création de ce genre. Craignons que pour supprimer les mendiants en guenilles, nous n'arrivions à créer une armée de mendiants galonnés. En France, on sait peu garder une juste mesure ; parfois la peur d'un mal fait tomber dans un pire, souvent en voulant éviter Charybde les navires sombrent dans le gouffre de Scylla.

Madame D... avait un chat magnifique ; M. de C... s'amusa un jour à le tuer d'un coup de fusil ; faute de grives on prend des merles, faute de de merles des chats..

Madame D.. fait dresser dans sa maison et dans celles de ses amies toutes sortes de souricières Quand elle a réuni trois ou quatre cents souris, elle les fait renfermer dans une caisse à l'adresse de Mme de C.., dans son château. Celle-ci ouvre la caisse elle-même, comptant y trouver quelques modes nouvelles, les souris s'échappent et remplissent la maison. Au fond de la caisse était un billet adressé à Madame de C... « Madame, votre mari a tué mon chat, je vous envoie mes souris. »

N'aurait-on pas à craindre un résultat analogue avec un Ministère de la bienfaisance et de la charité publique?

Évitons, d'ailleurs, le plus possible de faire appel aux lumières de ce *dessécheur d'œuvres* qu'est l'État. En voulant trop réglementer la charité, on risquerait d'en tarir la source. C'est Victor Cousin qui a dit: « La charité ne connait ni règle ni limite; elle surpasse toute obligation; sa beauté est précisément dans sa liberté. » Et Jules Simon: « La liberté de donner n'est pas seulement quelque chose de beau, c'est ce qu'il y a de plus beau au monde. Réglementer outre mesure le droit de donner, c'est toucher à l'âme même et au cœur de la nature ».

D'ailleurs, il ne faut rien exagérer.

Chateaubriand met ces paroles dans la bouche du vieux Chactas: « Un jour le Meschacebé, encore assez près de sa source, se lassa de n'être qu'un limpide ruisseau. Il demanda des neiges aux montagnes, des eaux aux torrents, des pluies aux tempêtes, il franchit ses rives, et désola ses bords charmants. L'orgueilleux ruisseau s'applaudit d'abord de sa puissance; mais voyant que tout devenait désert sur son passage, qu'il coulait, abandonné dans la solitude, que ses eaux étaient toujours troublées, il regretta l'humble lit que lui avait creusé la nature, les oiseaux, les fleurs, les arbres et les ruisseaux, jadis modestes compagnons de son paisible cours ».

Il est nécessaire cependant d'éviter les fautes et de réprimer les abus. Il ne faut pas, selon l'expression de M. Drumont, se borner généralement à donner de belles paroles et à indiquer à celui qui crève de faim les grandes lignes de la solidarité future. Non ; on doit agir avec discernement, par conséquent avec efficacité.

Or, le moyen le plus sûr d'empêcher le développement de cette plaie sociale de la mendicité et du vagabondage est de détruire dans la mesure du possible, toutes les circonstances qui peuvent conduire l'enfant à mener une vie errante et oisive.

Le législateur belge a compris cela. Aussi, partant de ce principe, les mesures en Belgique pour la répression de la mendicité et du vagabondage ont fait l'objet de lois spéciales «loi du 3 avril 1848, loi du 6 Mars 1866; loi du 27 novembre 1891»

Pourquoi la France n'entrerait-elle pas dans la même voie? La loi la plus récente, celle du 27 novembre 1891, contient toute une série de dispositions spéciales, notamment la création d'établissements distincts, d'écoles de bienfaisance, pour recevoir les enfants remis entre les mains du gouvernement.

Un matin, le soleil resplendissait sur le ciel bleu, nous nous trouvions par hasard à la gare de Lourdes, attendant sur le quai le passage du train de Pau.

Soudain un bruit de voix venant de l'intérieur de la gare attira l'attention des voyageurs. Le chef de gare se fâchait, criait, tempêtait contre un gamin qui semblait, d'ailleurs, assez peu sensible aux reproches. Qui sait? Dans son for intérieur il était peut-être satisfait du tapage fait à son endroit; cette petite scène le posait.

« .... La prochaine fois que tu ne prendras pas de billet....» disait le fonctionnaire. A quoi le gavroche répondit:« C'est bien....Criez pas si fort !... J'savais pas, moi ».

C'était un gamin paraissant avoir une dizaine d'années; mais un gamin drôlement accoutré de vêtements sales assortis comme malpropreté au visage et aux mains que l'on aurait dit avoir été salis exprès, tellement la peau était recouverte d'une couche épaisse de poussière grise formant crasse. De hautes guêtres bleues recouvraient jusqu'au gros de la cuisse un pantalon sans doute en loques. Une veste excessivement courte laissait apercevoir, au fond du pantalon, une déchirure lamentable qu'un pan de chemise mi-blanche bouchait, cachant la nudité de la peau. Et pour grandir le petit bout d'homme, une toque moscovienne surmontée d'une plume quelque peu recourbée, mais posée fièrement sur le côté, recouvrait la tête au regard malicieux. Pour terminer la bizarrerie de cette tenue, passé en bandoulière un cordon maintenant sur le côté du corps un accordéon que l'on devinait être un instrument de mendicité, forcée peut-être.

L'exploitation des êtres faibles ou dominés est souvent pour ceux-ci une garantie de pâture journalière; on sentait déjà ce gosse pris entre les griffes d'une société marâtre, en laquelle, voué à une vie errante et oisive sans utilité productive, il cherchait à se soustraire aux affres de la faim et aux douleurs de la rentrée au gîte vagabond.

On comprenait que son intelligence était guidée par l'unique désir d'éviter les taloches. Pauvre enfant, déjà perverti par l'exemple mauvais ! Les bonnes pensées se perdaient dans le chaos incessant de la vie, toujours à la recherche des pierres précieuses qui doivent prouver à d'autres le bien-être momentané ou la jouissance. Pour avoir un bon morceau, les exploiteurs qui l'attendaient chaque soir, suscitaient les pires instincts: la bassesse, l'hypocrisie, la paresse, la mendicité.

Ces réflexions hantaient notre esprit alors que nous examinions l'accoutrement du gamin. Le train parut et stoppa. Nous nous avançâmes et ouvrant une portière, nous pénétrâmes dans un compartiment où, déjà, se trouvait un voyageur. Le gavroche entra derrière nous et, mettant la tête à la portière, et montrant son billet aux personnes arrêtées sur le quai au moment où le train s'ébranlait, il cria d'une voix trainarde : « J'ai pas d'billet !...... Tenez, j'vais lire c'qui a dessus..... » Et d'un air victorieux il se retourna pour s'asseoir.

Drlin...... Drlin !.... Drlin !..... signal du chef de gare, un coup de sifflet de la machine ; tout s'ébranle, tout part.

Nous roulons.

— Ferme la vitre, dit le voyageur qui, assis dans un coin du compartiment, n'avait pas l'air de vouloir être incommodé.

— Ah ! bon, pardon, monsieur, répondit le petit mendiant, tout en faisant la chose demandée.

Le ton vraiment doux et poli avec lequel s'exprimait le gamin attira l'attention du voyageur qui du coin de l'œil l'examina, et sur sa physionomie se peignit certain sourire énigmatique.

Après s'être assis le mendiant tira de son instrument des accords harmonieusement rythmés, forçant l'attention à suivre ses mains dont les doigts vifs et habiles valsaient avec frénésie sur les touches voulues. Soudain il s'arrêta de jouer et présenta sa toque comme sébile, suppliant des yeux que l'on y jetât quelques sous. Nous le questionnâmes ;

— Pourquoi faire, des sous ?

— Pour acheter du pain.

— Allons donc !

— C'est pour prendre un bouillon.

Si le temps était beau, l'air était vif et la réponse s'accordait parfaitement à la nécessité que pouvait ressentir un estomac à jeun ; ou bien, la malice du gosse allait-elle jusqu'à vouloir frapper l'esprit attentionné de ses auditeurs !

Nous voulions savoir plus, être fixés plus exactement.

— Tu mens, répondîmes-nous. C'est pour donner à ton père qui te battrait si tu n'apportais pas la somme exigée.

Alors nettement, sans dissimulation, les yeux voilés de larmes, il avoua que ses parents l'envoyaient mendier et qu'il devait leur remettre quatre francs par jour sous peine d'être battu et privé de manger s'il ne rapportait pas cette somme.

— Tes parents ? Que font-ils, tes parents ?

— Ils m'attendent.

— Oui, je comprends. Mais travaillent-ils ?

— Eux, jamais.

— Crois-tu sincèrement que cette homme et cette femme sont ton père et ta mère.

— Non.

C'était clair, nous nous trouvions en présence d'une exploitation honteuse. L'enfant était à plaindre. Mettant la main à la poche, nous en retirâmes quelques sous que nous plaçâmes dans la toque du petit mendiant. Le voyageur y mit aussi quelque monnaie.

A peine, nous ayant vivement remerciés, le gamin se remettait-il à jouer de son instrument, que le train s'arrêtait en gare de Bétharam. Tout en regrettant de ne pouvoir en apprendre plus long sur l'histoire lamentable du gosse, nous ouvrimes la portière du wagon et sautâmes sur le quai.

Un coup de sifflet, le train s'ébranlait emportant le mystère d'une vie qu'un funeste pressentiment nous prédisait devoir être d'avenir inquiétant.

Alors que nous gravissions le calvaire, la certitude s'emparait complètement de notre cerveau. La société ne doit pas rendre responsables les individualités des méfaits ou maux déterminés fatalement par la défectuosité des lois. Les êtres ne peuvent penser et se mouvoir selon leurs premiers et généralement bons instincts qu'à condition de ne pas être enchaînés et meurtris, détournés et corrompus, de ne pas être pliés sous un régime cruel et dégradant ! En cet état, la société est coupable de ne pas protéger les faibles.

L'article 39 de la loi belge du 27 novembre 1891 est ainsi conçu : « Seront punis d'un emprisonnement de huit jours à trois mois : 1° Celui qui aura habituellement fait mendier un enfant n'ayant pas 16 ans accomplis ; 2° Celui qui aura procuré un enfant de moins de 16 ans ou un infirme à un mendiant qui se sera servi de cet enfant ou de cet infirme dans le but d'exciter la commisération publique. En cas de récidive, la peine pourra être portée au double ».

La loi belge reconnait que la mendicité ou le vagabondage des personnes qui, à raison de l'âge, de la maladie ou de l'état social, ne parviennent pas à exercer ou à obtenir un travail quelconque n'est jamais coupable.

Mais sont déclarés coupables : « les individus valides, qui, au lieu de demander au travail leurs moyens de subsistance, exploitent la charité comme mendiants de profession, les individus qui, par fainéantise, ivrognerie ou déréglement de mœurs, vivent en état de vagabondage » (art 13). La mendicité et le vagabondage non accompagnés des circonstances qui précédent ne sont pas coupables (art. 16). Les souteneurs de filles publiques sont assimilés aux mendiants et aux vagabonds coupables (art. 10).

C'est au juge de paix compétent qu'il « appartient de vérifier s'il est en présence d'un malheureux ou d'un professionnel ».

Telle est la substance de cette loi de 1891 qui est actuellement en vigueur en Belgique.

Néanmoins la loi belge a une lacune. Rien n'est parfait ici-bas.

Les enfants martyrs, abandonnés ou moralement abandonnés deviennent trop souvent les adeptes de la mendicité. Cet état d'enfants livrés à eux-mêmes et sans direction morale est une pépinière où se recrutent les mendiants professionnels.

Aussi dans diverses villes belges, à Bruxelles, à Anvers, et à Liège notamment, il existe des sociétés d'enfants martyrs. Elles ont pour but de combler une lacune de la loi belge qui oblige les administrations de bienfaisance publique à s'intéresser aux enfants matériellement abandonnés, les orphelins, les enfants dont les parents sont inconnus, par exemple, mais qui n'a pas prévu, jusqu'ici, ce que l'on devait faire des enfants moralement abandonnés.

Le mot d'enfants martyrs n'a pas besoin d'explication.

Par celui d'enfants moralement abandonnés, on entend les enfants qui par suite de l'insouciance, des vices de leurs parents, ou d'autres causes, se trouvent livrés à eux-mêmes et privés d'éducation.

L'œuvre liégeoise des Enfants martyrs a été créée en juin 1893. Elle a eu naturellement, comme toute chose nouvelle, des débuts assez difficiles ; mais l'accroissement sensible des dépenses, qui sont le corollaire des recettes, montre que l'on a fait du chemin depuis la première année de l'existence de l'œuvre qui s'occupe d'enfants des deux sexes.

Au début de l'œuvre, tous les protégés étaient placés à la campagne, chez des nourriciers. On a eu l'heureuse chance de trouver dans une même localité, un choix suffisant de familles où l'on a pu placer tous les enfants secourus par l'œuvre. De cette façon l'organisation administrative était beaucoup plus facile ainsi que la surveillance, qui y était exercée par de nombreuses personnes de la localité et par plusieurs membres du comité de l'œuvre.

Il y a deux ans, la société s'est butée à une grande difficulté : un certain nombre de petites filles assistées avaient atteint l'âge où elles doivent quitter l'école primaire, l'âge auquel elles ne se trouvaient naturellement pas en état de gagner leur vie. Il fallait absolument les protéger : c'est alors qu'on prit la décision de suivre l'exemple de nombreuses administrations publiques et de créer pour l'œuvre une école ménagère.

Celle-ci fonctionne à l'entière satisfaction de tous.

L'organisation intérieure de l'établissement est conforme au programme du gouvernement belge, qui lui fournit des subsides.

En France on a créé ainsi plusieurs établissements pour tirer l'enfance moralement abandonnée de tous les dangers inhérents à sa situation et la détourner de la mendicité professionnelle. Nous citerons notamment la Colonie Saint-Louis et la Colonie

Lecocq (Gironde) qui donnent asile à un grand nombre d'enfants préservés ainsi du vice, de la paresse et de leurs conséquences.

Il faut cependant remarquer que parfois les citoyens arrêtés pour délit de mendicité pourraient reprendre dans la vie une situation honnête et normale, s'ils avaient les moyens de rentrer dans leurs villages, s'ils recevaient une somme minime leur permettant de subvenir pendant deux ou trois jours à leurs besoins les plus essentiels et d'attendre le travail qui leur est promis.

Alors l'heure est venue pour les Œuvres sociales d'entrer en scène et d'aider efficacement au retour du malheureux à la vie normale, laborieuse et honnête.

Qui doit aider ce malheureux ? Qui doit soutenir les Œuvres sociales et les Œuvres de charité ? Qui, en un mot, doit faire l'aumône ?

Tous nous devons faire l'aumône, dans la mesure de nos forces, dès que nous rencontrons un plus malheureux que nous. Nous devons faire l'aumône de notre argent, nous devons faire l'aumône de nos moyens sociaux.

Dans quelle mesure faut-il donner ?

Pour résoudre cette délicate question, les théologiens rappellent la distinction qui existe, dans l'usage des biens de ce monde, entre le nécessaire et le superflu. Ils appellent « nécessaires », les biens qui servent à entretenir la vie et à soutenir le rang social ; le reste est le « superflu » ; et ce superflu peut, à son tour, être envisagé, soit par rapport à l'entretien de la vie, soit par rapport au soutien du rang social.

Ces principes posés, les théologiens tirent des conséquences pratiques que, dans un travail excellent sur la *Notion de la propriété et deux de ses charges ou fonctions*, un sociologue distingué, M. l'abbé Féret, ancien professeur de Sorbonne, a résumées dans les trois règles suivantes :

I. Dans le cas d'extrême nécessité ou de nécessité grave et publique, comme la guerre, la peste, la famine, le premier superflu doit être sacrifié, si le malheur le demande réellement.

II. Dans le cas de nécessité grave, mais non rigoureusement publique comme une crise commerciale, industrielle, le second superflu doit être versé en faveur de ceux qui souffrent, ou, du moins, une partie, correspondante au malheur, de ce même superflu.

III. Dans le cours ordinaire de la vie sociale, chacun est tenu de prélever sur ce double superflu pour en faire profiter les pauvres. Mais dans quelle mesure ? Cela est difficile à déterminer : il y a tant de choses, dans les circonstances de lieu et de temps, qui se présentent naturellement comme éléments d'appréciation !

Néanmoins, pour parer tant aux scrupules qu'aux illusions, les théologiens ont cherché à fixer une mesure commune. Les moins sévères s'arrêteraient au dixième du revenu. Ainsi, pour un revenu de 10.000, 20.000, 50.000, 100.000, 200.000, francs, le superflu serait de 1.000. 2.000, 5.000 10.000, 20.000 francs.

Et le savant théologien conclut par ces paroles que nous aimons à applaudir :

L'exercice de la *charité* est donc bien une nouvelle charge ou fonction de la *propriété*.

Y a-t-il beaucoup de riches qui suivent ces règles sages ? Et que penser des quelques mille francs que des millionnaires et des milliardaires versent avec ostentation dans les caisses des pauvres ?

Il faut avoir le courage de le confesser, cette nouvelle charge ou fonction de la propriété est trop souvent, hélas ! imparfaitement comprise, imparfaitement remplie !

Mais, nous ne saurions trop le répéter, il est indispensable d'avoir recours à certaines mesures de précaution destinées à empêcher que les faux indigents ne viennent abuser des institutions créées en faveur des malheureux.

En attendant le vote d'une loi, il serait bon de nous débarrasser par mesure administrative, de ces nomades qui surabondent sur nos routes, même lorsque l' « exercice apparent » d'une profession n'autorise pas à les considérer comme vagabonds.

Comme ils sont, en général, totalement dépourvus d'état civil, il suffirait à chaque préfet d'ordonner leur expulsion pure et simple de son département et aux maires d'interdire le « stationnement sur la voie publique et sur les terrains domaniaux ou communaux, » des voitures servant au logement de ces hôtes dangereux.

Chassés ainsi de tous les départements, ces parasites à l'existence problématique n'auraient bien vite plus d'autre ressource que de franchir la frontière.

Or, ce premier et très appréciable résultat peut être obtenu dès demain.

Donc, l'assistance est due aux *malheureux*, la sévérité est légitime à l'égard des mendiants et des vagabonds professionnels.

Eh bien, les mesures sévères adoptées par le législateur belge ont produit sur les mendiants et sur les vagabonds un effet intimidant sérieux. Et la preuve irréfutable de cette affirmation se déduit du fait que depuis le jour de la mise en vigueur des théories nouvelles le nombre des hommes adoptant la vie errante et oisive va diminuant sans cesse en Belgique. Il en serait assurément de même en France si des mesures analogues étaient prises.

En résumé, la loi belge sur la répression de la mendicité et du vagabondage frappe avec justice les *professionnels* dont le nombre diminue forcément en Belgique, mais l'efficacité des dispositions prises à l'égard des *malheureux* n'est pas absolument démontrée. Cette observation s'applique aux conseils et aux desiderata de M. Paulian, ainsi qu'aux propositions législatives de M. Georges Berry.

Ceci posé, voici quelles seraient les mesures que nous voudrions voir prendre par les pouvoirs publics, pour la défense du patrimoine des vrais pauvres et la répression de la mendicité professionnelle sur tout le territoire français.

Nous inspirant des deux principes fondamentaux de la législation française concernant l'assistance : qu'avant d'exercer une répression contre le mendiant on doit lui offrir le travail comme un secours, et que cette assistance incombe à la commune d'origine ;

Considérant que, si un devoir d'assistance *sui generis* est imposé à la société vis-à-vis des indigents invalides, infirmes ou hors d'état de subvenir à leur existence par le travail, il est aussi de son devoir d'offrir, dans les mêmes conditions, son aide aux valides sous la forme du travail et, s'ils le repoussent, de réprimer leur mendicité et leur vagabondage ;

Nous émettons les vœux suivants :

En ce qui concerne les mesures préventives :

1° Qu'il soit créé dans les villes, là où il n'en existe pas, des maisons de travail libre ou des ateliers d'assistance par le travail organisés par l'initiative privée avec le concours des pouvoirs publics ; que les municipalités, soit directement, soit par l'intermédiaire des agents de la force publique chargés de réprimer la mendicité, aient les moyens de procurer aux mendiants désireux de travailler, l'entrée dans ces établissements ;

2° Qu'il soit établi, dans les communes rurales, par l'initiative privée de préférence, sur l'initiative des pouvoirs publics et avec leur concours, et, en cas d'impuissance de l'initiative privée, par les communes ou groupes de communes, sur les lignes de circulation, des abris ou auberges hospitalières pour recevoir les chemineaux et leur assurer le gîte et la nourriture en échange de leur travail.

L'esprit de la loi étant ainsi vêtu :

1° Que la loi interdise la mendicité sur le territoire de la République française ;

2° Que le régime de l'emprisonnement individuel devienne la base du système répressif de la mendicité ;

3° Qu'il soit appliqué pour une première incarcération et suivi de l'envoi dans une maison de travail ou Dépôt de mendicité pendant un temps déterminé par la loi, pour permettre au libéré de se remettre au travail et de constituer un pécule ; qu'à la sortie de cette maison de travail ou Dépôt de mendicité, il ait des facilités pour faire usage des œuvres d'assistance par le travail ou de patronage des libérés, et de profiter de l'aide que ces œuvres peuvent lui fournir au point de vue du placement ;

4° Qu'à la troisième récidive, le mendiant soit frappé de la peine de la relégation ;

5° Que le principe du rapatriement soit rendu obligatoire et effectif par la loi, et qu'elle mette au rang des dépenses obligatoires pour les départements l'aménagement des prisons pour appliquer le régime de l'emprisonnement individuel à la répression de la mendicité ;

6° Qu'il soit constitué, dans les arrondissements ou chefs-lieux de département, des fiches de renseignements concernant les vagabonds et les mendiants ;

7° Que des bons de l'Œuvre de l'Assistance par le travail soient mis à la disposition de la Gendarmerie et de la Police pour qu'elles les offrent aux mendiants valides avant d'exercer une répression, et qu'elles soient en mesure de fournir aux malheureux des renseignements sur l'aide qu'ils peuvent recevoir des œuvres charitables des villes ;

8° Que toutes les autorisations de mendier ou de solliciter la charité publique sous une forme quelconque, délivrées par les Maires, soient retirées et qu'il n'en soit plus délivré à l'avenir.

9° Qu'il soit constitué, dans les grandes villes, une brigade spéciale de la Police pour augmenter son action répressive contre la mendicité ;

10° Que des ordres très sévères soient donnés à la Gendarmerie et à la Police, pour la répression de la mendicité ; que cette répression soit progressive, de manière à éviter l'encombrement dans les Parquets et les prisons ;

11° Que la durée du séjour des mendiants aux Dépôts de mendicité, à la suite de leur condamnation, soit augmentée jusqu'à concurrence de l'occupation de tous les lits vacants, et sans diminuer l'assistance que les Sociétés pour l'extinction de la mendicité donnent aux vieillards et aux indigents venus volontairement, à la décharge des hospices ;

12° Que la répression de la mendicité et de l'exploitation enfantine s'exerce sans délai et inexorablement ; le développement des œuvres d'assistance privée et publique relative à l'enfance et l'état de la législation concernant l'abandon des enfants et la déchéance paternelle permettant de tarir dès maintenant cette source de démoralisation, de prostitution et de mortalité :

13° Que les mendiants étrangers soient expulsés ;

14° Que des troncs soient placés, dans les gendarmeries et dans les commissariats de police, pour recevoir les indications du Public sur les agissements des mendiants ;

15° Que les vieillards réduits à solliciter la pitié publique soient hospitalisés ;

16° Que dans tous les chefs-lieux des départements on ouvre un établissement public organisé afin d'obvier à la mendicité, c'est-à-dire un Dépôt de mendicité.

Ces desiderata sont absolument conformes aux vœux émis par une Commission consultative d'assistance publique créée par arrêté de M. le Maire de Bordeaux en date du 1er Décembre 1897 et composée des hommes les plus compétents en matière charitable.

En ce qui concerne plus particulièrement les Œuvres d'Assistance par le Travail, voici les propositions soumises au Congrès international d'Assistance de 1900 par M. le Vte Pierre de Pelleport-Burète. Ces propositions auxquelles nous nous associons, ont été votées par le Congrès.

Que dans la mesure où l'état des œuvres d'assistance par le travail et les circonstances le permettront :

(*a*) Les œuvres d'assistance reçoivent une invitation des œuvres d' Assistance par le travail pour la délivrance des bons de travail aux membres des familles qu'ils assistent ; que les Asiles de nuit mettent le travail comme condition du secours d'une deuxième nuit d'hospitalisation.

(*b*) Que les œuvres de relèvement soient l'objet de démarches analogues pour la prolongation de leur assistance à leurs patronnés les plus dignes.

(*c*) Qu'une entente intervienne entre les autorités administrative et judiciaire pour que les œuvres d'assistance par le travail soient utilisées à la prévention de la mencicité.

(*d*) Que M.M. les ministres de l'intérieur, de la

justice, du commerce, interviennent auprès de leurs agents pour faciliter cette mission aux œuvres d'Assistance par le travail.

Qu'ils agissent sur les œuvres d'initiative privée sur lesquelles ils ont une action pour qu'elles s'entendent avec les Œuvres d'Assistance par le Travail pour la transformation d'une partie de leurs secours.

Qu'ils pèsent sur les œuvres et institutions d'assistance publique dans le même sens.

(e) Que les pouvoirs publics distribuent aux Œuvres d'Assistance par le Travail des subventions leur permettant de satisfaire à ces obligations.

Que la reconnaissance d'utilité publique leur soit facilement donnée.

Qu'elles puissent recevoir la qualité d'établissements publics ouverts en vue d'obvier à la mendicité.

L'État ayant la charge de maintenir la liberté, a le devoir de la réglementer. Nous ne sommes donc pas, en réclamant ces mesures, trop administratifs, disons le mot, répressifs à l'excès. Non. Respectueux des divins préceptes du christianisme, personne, plus que nous, ne cherche à développer et à propager le sublime principe de la charité, mais personne aussi plus que nous n'est l'adversaire irréconciliable des fainéants éhontés dont l'unique occupation est de voler les pauvres.

Sous le second Empire, le Préfet de la Nièvre M. de Magitot, organisa, dans le département qu'il administrait, une Société préventive de la mendicité ; et rendant compte des efforts tentés par le Préfet et couronnés de succès, Augustin Cochin écrit : « Le Préfet de la Nièvre aurait pu prendre « en main l'article 274 du Code pénal et interdire « la mendicité ; cette manière serait barbare, elle « demeurera lettre morte aussi longtemps qu'à « côté des poteaux où l'on écrit : « la mendicité est « un délit », il y aura dans les haies de nos che- « mins, des croix de bois sur lesquelles nous sau- « rons lire : « La charité est une vertu. »

C'est dans l'établissement d'ateliers d'Assistance par le travail dans les villes et d'auberges hospitalières avec ateliers dans les campagnes, que nous trouverons la justification d'une loi sévère contre la mendicité des valides, s'exerçant par une pénalité progressive pour les premiers délits et par la relégation, comme le comportaient les lois de la Révolution, pour les nombreuses récidives.

Tel est l'horizon qui s'offre aux initiateurs des œuvres d'Assistance par le travail, qui dépassent ainsi les limites ordinaires de la charité pour atteindre jusqu'au fond, la plaie de la mendicité.

D'ailleurs, on le sait, une bonne représentation de l'assistance en France, est la réforme fondamentale d'où découleront toutes les autres réformes utiles.

Parmi les rapports présentés au Congrès International d'Assistance Publique et de Bienfaisance privée du mois d'Août 1900, il en est trois dont le rapprochement offre un intérêt tout spécial : le rapport sur « l'Assistance publique en France en 1900, » présenté par M. Henri Monod, directeur de l'Assistance et de l'Hygiène Publique, le « Rapport Général sur les travaux de la Commission Consultative d'Assistance de la Ville de Bordeaux, » présenté par M. le Vicomte P. de Pelleport-Burète, Secrétaire général de cette Commission, et le « Rapport sur l'organisation de la Charité Privée en France » par M. Lefébure, fondateur de l'Office Central des Œuvres de Bienfaisance à Paris.

Le rapport de M. Henri Monod (1) est bien l'expression des idées de l'Administration et du Conseil supérieur de l'Assistance publique, l'expression de l'optimisme officiel.

La formule adoptée par le Congrès International de 1889 : « L'Assistance publique est due, à défaut d'autre assistance, à l'indigent qui se trouve temporairement ou définitivement dans l'impossibilité physique de pourvoir aux nécessités de l'existence, » cette « formule est devenue, » dit M. Monod, « la pierre angulaire sur laquelle le Conseil supérieur et l'Administration de l'Assis-

(1) Alfred de Lassence. — *Bulletin de l'Union d'Assistance de Pau.*

tance publique ont bâti leurs projets de réforme « pour assurer *par la loi,* des secours aux enfants, aux malades, aux vieillards et aux infirmes indigents. »

M. le Directeur de l'Assistance publique s'occupe uniquement *des lois* de l'Œuvre législative et de l'action officielle en faveur de ces quatre catégories d'indigents. Dans les Œuvres fondées par l'initiative privée sur un terrain plus solide qu'une formule, M. Monod aperçoit surtout « bien des tâtonnements, bien des inexpériences, » tout en aimant à y voir « le commencement de quelque chose de grand que réalisera l'avenir. »

Le plus grand bienfait que les indigents aient reçu de *la loi* est naturellement la loi du 15 juillet 1893, sur l'assistance médicale gratuite. Vrai, on croirait, en lisant le rapport de M. Monod, qu'au cours de l'année 1899, 500.000 malades indigents ont été secourus par cette loi et que, sans cette loi récente, ils auraient été privés de tout secours médical.

Déjà cependant, au Congrès de Rouen, en 1897, M. Monod avait déclaré qu'en 1895, grâce à la loi de 1893, « 107.569 malades de plus que les années précédentes » avaient été secourus. Or, les autres rapports présentés à ce sujet et la discussion très intéressante qui s'en suivit, vinrent contredire absolument l'optimisme officiel. En effet, tandis que les dépenses s'accroissaient très rapidement depuis l'application de la nouvelle loi, le nombre des malades soignés diminuait. Cette situation parut être prouvée (1).

Les rapports de M. de Pelleport-Burète et de M. Lefébure résument, d'autre part, l'œuvre d'assistance réalisée par la bienfaisance privée depuis dix ans. On y voit de Lille à Marseille, de Nancy à Bordeaux, la création d'organisations clairvoyantes de la bienfaisance, d'œuvres d'assistance par le travail et de mille œuvres diverses inspirées du même esprit de charité « qui ouvre les bras en ouvrant les yeux. » L'initiative privée, l'expérience de l'assistance et la connaissance directe des assistés ont abouti, de toutes parts, aux résultats les plus encourageants.

Mais il faudrait briser les barrières de centralisation administrative et de routine officielle qui empêchent la collaboration de toutes les bonnes volontés éparses, de l'Assistance publique et de la bienfaisance privée. Il faudrait organiser sur des bases libérales et larges comme le sol de la patrie, la représentation de l'assistance.

Pourquoi ne pas créer, au moins dans tous les chefs-lieux de départements, une Commission consultative d'assistance, sur le modèle de celle de Bordeaux, réunissant, sous la présidence du Maire, les représentants des principales œuvres

(1) Congrès de Rouen, T. II. p. 168 à 170. L'Assistance dans la Commune, p. 111 à 118.

de bienfaisance ? Ces Commissions départementales enverraient des délégués à des Commissions régionales d'Assistance qui se réuniraient, par exemple, aux sièges des archevêchés, et ces Commissions régionales enverraient à leur tour des délégués au Conseil supérieur de l'Assistance publique qui deviendrait ainsi la représentation de l'administration dont il émane.

Lorsque l'administration de l'Assistance voudra s'éclairer sur l'opportunité d'une réforme ou préparer une loi nouvelle, elle demandera l'avis du Conseil supérieur. Celui-ci consultera les conseils régionaux qui consulteront, à leur tour, les conseils départementaux. Après avoir reçu les réponses et les rapports de ces derniers, les conseils régionaux adresseront leurs rapports au Conseil supérieur qui donnera alors l'avis demandé.

Il n'y aura plus ainsi deux assistances, l'une, l'assistance officielle et théorique, l'autre, l'assistance privée et pratique. La fusion de ces deux éléments en une représentation décentralisatrice, appellera tous les concours utiles à une collaboration féconde et pratique dans les communes, collaboration d'études dans les conseils départementaux, dans les conseils régionaux et dans le Conseil supérieur.

Nulle loi nouvelle d'assistance n'est plus urgente que cette représentation à plusieurs degrés de l'Assistance en France. Les mauvaises lois d'assistance peuvent, on le sait, causer des maux nombreux ; aussi aucune réforme ne serait plus urgente, plus féconde, plus efficace pour le bien général et pour la paix sociale.

Nous ne l'oublions pas : la Charité est un fleuve qui, roulant ses eaux sans bruit, fertilise les campagnes et porte l'abondance dans les villes. Elle établit la vraie fraternité entre les hommes, elle devient une sorte de régime protecteur de la misère. La délicate question sociale trouve en elle une franche explication, et le problème des injustices humaines une consolante solution. Ceux qui donnent à l'infortuné ont droit de se réjouir, car en faisant fleurir leur obole dans la gerbe des offrandes, ils contribuent à tresser la couronne qui consacrera leurs cœurs « fils de la Charité. » Telle est notre opinion.

Oui, il faut frapper les professionnels, ces voleurs des pauvres, mais il est nécessaire d'appliquer tous les efforts des Œuvres sociales au soutien, au relèvement des malheureux, de ces vaincus de la misère, à qui, souvent il suffirait d'un faible soutien pour relever la tête et reprendre leur rang dans la grande famille de l'honnêteté.

Un matin, à Bordeaux, nous étions sur la terrasse d'un café, attendant un ami. Il faisait une chaleur atroce, chacun se délectait de boisson glacée. Nous-mêmes nous humions lentement à l'aide d'une paille un succulent moka.

Sur le bord du trottoir, un homme passe, un homme en blouse bleue, qui se baisse, ramasse quelque chose à terre. Un bout de cigare sans doute?.... Nous ne savons pourquoi, nous regardons.

L'homme était proprement vêtu, sa blouse bien lavée, rien de l'allure débraillée du chercheur de « mégots. »

Ce qu'il avait ramassé? Après avoir soufflé dessus, passé dessus son gros pouce, à l'ongle éraillé, il le porta à sa bouche. C'était.... une bouchée de pain! oui, une bouchée, un croûton gros comme une noix, jeté là, sans doute, par quelque enfant rassasié, et dont les chiens n'avaient point voulu.

Il la mangea, cette bouchée, avidement, sans regarder autour de lui, en poursuivant son chemin.

A droite, à gauche, sur la terrasse, on riait et l'on continuait à savourer l'absinthe, les bitters, les sorbets à la framboise, les crêmes glacées à la vanille, les bocks frappés de la bonne marque. Quelques jolies mondaines grignotaient des langues de chats dorées, dont leurs carlins étaient repus.....

Ah! ce moka que nous buvions, il nous glaça soudain le cœur, nous secoua d'un frisson.

Eh ! quoi, nous avions un franc à jeter sur cette table de café, par désœuvrement et par gourmandise, et cet homme, notre frère, n'avait pas un sou pour acheter du pain ! Il en était réduit, à l'aurore du XXe siècle, après tous les efforts de la Révolution pour le bon peuple de France, à manger une bouchée de pain arrachée par sa faim à l'égoût de la rue !

Oh ! le geste de cet homme ! Vivrions-nous cent ans, nous ne l'oublierions jamais !

Ce n'était pas un de ces innocents qui errent par la ville : son œil hâve luisait d'intelligence. Ce n'était pas un loqueteux, un chemineau sans abri. Non, non, c'était un ouvrier, un pauvre, souffrant, honteux, trop fier pour tendre la main à ces égoïstes jouisseurs près desquels il passait trop.... — mais, non ; nous ne dirons pas le mot, — pour réclamer, au nom de la justice, un morceau de pain à ceux qui avaient de l'argent pour s'empoisonner avec l'atroce liqueur verte.

Il passa, nous allions nous précipiter sur ses pas. Notre ami arrivait, qui s'écria :

— Vous avez la figure à l'envers ; contre qui en avez-vous ?

— Contre tous ceux dont les infâmes théories tuent la pitié dans le cœur des riches et les saintes espérances dans l'âme des malheureux.

Toutefois, s'il appartient à l'État de perfectionner l'organisation de la société, on ne saurait en attendre la totalité des subsides nécessités par une aussi grande réforme que celle de l'Assistance obligatoire aux vieillards malheureux et infirmes. C'est au département, mieux encore à la commune, qu'incombe ce devoir : ici seulement l'enquête qui doit précéder le secours sera faite en pleine connaissance de cause et la bienfaisance ne risquera pas de s'égarer.

Pour éviter la mendicité, vaut-il mieux secourir à domicile ou hospitaliser les vieillards ? Pour des motifs faciles à comprendre, l'hospitalisation des incurables doit être la règle, et le secours à domicile l'exception. Il faut aussi pour eux, diminuer autant que possible le temps pendant lequel ils attendent leur entrée aux Hospices.

Pour les vieillards, l'application parallèle des deux systèmes donnerait de bons résultats : ainsi 50 % des vieillards pourraient être secourus à domicile et 50 % hospitalisés. Dans ce cas les Hospices recevront dans les conditions de la loi de finance de 1898, par l'intermédiaire des communes, une allocation spéciale à laquelle le département et l'Etat seront sollicités de contribuer pour être appliquée sous la forme de secours mensuels aux vieillards secourus dans les familles.

Donc les deux modes de secours, l'hospitalisation et le secours à domicile, doivent être employés conjointement et les administrations des Hospices doivent être seules juges d'appliquer l'un et l'autre de ces modes de secours, suivant l'état de santé des postulants et suivant les conditions de l'aide qu'ils peuvent rencontrer dans leurs familles.

Ainsi disparaitra cette catégorie de mendiants professionnels qui étalent aux yeux du public une vieillesse ou des infirmités parfois imaginaires, tandis que la société remplira son devoir à l'égard de la vieillesse vraie et méritante en lui fournissant les moyens de vivre honorablement.

*
* *

La lutte contre le paupérisme et contre la mendicité professionnelle semble ainsi organisée dans les diverses nations civilisées des deux mondes. Or, cette lutte a conduit à la création d'un nombre considérable de bureaux centraux. La France n'a pas manqué d'entrer de bonne heure dans ce mouvement.

On peut dire que les premières tentatives faites pour la charité intelligente ont été les admirables créations d'Ozanam, en 1830. C'est la Société de Saint-Vincent-de-Paul qui, la première, a mis en pratique ce principe qui est la règle de l'assistance dans les pays Anglo-Saxons. « Donnez à l'indigent un ami, plutôt que de l'argent. »

En 1871, Mamoz avait créé l'assistance par le travail, de la rue du Colysée. Il avait été amené à organiser ensuite un système de fiches de renseignements qui, dès 1889, était utilisé par un certain nombre de Sociétés privées : c'était l'embryon d'un bureau central.

De la même façon, ce fut à côté de l'Œuvre de la maison de travail d'Auteuil de la Sœur Saint-Antoine, fondée en 1880, que M. Léon Lefébure a créé, en 1890, l'Office central des institutions charitables.

On peut donc dire que l'Assistance par le travail a été la marraine des Offices centraux en France.

L'Office central de Paris est une sorte de ministère ; il occupe, 175, boulevard Saint-Germain, une foule d'employés, et dépense 75.000 fr. en frais généraux.

Son but n'est pas de faire la charité personnelle, il ne donne pas d'aumônes : il est l'aide, le serviteur, et quelquefois l'intermédiaire de la bienfaisance, et M. Lefébure résume ainsi la manière dont ce but est atteint :

« Servir de lien entre les œuvres, les réunir, tout en respectant scrupuleusement leur autonomie, les mettre en communication, coordonner, harmoniser, éclairer les efforts individuels, renseigner à la fois les bienfaiteurs et les pauvres, les uns sur les institutions d'assistance dont ils ont besoin, les autres sur les malheureux qui les sollicitent ; agir pour eux s'ils sont, pour une cause ou pour une autre, hors d'état de le faire ; établir une statistique à la fois des œuvres de bienfaisance et des pauvres; mettre en mouvement, suivant le cas, les œuvres appropriées à telle ou telle infortune; faciliter l'utilisation des ressources charitables qui existent sur tous les points du pays, et l'accès des œuvres privées aussi bien que des institutions ou des ressources dont dispose l'assistance publique; recourir aux moyens les plus propres pour sortir les indigents de l'état de misère, au lieu de le prolonger par des secours insuffisants; diriger l'ouvrier valide sans ouvrage vers des centres de travail; renvoyer dans leur pays de pauvres gens qui l'ont quitté à tort et seraient assurés d'y vivre moins misérablement; par dessus tout, rapprocher de plus en plus le bienfaiteur et le pauvre digne d'intérêt qui se cherchent trop souvent sans se rencontrer: telle est, dans son ensemble et sous ses principaux aspects, le programme de l'œuvre nouvelle. Si vaste et si ambitieux qu'il puisse paraître, il a été réalisé, au moins en grande partie, dans le cours des dix années qui viennent de s'écouler. »

Les résultats obtenus sont magnifiques.

L'Office a publié deux intéressants ouvrages *Paris charitable et prévoyant* et *la France charitable et prévoyante*, véritable et consolante encyclopédie, livre d'or des Œuvres de bienfaisance française.

L'exemple parti de Paris n'a pas tardé à être suivi en province. Sur tous les points du territoire, dans les grandes villes surtout, à Bordeaux, à Lyon, à Marseille, à Lille, à Nancy, à Rouen, à Clermont-Ferrand, à Pau, l'Office central de la Charité s'est fondé, a organisé ses services. Les « faux pauvres » ont compris le coup qui leur était porté, tandis que les personnes charitables trouvaient un guide assuré.

En effet, la visite des pauvres met en face de bien des misères et des douleurs : la vieillesse, l'infirmité, la maladie, le chômage, la folie, la surdi-mutité, la cécité, quoi encore?

De plus le public est sans cesse sollicité par des gens lui dépeignant leurs maux en termes émouvants, se plaignant de la maladie, du manque de travail, des charges de famille, etc.

Que faire en face de tant de misères? On sait que, pour la plupart d'entre elles, il existe des maisons, des asiles où elles sont reçues et soignées. Où sont ces maisons, ces asiles?

De ces pauvres qui s'adressent à nous, combien valent la peine qu'on s'occupe d'eux? Nous n'avons ni le temps ni les moyens d'être complètement renseignés sur leur compte, et bien souvent nous sommes victimes de comédies admirablement jouées en des lettres touchantes présentant toute vraisemblance. Nous nous adressons à quelques œuvres que nous connaissons, aux gens de bien qui nous entourent ; nous n'obtenons rien ou presque rien. Faire des enquêtes sur des pauvres n'habitant pas la ville, chercher du travail pour des gens atteints par le chômage, rapatrier un malheureux assuré de trouver dans son pays de l'occupation et un abri, négocier l'admission dans une maison spéciale, quelquefois éloignée, d'un vieillard, d'un infirme, d'un idiot, etc., cela sort de la compétence du Bureau de bienfaisance, de l'Assistance départementale, en un mot des organes de l'assistance officielle. Quant à l'assistance privée, elle ne connaît pas les autres œuvres et n'est pas connue d'elles. Résultat éminemment lamentable : les malheureux restent sur le pavé, en proie au froid, à la faim, à la misère et à la mort, alors qu'une simple indication pourrait les sauver.

Autre résultat bien regrettable aussi : comme le public n'avait aucun moyen de se renseigner sur les quémandeurs, les modestes ressources de son budget de charité allaient en grande partie à des mendiants de profession plus habiles et plus audacieux que les pauvres méritants auxquels nous voulions avant tout être utile.

Et cependant partout il y a des fondations pour vieillards et enfants infirmes de toutes catégories, qui restent inoccupées et inutilisées. Il y a dans les hospices et hôpitaux de petites villes des lits à prix modiques. Ce serait pour l'hospice une bonne affaire d'avoir des lits occupés et payés ; le bienfaiteur y trouverait, lui aussi, son avantage, car il placerait son obligé à meilleur compte dans un air plus sain et dans des salles moins encombrées.

Voilà l'histoire de toutes les personnes qui se sont occupées des malheureux et ont vu leurs efforts échouer faute de renseignements.

Voilà aussi pourquoi on a fondé l'Office central de la Charité.

Quand un membre de l'Office ou une Société affiliée reçoit une demande de secours, il envoie une note portant le nom et l'adresse du solliciteur. Le tout est remis à des enquêteurs qui se renseignent. Il leur faut dire si la mendicité n'est pas pour le solliciteur un métier lucratif et commode, le dispensant de tout travail, lui permettant d'entretenir ses goûts de paresse et d'ivrognerie ; il leur faut s'informer de ses besoins, de ses aptitudes, de sa situation de famille, ne pas se laisser prendre à des comédies savantes et contrôler sévèrement les certificats qui semblent les plus authentiques, se méfier des renseignements intéressés du propriétaire et du marchand de vin. En un mot, il faut, pour ces enquêtes, des hommes rompus au métier et sachant faire preuve du plus grand tact.

L'enquête finie, le dossier est constitué sur le solliciteur et mis dans les archives ; une fiche séparée et placée dans un classeur permet de le retrouver rapidement. Un extrait des renseignements recueillis est envoyé au sociétaire qui a provoqué l'enquête. Si le pauvre est digne d'intérêt, le rapport indique le mode de secours le mieux approprié à sa situation. Le bienfaiteur (nous prenons ce terme *lato sensu)* secourt lui-même le solliciteur ou charge l'Office de remettre l'aumône à son adresse.

Dans un compartiment spécial, on classe les fiches de ces vagabonds sans aveu, de ces chemineaux errants, dont le nombre croissant est un danger public. L'Office central de la Charité apporte ainsi sa précieuse contribution à une Œuvre de défense sociale urgente et pressante.

On a reconnu que, suivant une heureuse expression de M. Georges Picot, l'Office central est avant tout le serviteur des Œuvres. Il est nécessaire en ce qu'il empêche les doubles emplois ; il relève souvent des noms de gens secourus par cinq ou six Œuvres à l'insu l'une de l'autre, inutile de dire qu'il s'agit de mendiants de profession. Les secours retirés sont donnés à d'autres. N'est-ce pas pour le plus grand bien des Œuvres et des pauvres ?

* * *

Ces Œuvres sociales permettent de faire le bien *mieux*, plus *rapidement* et plus *sûrement;* plus sûrement en ne secourant que les vrais pauvres, mieux en cherchant le mode de secours le plus pratique.

A l'organisation des mendiants on a dû opposer l'organisation des Œuvres.

Un jour, un chemineau, un jeune ouvrier, usé par l'alcool et les excès, nous vint demander un secours. Comme nous lui indiquions la façon dont nous procédions pour ne pas être dupés, il nous confessa naïvement qu'il venait pour la première fois dans notre ville et qu'il y était cruellement embarrassé.

Sa carte ne portait pas, en effet, d'indications suffisantes. Flairant quelque chose d'intéressant, nous poursuivîmes l'entretien et nous apprîmes que le Syndicat général des mendiants a confectionné quelque chose comme une carte d'état-major à l'usage exclusif des vagabonds qui vivent sur le commun. Les grandes voies y sont notées avec soin, ainsi que les endroits où l'on peut « gagner sa vie ». En regard de chaque localité se trouve un chiffre : c'est le montant de l'imposition dont la ville est frappée, c'est le total qu'on y doit recueillir. Et cheminant de hameau en hameau, de bourgade en village, ils vont, nos bons mendiants, certains qu'ici ils trouveront tant, là-bas, telle somme, et que par là il n'y a rien à faire ; c'est une économie de fatigue, de temps, et on marche à coup sûr.

Pourquoi s'étonner ? Nous connaissons bien le *Journal des mendiants*, qui se rédige et se vend à Paris ! Une feuille polygraphiée indique chaque semaine avec la recette probable et toutes les indications utiles, les mariages, les fêtes, les bals, les soirées et toutes les cérémonies où l'on peut demander et recueillir. Les mendiants se dirigent là, ou là-bas, suivant les indications du journal.

Cette organisation, dont nous pouvons chaque jour apprécier le fonctionnement, serait du dernier comique si elle ne nous montrait pas jusqu'à l'évidence que la mendicité est devenue une très lucrative profession et qu'une catégorie fort nombreuse de gens n'a pour unique désir que de vivre aux dépens de tous, sans se livrer au moindre travail, arrachant avec une suprême indifférence aux pauvres malades, aux vrais indigents, aux malheureux infirmes, ce que les âmes charitables leur ont destiné.

Les Œuvres sociales citées plus haut contribuent dans une large mesure à diminuer le nombre de de ces mauvaises actions. Mais combien il reste à faire encore ! Les institutions charitables ont besoin de se perfectionner pour rejeter, hors du sein de la société, tous ces éhontés spéculateurs, tous ces misérables indignes de pitié, qui exercent la plus odieuse des professions, en volant ceux qui n'ont rien.

Certes, nous aurions tort de ne pas le reconnaître : la charité a depuis quelques années déjà pris de très vastes proportions ; on fait l'aumône, on donne, on donne même beaucoup. Mais trop souvent on donne mal, et l'organisation de la mendicité tient à un vice originel de la charité, telle qu'elle est le plus généralement pratiquée.

Donner une pièce blanche ! Pour beaucoup c'est suffisant ! A un solliciteur qui prétend ne pas avoir de pain, on remet de la menue monnaie pour en acheter ; c'est facile, c'est vite fait, et beaucoup, animés d'excellents sentiments, comprenant que leur devoir d'homme leur impose la nécessité de secourir leurs semblables, croient avoir fait, en conscience, tout leur devoir quand, la bourse refermée, ils ont laissé tomber dans la main du pauvre l'aumône demandée. Non... Ce sont ceux-là auxquels il faut s'adresser ; ceux-là auxquels il faut dire qu'ils entendent mal leur devoir, qu'ils font une mauvaise charité, qu'ils encouragent l'exploitation.

La Charité n'est pas une obligation qu'on rachète ; ce n'est pas un impôt dont on s'exonère, comme des prestations, en versant une certaine somme d'argent ; c'est une dette de morale et de conscience pour laquelle l'argent n'est qu'un adjuvant ; c'est un de nos plus impérieux devoirs, il s'impose à tous, et il ne s'accomplit qu'avec le cœur.

Et pour terminer ce chapitre, voici une œuvre sociale réconfortante, tout imprégnée de la plus douce et de la plus ardente charité. Par bien des côtés cette Œuvre des Forains touche à la question si palpitante de la mendicité, car ceux qu'elle assiste pourraient être des mendiants de demain.

Aimez-vous les forains, (1) ces oiseaux de bruit et de battements d'ailes qui font le tour de Paris depuis les matins roses du printemps jusqu'aux soirs pourprés de l'automne ?

Aimez-vous ces errants des buttes chauves qui, de leurs fifres et de leurs tambours, de leurs boniments et de leurs quinquets, de leurs maillots chair et de leur paillettes d'or, égayent les boulevards extérieurs, depuis le cimetière Montmartre, où le sable de la ville tue l'habituelle chevelure des tombes, l'herbe, jusqu'au cimetière de Saint-Ouen d'où les oiseaux s'envolent comme des âmes ?

Vous qui les aimez, allez à l'église de Neuilly, perdue dans son faubourg, et vous les rencontrerez courant en troupes à la première communion et à la confirmation de leurs enfants. Ils seront exacts à la fête du matin, exacts à la cérémonie de l'après-midi, que présidera un vieil évêque missionnaire, pauvre forain de la Religion, qui a jadis porté dans les lointains pays la lumière et la foi, comme ses paroissiens d'un jour portent de-ci de-là leur parade avec leur rire.

Tous viendront, tous ceux qui sont à ce moment à la barrière du Trône. Car s'ils ne venaient pas, ils feraient grand'peine à la fondatrice de l'école foraine, Mlle Bonnefois et, dans le monde des roulottes, le plus méchant ne voudrait pas causer un chagrin à l'ange des foires.

(1) *Le Journal*, 19 Avril 1899.

Jules Claretie a conté en pleine Académie, le 19 novembre 1897, la gracieuse histoire de cette foraine qui s'est faite l'institutrice volontaire des enfants de la bâche et leur a donné les notions du bien avec celles de la grammaire. La voix de M. Claretie fut émue en disant ce long et calme dévouement, cette intrépide existence, et il sut communiquer son émotion à l'auditoire.

Mlle Bonnefois n'est plus jeune. Mais cette petite poitrine enfoncée a l'énergie d'une poitrine de guerrière. La tête est de celles que le temps même, ce fossoyeur de rêves, ce jardinier de rides, n'a pu profaner. La charité s'est penchée un jour sur la montreuse de pièces mécaniques, qui, à dix-huit ans, portait le maillot, faisait le boniment et enseignait à ses compagnes ce qu'elle avait appris seule.

Peu à peu, la charité s'est toute versée dans le cœur de la femme et l'emplit aujourd'hui.

Les pièces mécaniques avaient été remplacées par un panorama. En 1893, le panorama a été roulé pour toujours, puis la directrice est devenue la Sainte bohème qui accompagne ses camarades autour de Paris pour élever les enfants dans la crainte de Dieu et l'amour du prochain. Mlle Bonnefois a aujourd'hui soixante et onze ans ; elle est petite, voûtée, ridée, usée, énergique toujours. Quand elle s'anime, en contant son œuvre, son passé, ses projets, les veines, où court un sang qui fait les héros, se gonflent comme des vagues bleues.

La tête est un ivoire humain où les cheveux noirs découvrent des tempes douloureuses. Les yeux ont une couleur profonde et veloutée qui double le charme de la voix calme et musicale. La sublime vieille fille jette l'activité dont elle déborde aux quatre coins de la rose des vents et ce qu'elle a fait parait œuvre de géant quand on mesure les frêles mains qui ont commencé l'entreprise.

Jusqu'en 1893, le dévouement de Mlle Bonnefois avait été tout personnel et sans appui. La charité avait rompu le cœur de cette femme et fait de son être deux tronçons. L'influence et l'aide du cardinal Thomas permirent aux deux tronçons de se rejoindre. Ce fut alors que la sœur de charité absorba la saltimbanque. Les difficultés commencèrent avec l'œuvre, difficultés matérielles, difficultés morales.

Jamais les enfants des forains n'avaient eu d'autre école que l'image des rues et la chanson des routes.

Quinze jours ici, quinze jours là, faits pour le plaisir des soirs et le long repos des jours, associés à l'indépendance des parents, ils n'avaient pu fréquenter les écoles, où d'ailleurs les maîtres se souciaient peu de recevoir ces petits indépendants, porteurs d'imaginations ardentes et de révoltes puissantes. Ce monde des forains, qui fait peur comme un mystère et fascine comme un beau danger, se compose d'êtres insouciants, bons, généreux, qui ne sont mêlés qu'aux heures joyeuses de la vie humaine. Ils ne s'interrogent point sur les lendemains et ne perdent pas leurs énergies en réflexions.

Comme des fauves indomptés, ils vont sans arrêt du côté où leurs désirs les poussent toujours. Et ces nomades aiment leur toit, celui de leur roulotte, comme le paysan aime celui de sa chaumière. Eternels errants, les forains s'impatienteraient de voir étinceler toujours la demeure aimée sous le même ciel, dans la lumière monotone d'un même paysage. Le pourraient-ils, ils ne permettraient pas à leurs enfants de franchir le seuil d'une école banale, en pierre, en bois, en fer, avec un toit et des fenêtres. Les petits mourraient d'étouffement.

L'école ou, plutôt les écoles de Mlle Bonnefois sont donc deux baraques de cinq mètres de long chacune : une légère charpente, une grande table avec des bancs étroits, une toile verte pour toit et pour plafond, une autre toile pour murailles, une armoire à ranger les livres, quelques cartes et quatre modèles à dessiner ; tel est le matériel scolaire. Et il est encore coûteux à déplacer quand il faut, tous les quinze jours, suivre la caravane errante. Le personnel est encore plus difficile à manier : deux cent cinquante enfants sont là, garçons et filles, grands et petits, en appétit de dompter et de danser. Il n'y a pas deux élèves qui soient au même degré de savoir, excepté ceux qui ne savent rien. La régularité est impossible, tous les forains ne suivent pas le même itinéraire. Mlle Bonnefois et ses deux auxiliaires ont vaincu toutes les difficultés : le travail est bon, la discipline est parfaite. Mais un mot, une question suffit pour agiter les lionceaux endormis. A la première table, nous avons vu une petite élève dont les cheveux tombaient en boucles d'or sur une page d'écriture. Une robe de toile moulait le corps comme une housse de batiste couvre une statuette inachevée.

Nous avons demandé à la petite élève laborieuse ce qu'elle faisait, et elle a répondu glorieusement :

— Ici, rien ; mais, le soir, je danse sur la corde.

Une autre, dont le front est perdu dans les mains, se redresse à notre passage. Elle ressemble à un lis par la souplesse précieuse de la tige, par la blancheur du teint, par la longueur de la tête qui a la forme d'un calice d'émail blanc. Le lis affronte tous les soirs les flammes de la rampe. L'élève de Mlle Bonnefois est diablesse dans une grande pantomime.

Des élèves, artistes avant d'être femmes, dompteurs avant d'avoir force d'homme, doivent être terribles à manier, et la victoire de quatre heures que remportent chaque jour les institutrices foraines est la fin d'un beau combat.

L'œuvre de Mlle Bonnefois mérite de passionner les nobles esprits, comme elle intéressa l'Académie, qui donna le grand prix Montyon à la courageuse fille, comme elle intéresse le gouvernement qui subventionne l'école foraine.

La charité, Vierge sœur de toutes les passions, a ses extases. Chaque année, le grand jour pour Mlle Bonnefois est celui où, vêtues de blanc, les petites dompteuses, les petites danseuses, les démons de la foire deviennent anges de l'Eglise parmi l'encens et les prières.

Donc, il est prouvé qu'au moment où tant de vilenies nous entourent, où tant d'injustices nous éclaboussent, tout n'est pas mort autour de nous ; qu'à côté des gens qui donnent, il y a des gens qui veillent et qui travaillent ; que dans notre pays parfois si calomnié, à côté de quelques « marchands du temple » il y a les âmes généreuses qui font bénir leur amour du pauvre ; qu'à côté de l'égoïsme mercantile s'étale au grand jour la plus pure charité ; qu'enfin si de tristes choses nous écœurent et nous font prendre en dégoût notre temps, il y a d'autres choses dont le spectacle nous réconforte et qui nous réconcilie avec lui.

Pratiquons la charité, aimons-la de toute notre âme. Lorsque la vierge aux blanches ailes viendra frapper à notre porte, ouvrons-lui cette porte à deux battants. Cependant, ne croyons pas avoir tout fait lorsque nous aurons jeté notre obole ou même vidé notre bourse dans l'aumônière qu'elle nous tend. Au fond, l'aumône n'est qu'un expédient, un expédient très souvent nécessaire, mais il n'en est pas moins certain que l'organisation normale d'une société ne peut reposer sur un expédient.

« L'homme ne se nourrit pas seulement de pain », dit l'Evangile. C'est pourquoi, auprès des déshérités de la fortune, une parole affable, un conseil amical, un service rendu, une poignée de main mettent souvent dans l'âme un baume inappréciable. Donner aux pauvres son argent quand on le peut, c'est assurément beaucoup, mais se dépenser soi-même est un bien plus précieux encore.

Ah! combien il sera facile de résoudre la question sociale menaçante, si les heureux de ce monde savent aller au pauvre pour lui tendre une main secourable.

Le 9 avril 1871, le commandant du 3e bataillon des mobiles de la Gironde, Joseph de Carayon La Tour écrivait de Versailles à un de ses lieutenants, Léon Colomès: « Si dans la vie sociale ceux que le sort appelle à commander comprenaient que leurs droits leur imposent de grands devoirs, et si ceux qui doivent obéir avaient l'assurance que leurs intérêts sont sauvegardés, il résulterait toujours de cette double action une confiance réciproque. Ainsi serait rendue facile la mission réservée à chacun.

« Voilà, mon cher lieutenant, ce que nous avons appris. Nos souffrances et nos sacrifices n'auront pas été stériles, si nous savons profiter de ces leçons. »

FIN

TABLE

EXTRAIT

DU CATALOGUE DES MÊMES ÉDITEURS

Indicateur de la Charité Bordelaise (L') — Publication de la Commission consultat. de l'assistance publique; in-18, 192 p. » 30

L'organisation de la Charité à Bordeaux; in-8 5 »

Pelleport-Burète (Vte Pierre de). — De l'hospitalisation des femmes enceintes, 1897; gr. in-8. 1 »

Eyquem (A.). — Des peines de la récidive et de la relégation des récidivistes (Loi du 27 mai 1885 et décrets réglemen. Bx, 1889; in-8, 221 p. 6 »

Bouchard et **Sudre** (Drs). Guide pratique de l'ambulancière. Bx, 1892; in-8, 240 p. ill. 3 »

Graterolle (M). Robespierre et le 9 thermidor, 1894, in-12. 3 50

Graterolle (Maurice). — Une ville curieuse, Saint-Emilion, 1892; in-8. 2 50

— Le vieux Bordeaux, 2e édit. 1890, in-12 2 »

Grellet-Dumazeau. — La société bordelaise sous Louis XV et le salon de Mme Duplessis, 1898; avec portrait. 8 »

Le même sur papier de Hollande. 16 »

Féret (Edouard) — Bordeaux et ses monuments; in-8 br., 90 p. 2 plans et 31 gr. 2 »

Le même relié en toile. 3 50

— Essai sur l'arrondissement de Blaye, ses monuments et ses notabilités. Bordeaux, 1893; in-8, 72 p., nombreuses gravures. 2 50

— Essai sur l'arrondissement de Bazas, ses monuments et ses notabilités. Bordeaux, 1893; in-8, nombr. gr. 3 »

Mauriac — (Dr E). — L'assainissement de Bordeaux, 1890, in-8, 72 p. 2 »

L'organisation des secours publics en cas d'accidents en Allemagne et en Autriche-Hongrie, in-8, 44 p. 1 50

— Rapport général sur les logements insalubres de la ville de Bordeaux. 1882; in-8, 454 p. 3 »

— Les ambulances urbaines de Bordeaux, leur organisation et leur fonctionnement, 1891; in-8, 22 p. » 75

www.ingramcontent.com/pod-product-compliance
Ingram Content Group UK Ltd.
Pitfield, Milton Keynes, MK11 3LW, UK
UKHW020101200726
13856UKWH00002B/318

9 782013 580199